두려움에 대하여

두려움에 대하여

나를 살리고, 내 세계를 넓히는 지적 여정

에바 홀랜드 지음   강순이 옮김

나의 어머니,
캐서린 재닛 테이트(1954~2015)를 기리며

나는 이 문제에 있어서 당신의 기대에
어긋나고 싶지 않다.
오히려 나는 불안해하는 사람들이 갖는 두려움의
문제를 대단히 정확하게 다루고,
그 문제에 관해 당신과 꽤 길게 논할 생각이다.
—지그문트 프로이트

가장 두려워했던 일이 현실이 되는 것만큼
우리를 자유롭게 하는 일은 없다.
—코넌 오브라이언

차례

그날 아침 우리는 진한 커피를 마신 뒤 외딴 산장을 떠나 알래스카 간선도로를 타고 남쪽으로 잠깐 달려 눈 덮인 텅 빈 포장도로로 나왔다. 어두웠던 2월의 날이 밝아오자 우리는 무거운 빙벽화의 신발 끈을 동여매고 로프와 등산 장비, 식량과 물이 들어 있는 배낭을 짊어진 다음 산을 오르기 시작했다.

2016년 2월이었다. 십여 명 정도 되는 우리 일행이 유콘주(캐나다 북서부에 있는 주-옮긴이)의 작은 주도인 화이트호스에 있는 집에서 몇 시간 걸리는 그곳에 간 것은 긴 주말 동안 브리티시컬럼비아주(캐나다 남서쪽, 태평양 연안에 있는 주-옮긴이) 북쪽 끝에서 빙벽 등반을 하기 위해서였다. 내 친구 라이언과 캐리 그리고 그들의 등반 친구들은 몇 년째 매년 이 여행을 하고 있었다. 내가 따라간 것은 그때가 처음이었다.

타고난 강사이자 리더인 라이언과 캐리는 자신들의 기술과 지식을 다른 이들에게 전수하는 것을 진정으로 즐기는 사람들로, 지난 몇 해 동안 겨울이 되면 내게 빙벽 등반하는 법이나 아이젠과 얼음도끼, 로프를 이용해 얼어붙은 폭포를 오르는 방법을 가르쳐 주고는 했다. 나는 도끼가 두꺼운 얼음에 푹 박힐 때 나는 소리, 한 걸음씩 올라갈 때마다 어깨와 종아리가 아릿해지는 느낌이 좋았다. 정상에 올랐을 때 느낄 수 있는 만족감도 너무 좋았다. 그렇지만 나는 높은 곳을 무서워했다. 특히 사방이 트인 높은 곳에 있으면 떨어질 것 같아 두려웠다. 등반은 힘든 일이었다. 라이언과 캐리 둘 다 내가 우는 모습을 본 게 한두 번이 아니었다. 그들은 아래로 도로 내려가게 해 달라고 내가 애원하는 소리도 들었다. 자제력을 잃기 직전의 내가 "이제 더 이상 재미있지 않아."라고 크고 단호한 목소리로 말하는 것을 들은 적도 있었다.

나는 등반을 하는 동안 적어도 어느 순간은 재미를 느꼈고, 또한 두려움을 극복하는 법을 배우고 싶었기 때문에 빙벽 등반을 계속했다. 그러나 등반 실력은 영 나아지지 않았고, 그해 겨울에는 거의 등반을 하지 못했다. 엄마가 그 전해 여름에 갑자기 돌아가셔서 그 후 몇 달 동안 스포츠와 사교 활동은 거의 잊고 지낸 까닭이다.

눈 사이의 개울을 옆에 끼고 1시간쯤 걸어 올라간 다음 우리는 멈춰서 아이젠을 차고는 얼어붙은 개울을 직접 밟으며 올라가기 시작했다. 아이젠의 강철 스파이크가 마찰력을 높여 주었다. 개울은 경사가 완만했다. 수월하게 한 걸음 위로 올라가고 나면 몇 걸음은 평지를 걸었고, 그 다음에는 좀 더 넓은 보폭으로 위로 올라갔다. 오르막이 너무 길어서 한 걸음으로 벅찰 때는 경사면을 아이젠의 앞쪽 스파이크로 차서 발판을 만들어 올라가기도 했다.

드디어 우리는 그날 등반의 진정한 출발점인, '유주얼'이라고 알려진 루트에 다다랐다. 한 사람씩 로프를 안전띠에 묶고는 첫 번째 짧은 빙벽을 올랐다. 그다음에는 더 길고 가파른 빙벽을 탔고, 그러고 나면 또 다른 빙벽이 나왔다.

기온이 0도 정도를 맴도는 화창하고 맑은 날이었다. 나는 평소처럼 긴장했다. 일행 중에 내가 잘 모르는 사람들이 있어서 더 그랬다. 낯선 사람들 앞에서 두려워하는 모습을 보이는 것은 더욱더 수치스러운 일이었다. 하지만 나는 눈물을 흘리거나 자비를 구하는 일 없이 등반을 잘하고 있었다. 이따금 그랬듯이 그럭저럭 등반을 즐기고 있었다.

마침내 정상에 오르자 사방이 탁 트인 얼어붙은 고원 위에 서게 되었다. 간선도로로 이어지는 길이 한눈에 들어왔다. 나는 그 풍경을 배경으로 셀카를 찍고서 볕이 드는 곳에 앉아 점심을 먹으며 뿌듯함과 만족감을 느꼈다.

2시쯤 캐리가 나를 찾더니 제일 먼저 내려가 보는 게 어떻겠냐고 제안했다. 아마도 내가 일행 중 가장 느린 사람이어서 그랬을 것이다. 나는 동의했다. 내려가려면 여러 번의 래펠(rappel)을 해야 했다. 래펠은 고정된 로프를 몸에 연결한 뒤 손으로 조절하며 절벽을 타고 내려오는 것을 말한다.

나는 한 번도 래펠을 해 본 적이 없었다. 전날 밤 숙소에서 친구들이 기본 요령을 가르쳐 주기는 했다. 그들은 복도에 있는 기둥에 밧줄을 묶어 나를 연결했고, 나는 안전띠에 걸려 있는 밧줄을 조금씩 풀면서 리놀륨 바닥 위에서 뒤쪽으로 걸어갔다. 물론 그 강습은 수평면 위에서 이루어진 것이었다.

그래도 나는 기분이 괜찮았고 준비가 된 것 같았다. 캐리가 내 장비를 점검했다. 나는 마음을 단단히 먹고 고원의 끄트머리에서 뒷걸음질로 가장 마지막에 오른 빙벽을 타고 아래로 내려가기 시작했다.

첫 번째 래펠은 순조로웠다. 발을 넓게 벌린 채로 버티지 못하고 균형을 잃고 옆으로 흔들려서 빙벽을 들이받고 나서도 웃을 수 있었다. 두 번째도 괜찮았다. 세 번째는 좀 까다로웠다. 굴곡진 얼음 터널을 따라 내려가야 했는데, 또다시 발을 헛디뎌 빙벽을 세게 들이박고는 속수무책으로 로프에 매달렸고 팔꿈치와 무릎을 벽에 찧었다. 다시 몸이 흔들려 땅바닥에 가까워질 만큼 하강했다. 나는 로프를 타고 미끄러져 내려와서 눈 더미에 착지했는데, 안전띠에 매달아 둔 얼음도끼가 사정없이 옆구리를 찔러 댔다.

그러자 당황했고 고통을 느꼈다. 로프 끝에서 장비와 엉킨 채로 아주 잠깐 동안 살짝 울고 난 다음, 다음 사람이 내려올 수 있도록 벌떡 일어나 길을 비켜 주었다.

그다음에도 간신히 짧은 래펠을 두 번 더 했지만 기분은 암울해졌고, 내려가면서 더욱 통제력을 잃어 갔다. 해 질 녘이 가까워지자 날은 점점 추워졌고, 온종일 빙벽에서 흔들리고 부딪힌 탓에 온몸이 얼음 녹은 물로 흠뻑 젖어 있었다. 나는 춥고 배도 고프고 지칠 대로 지쳤다. 더 이상 전혀 즐겁지가 않았다. 마지막 래펠을 끝내고는 다른 사람들을 피해 한쪽에 떨어져 앉아 얼굴을 감추려고 애쓰면서 울었다. 아껴 두었던 초코바를 먹었지만—초콜릿을 먹으면 대개 기운이 난다—아주 약간 도움이 되었을 뿐이었다. 차를 타려면 아직 갈 길이 멀었다.

일행 모두가 마지막 래펠을 마치고 나서, 우리는 무리를 지어 얼어붙은 개울을 따라 로프 없이도 걸을 만한 구간을 내려갔다. 일행이 삼삼오오 내려가기 시작했을 때, 나는 그날 아침에는 수월하게 지나쳤던 나지막한 얼음 둔덕 가장자리 위에 섰다. 내가 서 있는 평평한 표면과 그다음 얼음 평면 사이의 거리는 아마도 30~45센티미터 정도였을 것이다. 발을 뻗어 내려놓기만 하면 되었다. 나는 내 발을 내려다보았지만, 발을 움직일 수가 없었다. 발을 내디뎠는데 아이젠이 얼음을 찍지 못해서 마치 만화에서 바나나 껍질을 밟은 장면처럼 자빠지는 순간이 머릿속에서 자꾸만 그려졌다. 그렇게 넘어진 내 몸이 첫 번째 얼음 둔덕 위로 미끄러지고, 그다음에는 점점 더 속도가 붙어서 잇따른 둔덕을 계속해서 미끄러지다 바닥까지 내려가는 모습이 보였다. 머릿속에서 '나는 못 해.'라는 목소리가 들렸다. 나는 넘어질 거야. 나는 죽고 말 거야.

어떤 비이성적인 힘이 내 몸을 점령했다. 숨을 제대로 쉴 수 없었고 팔다리를 움직일 수도 없었다. 내 의식의 아주 작은 부분은 한 걸음만 내디디면 된다는 것, 발만 움직일 수 있다면 전부 괜찮을 것이라는 사실을 알고 있었지만, 그 이성의 목소리는 뇌 뒤쪽 구석으로 밀려났다. 그 순간은 다른 목소리가 의식을 장악하고 있었다.

내가 괴로워하고 있다는 것을 알아차린 라이언은 내가 있는 곳으로 돌아와 나를 안심시키려고 했다. 나는 그에게 불행히도 산을 내려갈 수 없다고 말했다. 나를 그냥 그곳에 두고 가야 할 거라고 말했다. 발을 뗄 수가 없으니 다른 사람들은 그냥 계속 가라고. 나는 그 자리에 그대로 있을 거라고.

나는 마치 타당한 계획을 이야기하는 듯 담담한 어조로 말했다. 그러나 날이 어두워지면서 기온이 떨어지기 시작했고, 젖은 고어텍스 신발을 신은 채 몸을 떨고 서 있는 상황이었기 때문에 그 자리에 그대로 있는 것은 자살행위나 다름없었다. 그런데도 한 발짝도 움직일 수 없었다. 나는 라이언이 다른 사람들과 상의하고 난 뒤 어두워지기 전에 캐리와 나머지 일행이 차가 있는 곳까지 갈 수 있도록 먼저 보내는 것을 지켜보았다. 라이언, 그의 친구 조엘 그리고 내가 잘 모르는 남자 닉만 남았다.

조엘이 내 옆에 서서 내 왼손을 잡았다. 닉은 내 오른손을 잡았다. 라이언은 다음 발디딤 자리로 내려간 다음 몸을 돌려 나와 마주하고 서서는 내가 발을 디뎌야 하는 지점을 얼음도끼로 가리켰다. 나는 심호흡을 하고 조엘과 닉의 손을 힘껏 움켜잡으며 오른발을 천천히, 힘겹게 내려놓았다. 아이젠이 지면에 밀착되었다. 나는 다행히 미끄러져 죽지 않았다. 그런 다음 왼발로 그 과정을 반복했다.

날이 어둑해졌고 밤이 되면서 추워졌다. 우리는 아주 천천히 산을 내려왔다. 라이언은 내가 걸음을 옮길 자리를 하나하나 가리키면서 안전하다고 안심시켰다. 오른발, 왼발. 그러는 동안 나는 내 몸과 마음의 두려움과 좌절감을 감추지 못하고 이따금 조용히 울기도 했다. 나는 한 발짝 잘못 디디기라도 하면 죽을 수도 있다고 여전히 반쯤은 확신하고 있었다. 내려오는 데 몇 시간은 걸리는 것 같았다. 결국 우리는 헤드램프를 꺼내 쓰고는 어둠 속에서 내리막 길을 계속 내려왔다.

거의 다 내려와 빙판에서 벗어나 눈길에 들어섰을 때라야 나는 마침내 조엘과 닉의 손을 놓을 수 있었다. 침묵이 흐르는 가운데 우리는 간선도로를 향해 터벅터벅 걸어갔다. 나는 공포가 어느 정도 가시자 그들이 얼마나 화가 났을지 짐작해 보기 시작했다. 라이언은 이번 여행에 나를 데려오지 말았어야 했다고 생각하고 있지 않을까? 당연히 그럴 것 같았다. 남아 있던 마지막 차에 우리 네 명이 우르르 올라탔을 무렵에는 마지막까지 내 마음속에 자리했던 공포는 그때껏 경험한 가장 강력한 수치심에 밀려 사라지고 없었다. 나는 뒷좌석에 몸을 잔뜩 움츠리고 앉았고, 등반이 끝나면 라이언이 늘 주는 딜 피클 맛 감자칩조차 즐길 수가 없었다. 창피해서 죽을 것 같았다.

숙소로 돌아온 뒤, 내가 할 수 있는 한 최선을 다했다. 숨지 않고 억지로라도 친구들과 카드놀이를 하고 음료수를 마시며 어울렸다. 산에서 내려올 때 도와준 사람들에게 맥주를 샀다. 나는 라이언에게 내가 산에서 스스로 첫 번째 걸음을 떼지 않았더라면 어떻게 했을 거냐고 물었다. "모르는 게 좋을 텐데." 그가 말했다. 라이언과 조엘이 내 손발을 묶고 얼어붙은 개울 위로 나를 질질 끌고 내려오는 모습이 그려졌다. 나는 계속해서 미끄러지다가 죽는 내 상상 속에서의 모습보다는 느린 동작으로 둔덕을 하나하나 넘어가고 있었다. 그의 말이 맞았다. 모르는 것이 나았다.

그다음 날 다른 친구들은 다시 등반을 하러 갔고 나는 숙소에 남았다. 나는 간선도로를 따라 한참을 달렸다. 책도 읽었다. 긴장을 풀고 주말을 즐기려고 노력했고, 산장을 둘러싼 하얀 산들과 푸른 하늘을 감상하려고 애썼다. 하지만 전날의 내 행동을 계속해서 떠올렸다.

아무리 생각해도 용납할 수 없는 행동이었다. 나는 지난 세월 동안 고소공포증을 해결해 보려고 하기는 했지만, 열성적이지는 않았고 시급한 문제로 여기지도 않았다. 이전에는 그것 때문에 나 자신의 생명과 다른 사람들의 안전을 위험에 빠뜨린 적이 없었다. 얼어붙은 개울 위를 걷느니 차라리 저체온증으로 죽고 말겠다고 선언한 산 위의 그 미치광이가 나였다는 사실을 도저히 믿을 수 없었다. 내가 정말 왜 그랬을까?

그 일을 곱씹지 않으려고 애를 썼지만, 이제 겨우 다시 마음을 추스르기 시작했는데 유주얼 등반에서 무너졌다는 사실은 좌절을 안겨 주었다. 인생의 많은 시간을 나는 엄마를 잃게 될까 봐 두려워하며 보냈다. 외할머니는 엄마가 어렸을 때 돌아가셨고, 자라면서 나는 그 상실이 남긴 참혹한 흔적을 너무도 잘 알게 되었다. 나도 똑같은 상실을 겪게 될까 봐 무서웠고, 결국 내 차례가 왔을 때 나는 무너져 내렸다. 그 후 몇 달 동안 나는 삶과 완전히 단절된 채 지냈다. 친구들과의 만남, 운동, 도전 의식과 즐거움을 얻기 위해 평소에 하던 활동, 그 모든 것을 끊었다. 너무도 오랫동안 미소 짓거나 웃는 법을 잊어버린 사람처럼 지냈다. 마치 얼굴의 근육이 굳어져서 그 간단한 행동을 어떻게 해야 할지 모르게 된 것 같았다.

사교적인 활동을 다시 시작한 지 몇 주밖에 되지 않은 시점이었다. 나는 다시 달리기를 시작했고, 제대로 된 식사를 하기 시작했으며, 꼼짝 않고 소파에 누워 시야가 흐릿해질 때까지 텔레비전 프로그램을 몰아 보는 생활을 중단했다.

나는 산에서 겪은 좌절 때문에 더디고 힘들게 얻은 정상적인 삶으로의 복귀가 틀어지는 것을 원치 않았다. 그런 식으로 공포에 휘둘리는 일을 두 번 다시는 겪고 싶지 않았다. 쓸쓸한 간선도로 옆 숙소에 홀로 앉아 나는 그날 산 위의 내 머릿속에서 무슨 일이 일어났었는지 알아내기로 결심했다. 그런 다음 고칠 방법도 찾아보기로 했다.

그 후 몇 주, 몇 달에 걸쳐 내 두려움 극복 프로젝트라고 할 수 있는 작업에 착수했다. 먼저 도서관에서 책을 대출했다. 자기계발서 코너에서 두려움에 맞서는 법에 관해 영감을 줄 만한 책을 죄다 찾았고, 두려움과 공포증을 과학적으로 설명한 책이 있으면 모두 꺼내 보았다. 친구나 가족들과 그들 각자가 가진 두려움에 대해 이야기도 나누었다. 그들 모두가 두려워하는 대상이 있었고, 어떤 이유로 또는 어떻게 해서 그렇게 두렵게 되었는지 자기 나름의 해석도 내리고 있었다. 그 이야기를 들으며 나는 두려움이 우리 삶에서 얼마나 큰 역할을 할 수 있는지 더 잘 이해할 수 있었다. 가장 중요한 사실은, 내 두려움을 정복 또는 극복하는 법, 아니면 최소한 두려움과의 관계를 재조정하는 법을 구상하기 시작했다는 것이다.

　나는 연구해야 할 두려움을 세 개의 큰 범주로 나누었다. 완벽하게 분류하지는 못했고 때로는 서로 겹치는 부분도 있고 당연히 모든 종류의 두려움을 포괄한 것은 아니었지만, 이해의 출발점은 될 것이라고 생각했다.

　첫 번째이자 가장 분명한 유형의 두려움은 공포증이다. 비이성적으로 보이는 임상적 두려움으로 대부분 자기의 바깥 세계에 존재하는 요소들과 관련된다. 내 경우에는 대표적으로 사방이 트인 높은 곳에 대한, 강력하지만 좁게 집중된 공포를 들 수 있다. 그다음 유형은 공포증의 더 구체적인 사촌인 트라우마다. 나쁜 일을 겪은 후 몸과 마음에 남아 있는 두려움으로 혹시 있을지 모르는 미래에 대한 두려움뿐 아니라 공포로 가득 찬 기억에 의해서도 촉발된다. 사람들은 흔히 트라우마는 개인적으로 겪은 폭력과 가장 밀접한 관련이 있다고 생각하지만 내게 트라우마는 여러 차례의 자동차 사고가 남긴 후유증이었다.

마지막으로, 미묘하고 정확히 규정하기는 어려운 실존적 두려움이 있다. 우리 인간의 의식에 딸려 오는 부속품 같은 공포로 죽음에 대한 두려움, 상실에 대한 두려움, 불확실한 세상과 그 세상 속 자신의 위치에 대한 불안 등을 말한다. 이처럼 복잡하게 뒤얽혀 있는 두려움은 나 자신의 삶에서는 엄마의 죽음에 대한 두려움으로 가장 두드러지게 모습을 드러냈다. 또한 가장 큰 두려움이 현실로 나타난 사건인 엄마의 죽음을 계기로 나는 내 모든 두려움 그리고 우리 모두가 안고 있는 두려움을 더 깊이 이해하려는 노력을 시작하게 되었다.

두려움이 어떤 식으로 내 삶을 헤집고 뒤흔들어 놓았는지를 이해하는 일은 두려움이 우리의 몸과 마음에 어떤 작용과 반작용을 일으키는지 파악하는 것을 의미하기도 했다. 또한 공포증과 불안, 트라우마 사이의 연관성을, 그리고 오랜 시간에 걸쳐 우리 사회가 그 각각에 대응해 온 방식을 추적하는 일이기도 했다. 지금까지 살면서 내가 진정으로 깊은 두려움을 느낀 모든 순간들을 검토하기 위해 옛 기억에 쌓인 먼지를 털어 내고 그 기억들을 분석하는 일이기도 했다. 내 두려움이 위협에 대한 합리적이고 타당한 대응이었을까? 아니면 유주얼에서 보인 내 반응처럼 과장되고 유해하기까지 한 공포였을까? 만약 두려움이 필수적인 생존 도구라면, 어째서 내 두려움은 때로 나를 더 큰 위험으로 이끄는 것처럼 보이는 걸까?

답을 찾을 때마다 매번 새로운 질문이 생겼다. 또한 의학적으로 인정된 치료와 자가 치료 등 다양한 치료에도 적극적으로 임했는데, 각각의 해법을 시도할 때마다 매번 새로운 통찰—항상 위안을 주는 통찰은 아니었지만—을 얻었다.

이 책은 그 모든 질문과 답을 통해 나온 최종 결과물이다. 그런 모든 과정을 겪었지만 아직도 내 두려움을 완벽하게 통제하고 있다고 말할 수는 없다. 유주얼에서 겪었던 일이 다시는 일어나지 않을 것이라고 장담할 수도 없다. 그러나 두려움과 나와의 관계가 결코 예전과 같지 않다는 것은 말할 수 있다.

1장

～～～～～～～～～～～～～～～～～～～～～～～

두려움에 대한
개인적인 역사

내가 가장 두려워했던 일이 현실이 된 것은 2015년 7월의 어느 여름 저녁이었다.

나는 브리티시컬럼비아주 북서쪽 끝에 있는 어느 안개 낀 강가의 통나무 위에 앉아 있었고, 바로 그때 엄마의 뇌 속에 숨어 있던 약해진 혈관 몇 개의 벽이 허물어졌다. 금요일 밤이었다. 나는 11명의 친구들과 오지로 열흘 일정의 카누 여행을 가서 두부를 곁들인 레드카레를 먹고 맥주를 마시며 캠핑 노래를 부르고 있었다. 그 시각, 시차가 3시간 나는 오타와에 있는 한 레스토랑에서 엄마와 새아빠는 다른 커플과 함께 저녁 식사를 하고 있었다. 식사비 계산을 막 마쳤을 때 엄마는 "머리가 깨질 듯이 아파."라고 말했다. 그런 뒤 "뇌졸중인 것 같아."라고 말했다. 그러고는 엄마가 쓰러졌고, 누군가 구급차를 불렀다. 도착한 응급구조사는 엄마를 보자마자 정말로 심각한 상황임을 알아차렸다.

아마도 내가 〈왜건 휠(Wagon Wheel)〉 아니면 〈세실리아(Cecilia)〉를 부르고 있던 그때, 그들은 엄마를 병원 중환자실로 이송한 다음 몸 여기저기에 바늘을 꽂고, 목구멍에 튜브를 집어넣고, 두개골에 구멍을 뚫어 그 안에도 튜브를 꽂아 넣었을 것이다.

그날 밤과 그다음 3일 동안 엄마는 기계의 도움을 받아 호흡했다. 모니터에서 삐 소리가 났다. 간호사들이 엄마를 목욕시키고 몸을 뒤집었다. 나는 카누를 타고 자연 온천에 갔고, 그 탁한 물에 몸을 담그고는 사방에서 자라는 야생 박하 향을 맡았다. 텐트를 치고 텐트를 걷고 햇볕에 탔고 배넉(오트밀이나 보릿가루를 개서 구운 과자빵—옮긴이)을 먹고 블루베리를 땄다. 그러는 사이에 가족들은 내게 연락하려고 애를 쓰고 있었다. 그들은 내 유선전화, 핸드폰, 페이스북에 메시지를 남겼다. 하지만 나는 가장 가까운 송신탑에서도 멀리 떨어진 곳에 있었다.

그 여행에서는 사촌인 네이선이 내 비상 연락책이었다. 그는 수산 자원을 관리하는 생물학자였다. 마침 그 무렵은 연어가 강을 거슬러 오르는 시기였다. 월요일 아침이 되어 그는 내가 카누를 타고 있던 스티킨강 가에 위치한 캐나다 정부의 수산기지에 도착할 수 있었다. 그는 내 여행 일정을 알고 있어서 나와 친구들이 일요일과 월요일 밤을 그레이트글레이셔 주립 공원의 캠프장에서 보낼 예정이라는 것도 알았다. 그곳은 그 여행에서 머물 곳 중 유일하게 시설이 잘 갖춰진 정식 캠프장이었고, 유일하게 한 장소에서 이틀 밤을 보내는 곳이기도 했다.

　월요일, 내가 친구들과 함께 빽빽하게 나무가 심긴 좁은 길을 따라 강기슭 캠프장에서 빙하호까지 카누를 육상으로 운반하는 동안, 호수를 가로질러 대빙하의 가파른 면까지 노를 저어 가서는 코듀로이(누빈 것처럼 골이 지게 짠, 벨벳과 비슷한 옷감-옮긴이)의 주름 같은 푸른색과 흰색 습곡을 올려다보고 있는 동안, 그 수산 자원 관리원은 강 상류로 차를 몰고 와 우리의 야영지를 찾아냈다. 그는 피크닉 테이블 위와 우리가 쳐 놓은 가림막 아래에 돌로 고정시킨 쪽지를 남겨 놓았다. "에바 홀랜드, 어머니 관련 일이니 네이선에게 즉시 전화 요망."

　나는 캠프장에 가장 마지막으로 돌아왔다. 캐리와 나는 캐리의 카누를 어깨에 메고 있었는데, 앞쪽에 서 있던 내 눈에는 내 신발과 길밖에 보이지 않았다. 그때 앞에서 라이언의 목소리가 들렸다. 그는 이상할 정도로 침착하고 낮은 목소리로 카누를 내려놓으라고 말했다. 그러고는 비상시에만 쓰려고 가져온 위성전화기가 들어 있는 방수 상자를 내게 건네고는 네이선에게 전화하라고 했다. 나는 처음에는 어리둥절했다가, 걱정스러운 마음이 점점 커지면서 육로 수송 거리를 수백 미터 줄이기 위해 캐리와 함께 급류를 헤쳐 오느라 들떠 있던 기분이 가라앉기 시작했다. 그리고 그 쪽지를 본 순간 세상이 얼어붙었다. 나는 오랫동안 이런 순간이 올까 봐 두려워해 왔고, 바로 그때, 그 순간이 나를 찾아왔음을 알았다.

라이언은 나를 캠프장에서 조용한 곳으로 데려가서 위성전화 거는 방법을 가르쳐 주었다. 신호가 가는 동안 나는 라이언의 손을 꽉 잡았고, 그다음 순간 네이선이 전화를 받았다. 그의 목소리는 잔뜩 긴장되어 있었고, 적당한 말을 찾으려는 헛된 노력을 하고 있었다. 그는 엄마가 뇌졸중으로 쓰러졌다고 말하고는 뭔가 다른 말을 보태려고 애를 썼다. 나는 냉담하게 느껴질 만큼 감정을 자제한 목소리로 "엄마 아직 살아 계셔?"라고 물었다. 그는 엄마가 아직 살아 있지만 의식이 없고 깨어날 수 있을지 알 수 없는 상황이라고 말했다. 검사를 진행하고 있는 중이었다. 견뎌야 할 기다림의 시간이 있었다. "네가 거기 가 봐야 할 것 같아." 네이선이 말했다. 나는 하마터면 웃을 뻔했다. 도대체 어떻게 가라는 거지? 하지만 그에게는 계획이 있었다.

나는 세부적인 계획을 들을 만한 정신이 아니어서 수첩과 펜을 가지고 있는 라이언에게 전화기를 넘겼다. 내가 바닥에 쓰러져서 가문비나뭇잎에 얼굴을 묻고 흐느끼고 있는 동안 라이언은 네이선과 간명하게 대화를 나누었다.

그 계획은 이랬다. 나는 친구들과 함께 강에서 하룻밤을 더 묵고 원래 계획했던 대로 다음 날 출발할 것이었다. 하류로 몇 미터 내려가면 연어 가공 공장이 있고, 그 공장에서는 스티킨강이 해안과 만나는 곳 근처에 위치한 알래스카주의 도시인 랭겔로 배달을 하고 있었다. 공장 직원들이 배달하는 길에 나를 태워 준다면 우리가 카누를 타고 3일 동안 이동할 거리를 대략 1시간 만에 갈 수 있었다. 랭겔에 도착해서는 비행기를 타고 시애틀로 가서 다음 목적지로 이동할 계획이었다. 항공권 예약은 네이선이 하기로 했다. 모든 일이 계획대로 진행된다면 나는 36시간 후에 오타와에 도착할 예정이었다.

비가 와 날씨가 궂은 저녁이었다. 나는 친구들과 저녁 식사를 했고 보통의 건강한 사람처럼―대륙을 가로질러 가서 가장 두려워했던 일이 현실이 된 것을 확인할 순간을 앞두고 있는 사람이 아니라, 친구들과 카누 여행을 온 사람처럼―행동하기 위해 최선을 다했다. 우리는 내가 처한 상황에 대해서도 조금 이야기했다. 일행 중 최근에 부모님을 잃은 이들이 몇 명 있었다. 그들 중 한 명은 제시간에—엄마가 죽음을 맞이하기 전에—도착하는 것이 중요하다고 말해 주었다. 내 주변에 나보다 먼저 이 길을 걸은 사람들이 있다는 것을 알게 되니 왠지 안심되었다. 다른 친구들의 지혜로운 조언을 들으며 앞으로 내가 어떤 일들을 해야 할지 알 수 있었다.

그날 밤, 나는 최대한 조용히 하려고 애를 썼지만 같은 텐트에서 자는 친구들은 내가 흐느끼는 소리에 잠을 이루지 못했다. 나는 잠을 제대로 자지 못했고 다음 날 아침에는 완전히 지쳐서 기진맥진한 상태였다. 친구들을 떠나 혼자 오타와로 갈 생각을 하니 겁이 났고, 그곳에서 무엇이 나를 기다리고 있을지 두려웠다. 우리는 수월하게 강하류로 떠내려가 공장에 다다랐고, 그곳 직원들은 우리에게 공장을 구경시켜 주고 내가 샤워실을 사용할 수 있도록 해 주었다. 그런 다음 친구들은 다시 하류로 떠났다.

잠시 후 나는 짐을 실은 배를 타고 친구들을 지나갔고, 또다시 손을 흔들어 작별인사를 했다. 그러고 나서 정말 혼자가 되었다. 나는 약 3000킬로그램의 신선한 치누크 연어가 담긴 커다란 플라스틱 통 더미 위에 다리를 꼬고 앉아 해안으로 나갔다.

랭겔의 선착장에 도착한 나는 공장 직원들이 일을 하는 동안 햇볕이 쬐는 곳에 앉아 핸드폰으로 아빠에게 전화를 걸었다. 아빠는 처음에는 다른 가족들과 연락이 되지 않았지만 그때쯤에는 상황을 파악하고 있었다. 아빠의 목소리를 들으니 안심이 되었다. 20분 남짓 이어진 통화에서 우리가 무슨 이야기를 나누었는지는 기억나지 않지만, 어느 시점엔가—아마도 이제 곧 내 삶에서 엄마의 빈자리를 실감하게 될 것이라는 사실을 깨닫고는 놀라서—나는 엄마와 내가 보통 일주일에 네다섯 번은 전화 통화를 했다는 말을 했다. 잠시 대화가 끊겼다. 불현듯 나는 아빠가 자신의 충격을 드러내 보이지 않으려고, 더 큰 위기를 감당해야 하기에 아픈 감정을 묻어 두려고 안간힘을 쓰고 있다는 것을 분명히 알아차릴 수 있었다. 아빠와 나는 한 달에 한 번 정도, 어쩌면 그보다 더 자주 대화를 나누었고, 아빠는 엄마와 내가 무척 가까운 사이라는 것을 예전부터 알고 있었지만, 전에는 그 차이를 그렇게 직접적으로 마주해 본 적이 없었을 것이다.

"음, 언제든지 전화해도 돼." 마침내 아빠가 말했다. 나는 그러겠다고 했다.

이미 우리는 엄마가 없는 미래를 계획하고 있었다. 그 36시간 동안, 위성전화로 통화를 하고 대륙을 가로질러 가는 동안, 엄마가 괜찮아질지도 모른다고, 깨어날지도 모른다고 내게 말해 준 사람은 아무도 없었던 것 같다.

나는 공항에 늦게 도착했고, 강을 떠날 때 가지고 온

몇 안 되는 물건들과 방수 가방을 확인할 겨를이 없었다. 가방은 너무 커서 기내에는 가지고 탈 수 없었다. 그 사소한 걸림돌도 힘겨워서 탑승 수속대 앞에서 울음을 터뜨렸고, 숨을 헐떡이며 흐느끼면서 "우리 엄마가 죽어 가고 있다고요."라는 말을 불쑥 내뱉었다. 공항 직원은 치약, 자외선 차단제, 액체류를 압수했고, 부피가 큰 그 가방을 들고 탑승하게 해 주었다. 나중에 나는 공항 직원들이 내가 드라마에 푹 빠져 제정신이 아니라서 거짓말을 하고 있다고 여기지는 않았을까 싶었다. 그런 이야기를 매일 들을지도 모른다는 생각이 들었다. 그 시애틀행 첫 비행기에서 나는 옆자리 승객이 내가 우는 것을 보지 못하게끔 계속 창밖을 쳐다보았다. '엄마가 죽어 가고 있어.' 속으로 몇 번이고 생각했다. '다시는 엄마와 이야기를 나누지 못할 거야.' 나는 가장 두려워해 왔던 순간을 현실로 받아들이려고 노력했고, 시속 800킬로미터의 속도로 다가가고 있는 현실에 맞서 마음을 단단히 먹으려고 했다.

시애틀 공항에 도착해서는 뛰어서 토론토행 야간 비행기를 겨우 잡아탔고, 토론토 공항에서 세관을 통과하고 나서 여정의 마지막 구간을 위해 단거리용 비행기에 탑승했다. 오타와 공항에서 아빠를 만났는데, 아빠는 언제나 그랬듯이 에스컬레이터 아래에서 기다리고 있었다. 나는 아빠의 집에 가서 샤워를 했고, 그런 다음 우리는 차를 몰고 병원으로 갔다. 나는 고어텍스 방수 바지를 입고 크록스 샌들을 신고 있었다. 강가에서 내가 챙길 수 있었던 유일하게 깨끗한 차림이었다. 엄마의 언니들인 셸라 이모와 로즈메리 이모가 이미 와 있었다. 새아빠인 톰은 금요일부터 와 있었는데, 마침 중환자실에 딸린 조용한 가족 상담실 소파에서 자고 있었다. 수요일 아침이었고, 문병객들로 북적였다. 모두들 중환자실 대기실, 아래층 커피숍, 엄마가 누워 있는 개인 병실 사이를 왔다 갔다 하고 있었다. 엄마는 튜브와 전선 사이에 누워 있었다. 윙윙 소리가 나는 인공호흡기의 박자에 맞춰 엄마의 가슴이 올라갔다 내려가고 있었다.

다들 내가 엄마 곁에 앉아 시간을 보내리라고 기대하는 것 같아 보였다. 어떤 면에서는 내가 그 시간을 좋아할지도 모른다고 생각하는 듯했다. 하지만 거기 있는 엄마를 보는 것은 끔찍한 충격이었다. 엄마는 분명히 싫어할 것 같았다. 우리 모두가 그런 상태의 엄마를 보는 것을 엄마는 원치 않을 것 같았다. 엄마의 얼굴은 부어오르고 창백했고, 머리카락은 더러웠으며 의료진이 전선과 튜브를 부착하는 사이에 사방으로 튀었을 붉은 소독약 때문에 더 엉망이었다. 엄마는 외모에 신경을 많이 쓰는 편이었다. 뉴욕을 좋아해서 자주 방문했던 나는, 엄마에게 함께 가자고 여러 번 여행을 제안했지만, 엄마는 거기서 입을 만한 옷이 없다면서 매번 거절했었다.

　간호사가 친절하게 침대 옆 의자에 나를 앉히고는 내가 잡을 수 있게 이불 밑에서 엄마의 손을 꺼내 주었다. 전선과 튜브가 걸리적거렸지만, 나는 머뭇거리다 손을 뻗어 엄마의 부드러운 손등을 만졌다. 적어도 그 정도는 친숙했다. 그만큼은 알아볼 수 있었다.

　엄마의 담당의는 키가 크고 어깨가 넓었으며 머리카락과 눈동자가 검었다. 이모들과 나는 그에게 '닥터 핸섬(Dr. Handsome)'이라는 별명을 붙여 주었다. 그날과 그다음 며칠에 걸쳐 그는 우리를 개인 회의실에 모이게 하고는 신중하고 엄숙하게 엄마의 상태를 알려 주었다. 나는 내가 국토를 횡단해 이곳으로 오는 사이에 결정은 이미 내려졌다고, 엄마의 장치를 끄기 전에 내가 도착하기를 가족들이 그저 기다리고 있을 뿐이라고 생각했었다. 그러나 실은 아직 그렇게 확실한 상황은 아니었다.

　그날 오후 엄마의 검사 결과가 나왔다. 닥터 핸섬은 우리에게 결과가 좋지 않다는 것을 알려 주었다. 뇌졸중은 엄마의 뇌간에서 발생했는데, 뇌간은 생명 유지에 필수적인 기능을 제어하는 곳이기 때문에 회복될 가능성이 전혀 없다는 것이었다. 엄마는 결코 깨어나지 못할 것이다. 스스로 깨어날 능력을 상실한 것이다. 다시는 혼자 힘으로 숨을 쉬지 못할 것이다. 이제는 자신의 존재조차 의식하지 못하는 상태였다.

우리는 엄마가 기계에 계속 의존해 혹시라도 나아지지 않는지 지켜볼 수도 있었다. 엄마는 생애 말기 돌봄에 대한 어떤 지침도 남겨 두지 않았다. 엄마는 겨우 60세였고, 그 일이 있기 전까지는 신체적으로 건강했다. 닥터 핸섬을 비롯한 의료진은 결정을 재촉하지는 않았지만, 이대로 놔둔다면 감염이 생길 가능성이 높다는 사실을 알려 주었다. 그래도 결정을 내리는 것은 우리 몫이었다.

그 후 48시간 동안 나는 대부분의 시간을 병원에서 보냈다. 중환자실 대기실에서 이모들 혹은 직장 일과 육아를 하는 틈틈이 돌아가면서 방문하는 고등학교 친구들과 함께 있거나, 회의실에서 닥터 핸섬과 다른 가족들과 함께 어떤 선택을 해야 할지 의논하기도 했고, 아니면 병실에서 간호사가 이불 밑에서 꺼내 준 엄마 손을 잡고서 시간을 보냈다. "원하시면 어머니와 이야기를 나누는 것도 괜찮아요."라고 간호사가 말했다. 해 보았지만 이상한 기분이 들었다. 엄마는 더 이상 그곳에 없었다. 닥터 핸섬도 그렇게 말했었다. 내가 어떤 말을 하든 그건 나를 위한 것이지 엄마를 위한 것은 아닐 것 같았다.

금요일 오후, 결정이 내려졌다. 우리는 생명유지장치를 끄기로 했다. 그러면 엄마는 겨우 몇 분, 오래 걸려도 1

시간 안에 생명을 잃게 될 것이라고 예상되었다.

나는 아빠에게 장치를 끌 때 나와 함께 있어 달라고 부탁했다. 우리는 모두 작은 병실에 모였다. 새아빠 톰, 나, 셸라 이모와 이모부 피터, 로즈메리 이모, 아빠, 톰의 친한 친구 두 명, 닥터 핸섬과 중환자실 담당 의료진. 병원으로 오는 동안 일반 문병이 끝났다는 것을 알지 못했던 사촌 보비는 과정이 시작되고 있을 때 병실로 들어왔다. 뜻하지 않게 임종을 지키게 된 그는 자신이 있어도 되는 자리인지 확신이 서지 않아 보였지만 그렇다고 돌아서서 나가는 것도 내키지 않은지 문간에서 서성였다.

나는 엄마의 오른편에 앉아서 엄마 손을 잡았다. 내 맞은편에서 톰도 똑같이 했다. 내 뒤에 서 있던 아빠는 내 어깨 위에 한 손을 얹었다. 나는 손을 위로 뻗어 아빠의 손을 잡았다. 그보다 얼마 전에는 간호사들이 우리를 잠깐 밖에 나가 있게 한 후에 엄마의 튜브와 전선을 제거한 상태였다. 그래서인지 마지막 몇 분 동안은 조금 더 평소의 엄마 모습에 가까워 보였다. 모든 기계들이 윙윙거리는 소리를 멈추었다.

닥터 핸섬은 엄마가 스스로 호흡하는 능력에 손상을 입었지만 그 능력을 완전히 잃은 것은 아니라고 설명해 준 적이 있었다. 알고 보니 그 말은, 우리가 평화로운 죽음이 아니라 산소를 마시려고 벌이는 최후의 투쟁을 목격하게 될 것이라는 뜻이었다. 시간이 지나자 엄마는 배 밑바닥의 물고기처럼 숨을 헐떡거렸다. 작지만 끔찍한 소리를 냈다. 나는 내가 그곳에 있는 것이 중요한 일이라고, 그리고 언젠가는 엄마의 임종을 지켰던 일을 기쁘고 감사하게 여길 것이라고 믿고 있었다. 그러나 그렇지 않았다.

"세상에." 나는 헉하고 숨을 들이켜고서 이를 악문 상태로 그 말을 내뱉었고, 닥터 핸섬은 침착하고 엄숙한 목소리로 엄마가 더 이상 자신의 존재를 인식하지 못할 것이라는 사실을 다시 한 번 상기시켜 주었다. 엄마는 고통을 느낄 수 없을 거라고 했다. 자신이 죽어 가고 있다는 것도 모를 거라고, 우리가 그녀를 죽을 수 있게 해 주고 있는 거라고 그는 단언했다.

그 과정은 20분 정도 걸렸다. 엄마의 얼굴에서 핏기가 가시고 입술이 잿빛으로 변하더니 내 손에 쥐어진 손이 차가워지기 시작했다. 누군가가 공식적인 사망 선고를 내렸다. 우리는 몇 분 더 앉아 있다가 일어나서 줄지어 병실 밖으로 나갔다.

아빠가 나를 태우고 집으로 향했다. 나는 앞유리를 뚫어지게 바라보면서 엄마가 없는 미래를 애써 그려 보려고 했다. 내가 겪은 상실은 충격적일 수밖에 없었다. 그것은 너무나 갑작스러웠고 너무도 빨랐다. 조앤 디디온 (Joan Didion)은 『상실(*The Year of Magical Thinking*)』(저널리

스트이자 작가인 저자가 남편의 갑작스러운 죽음을 받아들이는 과정을 기록한 에세이-옮긴이)이라는 책에서 "당신은 저녁 식사를 하기 위해 자리에 앉는다. 그리고 당신이 알고 있던 삶은 끝이 난다."라고 썼다. 그것은 사실이었다. 병원에서 나와 차에 탔을 때, 낯설고 새로운 삶이 이제 막 시작된 것 같은 기분이었다. 나는 여전히 에바 홀랜드였지만, 다른 사람이 되어 있었다. 근본적으로 달라진 것 같았다.

나는 붕 떠 있는 듯한 느낌이 들었다. 그러나 놀라지는 않았다. 어떤 면에서는 이제 갑자기 내 곁에 엄마가 없다는 사실이 완벽하게 이해되었다. 피할 수 없는 일로 느껴졌다. 나는 아주 오랫동안 엄마의 죽음을 맞이할 순간을 두려워하며 마음의 준비를 하고 있었다.

사람들은 종종 미지의 것에 대한 두려움에 관해 이야기하고, 너무 당연하게도 낯설고 새로운 것을 경계하는 경향이 있다. 하지만 우리는 자신이 잘 알고 있는 것을 두려워하게 되기도 한다.

나는 엄마가 고아라는 것을 알고 자랐다. 나의 외할머니 재닛은 엄마가 열 살 때 마흔다섯의 나이에 대장암으로 세상을 떠났고, 외할아버지 로버트는 엄마가 열아홉 살 때 그 뒤를 따랐다. 이 슬픈 사실을 누가 내게 설명해 주었는지는 기억나지 않지만, 그 사실은 내 삶, 우리 가족 이야기의 밑바탕에 늘 스며 있었다. 내가 아는 조부모님은 아빠의 부모님, 내가 할머니 할아버지라고 불렀던 그 두 분이었다. 하지만 엄마 쪽의, 한 번도 뵌 적 없는 흐릿한 형체의 두 분도 언제나 내 삶의 일부였다.

외할머니가 아름답고 쾌활했었다는 것을 나는 알고 있었다. 엄마의 빛바랜 유년 시절의 기억 속에서 외할머니는 누가 듣든 개의치 않고 큰 소리로 노래하며 거리를 거니는 그런 여성이었다. 엄마가 낡은 담배 상자에 보관해둔 몇 장의 작은 흑백 사진 속에서 외할머니는 크고 검은 눈에 멋스러운 1960년대 머리 스타일을 하고 광대뼈가 도드라지게 활짝 웃고 있는 모습이었다. 그녀는 결혼 전에 친한 친구들과 함께 당시 전쟁 중이던 유럽을 돌아다니면서 군부대 위문공연에서 노래를 부르기도 했다. 이론의 여지가 있지만 집안에서 전해오는 한 이야기에 따르면, 그녀가 당시 미혼이던 필립 공(영국 여왕 엘리자베스 2세의 남편-옮긴이)과 데이트를 한 적도 있다고 한다. 사진에서 그녀는 항상 웃고 있었고, 치아는 하얗고 튼튼했으며, 아치형 눈썹과 입술의 곡선은 사람들의 시선을 끌었다. 공군 참전 용사이자 야금 기술자였던 외할아버지는 외할머니만큼 강한 인상을 주지는 못했다. 깔끔하게 차려입고 안경을 쓴 모습의 그는, 아내라는 밝은 별에 가려지는 것을 기꺼워하며 항상 사진의 배경으로 물러나는 듯 보였다.

엄마는 세 딸 중 막내로 행복한 어린 시절을 보냈다. 그녀는 집안의 밝고 카리스마 넘치는 아기였다.(오만에 가까운 자신감—막내 아이의 의기양양함 같은 것—이 엄마의 어린 시절 사진에서 엿보인다.) 그녀의 어머니는 아름답고 호감가는 사람이었고, 그녀의 아버지는 진지하고 유능한 사람이었다. 그녀의 가족은 아버지의 직장 때문에 여러 차례 이사를 하면서 캐나다의 여러 광산촌을 돌아다녔고, 어머니가 병이 났을 무렵에는 온타리오주의 레이크필드에서 살고 있었다. 그 뒤로 상황은 점점 막막해져 갔다. 엄마가 기억하기로 외할머니의 암 발병 사실은 비밀에 가까웠고 은밀히 다루어졌으며, 이야기한다고 해도 어른들만이 나누는 대화 주제였다. 엄마는 외할머니에게 작별인사를 한 기억이 없었다. 장례식에도 데려가지 않았다는 것만은 확실히 기억하고 있었다. 그녀는 자신의 아버지가 어머니를 어디에 묻었는지 전혀 알지 못했다. 어느 날 갑자기 그녀의 어머니는 은밀하게 병을 앓았고, 그러다 어느 순간 사라져 버린 것이었다.

외할아버지는 외할머니가 세상을 떠나자 망가져 갔다. 딸들에게 관심을 끊고 술에 의지했다. 그는 딸들을 기숙학교와 먼 친척 집으로 보냈다. 그러고는 자식 다섯을 둔 여자와 서둘러 재혼했다.

막내인 엄마는 자매들 중 유일하게 아버지의 집에서

꽤 많은 시간을 보냈고, 이제는 새로운 가족들과 함께 지내야 했다. 엄마는 의붓형제자매에 대해서는 좋은 기억을 가지고 있었지만, 그들의 어머니는, 자신이 보살펴야 했던 그 상처받은 아이에게 화를 내고 잔인하게 굴었다고 기억했다. 사악한 계모의 원형을 알고 있었던 어린 시절의 나는 엄마의 이야기를 일종의 동화로 이해했다. 어렸을 적 내 머릿속에는, 아버지가 자신의 슬픔에 무관심한 사이 피땀 흘려 일하면서 누군가 자신을 구해 주기를 기다리고 있는 현실의 신데렐라가 있었다.

엄마는 캐나다 양쪽 끝에 있는 고등학교 네 곳을 옮겨 다녔다. 대학에 다니기 시작하고 열아홉 번째 생일을 맞은 지 3일 만에 외할아버지가 돌아가셨다. 완전히 고아가 된 그녀는 학교를 중퇴하고 둘째 언니 로즈메리와 함께 이사를 했다. 토론토에서 웨이트리스 일을 했고, 음식 협동조합 운동을 중심으로 한 히피 활동에 푹 빠졌고, 결국 거기서 아빠를 만났다. 아빠와 결혼했을 때 엄마는 스물네 살이었고 내가 태어났을 때는 스물일곱 살이었다.

겉으로 보기에는 해피엔딩이었지만 그렇다고 그녀가 괜찮은 것은 아니었다. 나는 아주 어렸을 때, 외할머니를 잃은 일이 엄마에게 특히나 지울 수 없는 상처로 남았음을 알게 되었다. 나는 엄마가 이따금 슬픔에 잠기고, 어떤 날에는 온종일 혼자 침대에 누워 있어야 한다는 것을 알았다. 내가 일곱 살 때 부모님이 헤어지고서 그 '어떤 날'은 거의 매일이 되었다. 부모님이 이혼한 첫해에 엄마와 나 단둘이 커다란 3층짜리 임대주택에서 함께 지내는 동안, 나는 외할머니의 죽음이 엄마의 삶에서 중심을 이루는 사실이라는 것을 이해하기 시작했다.

그 긴 한 해를 보내던 어느 날 밤, 엄마와 나는 끔찍한 싸움을 했다. 내가 무엇 때문에 그렇게 격분했는지, 무엇 때문에 일이 시작되었는지 기억나지 않지만, 어떤 식으로 끝났는지는 기억난다. 나는 내 침실로 뛰어 올라가 침대 머리맡 탁자 위 외할머니 사진이 끼워져 있는 작은 액자를 손에 쥐고 난간 밖으로 내밀고는 부숴 버리겠다고 엄마를 위협했다. 엄마는 이성을 잃고서 흐느끼면서 제발 그러지 말라고 애원했고, 나는 우리 두 사람 사이의 권위가 한순간에 뒤바뀐 것이 너무 무서워서 사진을 바로 치워 버렸다. 나는 내게 엄마를 제압할 엄청난 힘이 있음을—내가 어린아이고 그녀는 부모임에도 불구하고 그녀가 대단히 연약하다는 것을—처음으로 알아차렸다. 외할머니의 죽음은 엄마에게 그런 식의 상처를 남겼던 것이다.

우리 사이를 중재해 줄 다른 어른이 없는 상태로 엄마의 슬픔을 가까이에서 지켜보면서, 생활비를 벌어 오는 사람이 엄마기는 했지만, 적어도 감정적으로는 우리가 서로 의지하고 있다는 것을 알게 되었다. 내가 격분하면 엄마는 울었다. 지각 능력이 있는 아이들이 금방 배우듯 나는 엄마의 약점을 공격하는 법을 알고 비열하게 싸웠고, 그럴 때마다 자국이 남았다. 그때 나는 깨닫기 시작했다. 우리가 사랑하는 사람들보다 우리에게 더 깊은 상처를 줄 수 있는 사람은 없다는 것을. 그리고 그것은 사랑과 두려움이 그처럼 단단하게 묶여 있는 이유기도 하다는 것을. 우리는 사랑하는 사람들을 보호하고 싶어 한다. 우리는 어쩌면 그들에게 상처를 받을까 봐 두려워하는 만큼 그들에게 상처를 주는 사람이 될까 봐 두려워한다.

그 일 이후 나는 더 이상 엄마를 권위 있는 존재로 보지 않았다. 엄마는 룸메이트, 보호자, 비밀이 없는 사이, 절친한 친구, 많은 주제에 관해서 신뢰할 만한 전문가, 중요한 일이 있으면 가장 먼저 말하고 싶은 상대였었다. 그러나 그해 이후 나를 다스린 것은 어떤 벌이나 반항의 결과에 대한 두려움이 아니라 엄마를 속상하게 할지도 모른다는 두려움이었다. 내 기본 원칙은―지키지 못하는 때가 너무 많았지만―엄마를 울리지 않는다는 것이었다.

우리는 아빠의 직장 때문에 국토 반대편인 오타와로 이사를 갔고, 일상에 빠져 지냈다. 엄마는 학위 과정을 마치고 한 여성 단체에 행정직으로 취직했다. 나는 엄마와 아빠 집에서 격주로 번갈아 지내면서 학교를 다녔다. 엄마 집에서는 토요일 밤이면 지역 공영 텔레비전 방송국에서 틀어 주는 옛날 영화를 시청했다. 특별한 날에는 모퉁이에 있는 인도 식당에서 저녁을 먹었다. 나는 엄마와 함께 지내는 삶이 정말 좋았지만 엄마의 슬픔을 늘 의식하고 있었다. 그것은 미래에 내가 겪게 될 고통에 대한 경고처럼 느껴졌다.

그래도 엄마는 아주 상태가 나쁜 날에도 항상 대화를 나누거나 내 생활에 대해 물어보거나 고민을 들어 주고 조언해 주는 시간을 가졌다.(이런 대화는 엄마가 침대에 누워 있을 때 했고, 우리는 주로 그런 식으로 이야기했다.) 엄마는 똑똑하고 재미있었고 무조건적으로 나를 지지했다. 내가 학교에서 돌아오면 엄마는 "오늘은 무엇을 배웠니?"라고 물으며 나를 맞이했다. 그 질문을 받으면 나는 항상 눈동자를 굴렸다. 내가 학교에서 있었던 일에 대해 말하고 싶어 하지 않으면 엄마는 이어서 "그럼 네 희망이나 꿈에 대해 말해 보렴."이라고 말하고는 했다. 그러면 내 눈동자는 더 심하게 흔들렸다.

나는 방과 후 활동을 열성적으로 하는 아이가 아니었고, 대부분의 저녁 시간을 엄마와 함께 보냈다. 처음에는 〈댈러스(Dallas)〉와 〈스트리트 리걸(Street Legal)〉을, 그다음에는 〈뉴욕경찰 24시(NYPD Blue)〉를 함께 시청했다. 토론토 블루제이스(Toronto Blue Jays)가 1993년 월드시리즈에서 우승하는 장면은, 작은 텔레비전을 싸구려 이케아 카트에 실어 엄마 방으로 가지고 와서 엄마의 퀸 사이즈 침대에 누워서 보았다. 올림픽 기간이 돌아올 때마다 함께 올림픽을 보았고, 10종 경기, 접영, 살코 점프(피겨 스케이팅에서 스케이트의 안쪽 모서리로 뛰어올라 공중에서 회전한 다음 반대쪽 발의 바깥쪽 모서리로 내려오는 점프-옮긴이), 러츠 점프(한쪽 스케이트의 바깥 날로 뛰어올라 공중에서 한 바퀴 돈 후 다른 쪽 스케이트의 바깥 날로 착지하는 점프-옮긴이) 등에 대해 다시 배웠다. 때때로 엄마와 나는 우리의 작은 아파트에서 소소한 반란을 공모하기도 했다. 엄마가 영 요리할 기분이 아닐 때는 저녁으로 피자를 주문하거나 허니 넛 치리오스(시리얼 제품-옮긴이) 한 그릇으로 때웠다.

1994년, 내가 열두 살이고 엄마가 마흔 살이 가까웠을 무렵 작가 호프 에덜먼(Hope Edelman)이 『엄마 없는 딸들(Motherless Daughters: The Legacy of Loss)』을 출간했다. 이 책은 저자의 일찍 돌아가신 어머니에 대한 회고록인 동시에 어머니의 죽음이 삶의 여러 단계에서 젊은 여성들에게 미치는 영향에 관한 연구와 일화를 실은 책이기도 했다. 만약 그때 내가 그 책을 읽었더라면, 엄마와 엄마의 고통 그리고 그녀 자신의 어머니를 잃고서 자신이 결코 제대로 된 어머니나 여성이 되지 못할 것이라는 엄마의 두려움에 대한 놀라울 정도로 정확한 묘사를 발견했을 것이다.

엄마는 그 책이 출간된 직후 하드커버로 샀고, 읽었

느지는 확실히 알 수 없지만 그 책은 엄마의 침대 옆에 있는 작은 고리버들 책꽂이 한쪽을 늘 차지하고 있었다. 나는 방에 들어갈 때마다 거의 매번, 자기계발서가 쌓여 있는 책 더미 속에서 먼지가 쌓여 가는 그 책을 발견하고는 했다. 세월이 흐르면서 그 책은 여전히 진행 중인 엄마의 상실을 상징하는 물건이 되었다. 나는 엄마가 스스로를 그렇게 정의했다는 것을 이제는 알고 있다. 엄마는 자신을 영원한 딸로, 자신의 인생에서 가장 중요한 존재인 어머니가 영원히 결핍된 딸로 여겼던 것이다.

엄마의 책꽂이에 누운 채 나를 바라보던 그 책은 나 자신의 미래에 대한 불길한 예언처럼 느껴지기도 했다. 나는 엄마처럼 슬픔을 느끼고 상처받고 싶지 않았다. 무엇보다도 나 또한 엄마 없는 딸이 될까 봐 두려웠다.

물론 자라는 동안 내가 느낀 두려움이 그것만 있었던 것은 아니었다. 대부분의 사람들과 마찬가지로 나도 나를 두렵게 하는 많은 것들에 시달렸다.(아이러니하게도 두려움을 느끼는 순간에는 혼자라는 기분이 들지만, 두려움은 우리를 연결시켜 주는 경험이다.)

두려움에 대한 가장 이른 기억은 내가 세 살, 어쩌면 네 살 때 있었던 일일 것이다. 나는 멀리 떨어진 교외에 있는 조부모님 댁으로 가는 길에 토론토 피어슨 국제공항의 긴 하행 에스컬레이터 맨 위에 서 있었다. 엄마와 아빠가 내 옆에 있었다. 아마 두 분 중 한 분이 내 손을 잡고 있었던 것 같다. 확실히 기억이 나지는 않는다.

내가 기억하는 것은, 움직이는 에스컬레이터의 맨 위 층계에 한 발을 올려놓았는데, 갑자기 넘어질지도 모른다는 두려움에 휩싸였다는 것이다. 그래서 나는 사람들이 두려울 때 하는 행동을 했다. 한 발은 에스컬레이터에, 다른 발은 단단한 공항 바닥에 그대로 둔 채 얼어붙는다. 당연히 에스컬레이터가 움직이고, 내 작은 다리가 벌어지고, 나는 몇 계단 아래로 굴러 떨어진다. 계단 옆 톱니 모양의 금속 가장자리에 긁혀 정강이에 길고 빨간 긁힌 자국이 난다. 상상은 현실이 되었고, 결국 내 두려움은 자기실현적 예언이 되고 말았다.

에스컬레이터 맨 위 계단에서 나를 급습했던 넘어짐에 대한 두려움은 다른 장소와 시간에 다시 나타났다. 여덟 살 아니면 아홉 살 무렵의 어느 날 학교에서 집으로 돌아온 나는 엄마에게 체육 시간에 달리기를 할 때 내가 할 수 있는 만큼 최대한 빨리 달린 적이 없다고 고백했다. 넘어질까 봐, 내 몸을 제어하지 못할까 봐 두려워 속력을 내지 못한다고 말했다. 엄마는 언제나 그 일화를 좋아했다. 그것이 본질적으로 조심스러운 내 성격을 말해 준다고 생각했다. 하지만 엄마가 수년간 그 일을 다시 이야기할 때마다 나는 기분이 좋았던 적이 없었다. 어느 누가 기회를 잡기가 두렵다는 이유로 놓치고 싶어 하겠는가?

나는 피어슨 공항에서 굴러 떨어진 후 몇 년 동안 에스컬레이터를 타고 내려가는 것을 무서워했다. 고등학교 때는 양손을 자유롭게 하고 셋을 센 뒤 손잡이를 잡아야만 맨 위 계단에 양쪽 발을 디딜 수 있었다. 심지어 요즘에도 발을 딛기 전에 심호흡을 한다.

하지만 그런 것들은 그나마 다루기 쉬운 힘듦이었다. 처음으로 비이성적이고 비정상적인 공포를 실제로 느낀 것은 열다섯 살 때였다. 9학년을 마친 여름, 나는 십여 명의 다른 십대들과 온타리오호에 띄워진 구식 대형 범선에서 일주일을 보내는 일종의 여름 범선 체험 캠프를 신청했다.

그 배 위에서의 모든 생활이 마음에 들었다. 갑판 아래 좁은 철제 침상에서 잠을 자는 것도, 보초를 서기 위해 한밤중에 일어나 끝없이 펼쳐진 어둠을 바라보는 것도, 햇살 좋은 오후에 활 모양으로 조각된 나무 아래에 걸려 있는 두꺼운 밧줄 그물 위에 느긋하게 누워 있는 것도 좋았다. 갑판 위에 있을 때 우리는 가슴 주위로 기본적인 안전띠를 착용했는데, 안전띠에 부착된 짧은 로프 끝에는 중금속 클립이 달려 있었다. 날씨가 아주 험하거나 돛을 조정하기 위해 돛대에 오를 때는 만일의 경우를 대비해서 클립으로 자기 몸을 고정시켜야 했다.

문제는 내가 처음으로 돛대 오르기를 시도했을 때 발생했다. 나는 돛대 중간에서 그다음 가로장으로 클립을 옮기면서 사다리를 한 계단씩 올라갈 때마다 극심한 공포와 싸웠다. 가슴이 조여 오고 호흡이 가빠 왔다. 두려움에 뇌가 쥐어짜지는 것 같았다. 내 근육은 내게 복종하고 싶어 하지 않는 것 같았다. 몸을 움직일 때마다 젖은 시멘트를 밀고 나가는 기분이었다. 그러다가 마침내 반쯤 올랐을 때 나는 얼어붙었다. 아래에서 흔들리는 나무 갑판을 쳐다보는 것을 그만둘 수가 없었고, 내 몸이 그 갑판에 부딪혀 튀어 오르고, 뼈가 부서지고, 피가 호수로 흘러 들어가는 상상을 멈출 수가 없었다.

계속 올라갈 수도 도로 내려올 수도 없을 것 같았다. 배의 '책임자들'—캠프 지도사들—이 아래에서 위로의 말과 격려를 보내면서 간신히 나를 달래 아래로 내려오게 했다. 발이 갑판에 닿은 이후 나는 다시는 돛대 위로 올라가지 않았다. 내가 실패한 것에 대해 나무란 사람은 한 명도 없었고 다들 잘 대해 주었지만, 나는 그다음 해에 다시 범선 캠프에 참여하지는 않았다. 유사시에 돛을 조절하지 못하는 선원은 그다지 쓸모가 없기 때문이다.

짧았던 선원 경력이 중단된 뒤에도 고등학교 시절은 여전히 두려워할 것으로 가득한 지뢰밭이었다. 나는 중독성 마약을 할까 봐 두려웠고, 누군가 내게 마약을 권할 경우에는 어떻게 거절해야 할지 두려웠다. 밤중에 어두운 거리를 걸어갈 때 내 옆에서 차를 서행하거나 어정거리며 큰 소리로 노골적으로 유혹하는 말을 외치는 남자들도 무서웠다. 조용히 주위를 서성이는 남자들은 더 무서웠다.

내가 두려워하는 것 중 어떤 것들은 아주 구체적이었다. 나는 술을 너무 많이 마시고 토사물에 기도가 막혀 죽을까 봐 두려웠다.(학교에서 이 위험에 대해 여러 차례 경고를 받았다.) 대학에 갈 돈이 모자랄까 봐, 멀리 있는 대학에 가게 될까 봐, 집에서 대학에 다니게 될까 봐, 대학을 잘못 선택할까 봐 두려웠다.(우리 고등학교를 방문한 한 채용 담당자는 만약 우리가 잘못된 선택을 한다면 결국 맥도널드에서 일하게 될 거라고 단언했다.)

세상이 나를 향해 열리고 내가 앞으로 달려가 세상을 만났을 때도, 세상은 위험으로 가득 차 보였다. 운동장에서 빨리 달리는 일에 대한 걱정이 내 가장 큰 두려움이었던 시절에 상상했던 것 그 이상이었다.

그 모든 것의 밑바탕에는 엄마와 관련된 두려움이 엉킨 실타래처럼 놓여 있었다. 나는 엄마에게 상처를 줄까 두려웠고, 엄마를 잃을까 두려웠고, 엄마를 잃으면 나도 엄마처럼 될까 두려웠다. 나는 엄마를 사랑하고 존경했지만 그런 슬픔을 짊어진 채 살고 싶지는 않았다.

엄마와 단둘이서 크고 오래된 임대주택에서 보낸 그해에 나는 세 가지를 명료하게 이해하게 되었다. 첫째, 엄마가 외할머니를 잃고 나서 경험했듯이 엄마를 잃는 일은 삶을 파괴하는 경험이 될 수도 있다는 것. 둘째, 엄마가 돌아가신다면 내게도 똑같은 일이 일어날 수 있다는 것. 그리고 셋째, 엄마는 자신의 엄청난 슬픔 때문에 한없이 연약했다는 것. 엄마는 이미 상처받았고 그건 내가 어쩔 수 없는 일이었지만, 더 이상의 상처를 주지 않는 것은 내 몫이었다.

그렇게 해서 갓 성인이 되었을 때 나는 이런 모습이었다. 사랑과 보살핌을 받고, 대체로 건강하고 그리고 우리 대부분이 그러하듯이 갖가지 두려움을 안고 있었다. 20대 초에도 에스컬레이터를 타고 내려갈 때는 여전히 긴장했다. 성인이 막 되었을 때 할 수 있는 잘못된 선택, 잘못된 행동—잘못된 학교, 잘못된 직업, 잘못된 인간관계—을 하지 않을까 두려워했다. 하지만 그 당시 누군가 내게 가장 두려운 것이 뭐냐고 물었다면—내가 만약 정직하게 답했다면—엄마의 죽음과 그로 인해 내 삶에 벌어질 정서적 파괴보다 더 두려운 것은 없다고 말했을 것이다.

그러나 그때까지는 두려움 자체를 하나의 현상으로 바라보지는 않았다. 나는 그것이 내 몸의 세포에서 어떤 작용을 하는지 알고 싶어 하지 않았고, 내 두려움이 회피하거나 묵인해야 할 대상이 아니라 정복하고 극복할 수 있는 것은 아닌지 생각해 보지도 않았다. 외상 후 스트레스 장애(Post-traumatic Stress Disorder, PTSD)에 대해 들어 본 적도 없었고, 공포증의 존재에 대해 깊이 생각해 본 적도 없었다. 두려움 없이 사는 삶은 어떨지 스스로에게 질문을 던진 적도, 두려움 때문에 지장을 받거나 곤란을 겪는 일이 많은 것 같은데도 왜 그것이 우리에게 꼭 필요한 감정이고 정서적 삶의 필수적 요소인지에 대해 살펴본 적도 없었다.

지금은 그 모든 것이 바뀌었다. 이제 나는 두려움과 두려움을 둘러싼 질문들에 대해 항상 숙고한다. 억지로라도 자신이 가장 두려워하는 것을 마주하고 그걸 겪어 내고 나면 그렇게 되는 것 같다.

2장

〰〰〰〰〰〰〰〰〰〰〰〰〰〰〰〰〰

두려움을 느낄 때
뇌에서는
어떤 일이 일어날까

얼핏 생각하기에 두려움은 식별하고 정의하기가 쉬울 것 같다. 외설(猥褻)의 정의에 대한 오래된 판례를 빌려 말하자면, 느껴 보면 안다.

그 느낌을 말로 표현하는 것은 더 어려울 수 있다. 19세기에 『미국 심리학지(*American Journal of Psychology*)』를 창간하고 미국심리학회의 초대 회장을 지낸 스탠리 홀(G. Stanley Hall)은 두려움을 "고통에 대한 예기"라고 표현했는데, 내가 보기에는 꽤 괜찮은 일반적 정의인 것 같다. 폭력에 대한 두려움? 예기적 고통이다. 이별, 사랑하는 사람을 잃는 것에 대한 두려움? 예기적 고통이다. 상어, 비행기 추락사고, 절벽에서 떨어지는 것에 대한 두려움? 모두 예기적 고통에 해당한다.

그러나 사실 우리에게 필요한 것은 그저 모두가 동의하는 두루뭉술한 정의가 아니다. 우리 삶에서 두려움이 하는 역할을 이해하기 위해서는 우리를 괴롭힐 수 있는 두려움의 층위와 다양성을 조사하는 일이 필요하다.

분명하고 임박한 위협을 감지할 때 순간적으로 밀려오는 공포가 있다. '저 차가 나를 칠 것 같아.' 같은. 이보다 둔하고 분산된 예감, 원인을 정확히 집어낼 수 없는 막연한 불안감도 있다. '여기 뭔가가 잘못됐어.', '안심이 되지 않아.' 소용돌이치며 제멋대로 뻗어 나가는 실존적 두려움도 있다. '이번 시험은 망할 것 같아.', '이번 면접을 망칠 것 같아.', '인생에서 실패할 것 같아.' 그리고 정확하게 들어맞아서 시시하기까지 한 두려움도 있다. '이 반창고를 떼어 내면 아프겠지.' 이 두려움들은 서로 어떻게 맞물릴까? 달리 말하면, 각각의 두려움은 어느 정도로 떨어져 있을까?

그리스 신화에 따르면, 전쟁의 신 아레스에게는 전장에 나갈 때 데리고 다니는 두 아들이 있었다. 공포의 신 포보스와 걱정의 신 데이모스가 그들이다. 이 둘―공포와 걱정―을 구별하는 데서 시작하는 것이 도움이 될 것 같은데, 이는 오늘날 우리가 공포(fear)와 불안(anxiety)을 어떻게 구별하는지를 보면 알 수 있다. 일반적으로 말해서 공포는 현재 존재하는 분명한 위협에 의해 촉발되는 것으로 여겨진다. 즉 위험을 감지하고 두려움을 느끼는 것이다. 반면에 불안은 실체가 분명하지 않은 염려에서 비롯된다. 즉 두려움처럼 느껴지지만 뚜렷한 원인은 없는 것이다. 적어도 이론상으로는 간단하다.

『공포: 문화적 역사(*Fear: A Cultural History*)』에서 작가 조애나 버크(Joanna Bourke)는 공포와 불안의 차이를 분석하려고 용감하게 시도한다. 버크는 "한 경우에는 천장까지 활활 타오르는 불길, 수소폭탄, 테러범 등 무서운 사람이나 위험한 물체를 확인할 수 있다."라고 썼다. 반면에 "우리를 압도하는 불안의 근원은 '내부'에 있는 경우가 많다. 바깥으로 나가는 것에 대한 비이성적인 두려움, 실패에 대한 우려, 불길한 예감 등이 이에 해당한다. […] 불안은 전반적인 상태로 묘사되는 반면, 공포는 더 구체적이고 직접적이다. 공포 상태에서는 '위험물'이 바로 앞에 있는 것 같지만, 불안 상태에서는 자신을 위태롭게 하는 대상을 의식적으로 알지 못한다."

그러나 버크가 지적하듯이 그런 구별에는 심각한 한계가 있다. 그 구별은 전적으로 두려움을 느끼는 사람이 지닌 위협을 식별하는 능력에 의존한다. 타당한, 직접적인 위험인가? 아니면 추상적인, '비합리적'인 두려움인가? 버크는 수소폭탄과 테러범을 현재 존재하는 분명한 위협의 예로 제시했지만, 이 두 가지 다 불안감을 유발하는 것, 존재하지 않을 때도 불길한 생각이 들게 하는 것이 될 수도 있다.

내가 빙벽 등반을 하다가 공황 상태에 빠진 일을 생각해 보라. 나는 얼어붙은 개울이 안전에 치명적인 위협이 될 수 있는 타당한 위협이라고 완전히 확신했다. 그리고 물론 이론적으로는 얼어붙은 개울에서 미끄러져 죽는 일도 가능하지 않은가? 얼음으로 뒤덮인 산이 세상에서 가장 안전한 환경은 아니라는 점은 객관적인 사실이다. 그러나 정황상 그 화창하지만 추운 오후에 내가 느낀 공포—지독한 확신, 마비 반응, 움직이지 않겠다는 고집—가 직접적인 위협에 대한 합당한 대응이었을까? 분명 그렇지는 않았다.

공포와 불안의 구별은 유용하고 꼭 필요한 기준선이 될 수도 있지만 애매한 부분이 있다. 이 책에 나오는 공포 경험 사건들 중 많은 것들도 적어도 약간의 불안 요소를 포함하고 있다고 말할 수 있을 것이다.

다음으로, 위협의 명백한 존재 유무는 논외로 한다 해도 공포 반응의 문제가 남아 있다.

우리의 감정적인 삶을 연구하는 과학자들은 여러 다른 종류의 감정들을 구별한다. 가장 기본적이고 보편적인 반응인 일차적인 감정들은 여러 문화에서 발견되고 심지어 다른 생물종에서도 나타나거나 적어도 나타나는 것처럼 보인다. 두려움, 분노, 혐오, 놀라움, 슬픔, 행복이 이에 해당한다. 그 감정들을 원색, 즉 감정이라는 무지개의 기본 요소로 생각해 보라. 빨강과 파랑의 조합으로 보라색의 모든 색조를 만들어 낼 수 있듯이, 더 정밀한 감정들은 일차적 감정들이 섞여서 만들어진 것으로 볼 수 있다. 예를 들어 무서움은 두려움에 혐오—그리고 아마도 아주 약간의 분노와 놀라움—가 섞인 것이다. 기쁨은 행복에 약간의 놀라움이 섞인 것일 수도 있다.

또한 사회적 감정도 있다. 이는 일차적 감정처럼 독립적으로 나타나는 것이 아니라 타인과의 관계를 통해 생겨나는 감정들로 동정심, 당혹감, 수치심, 죄책감, 자부심, 질투심, 시기심, 감사, 존경, 경멸감 등이 이에 해당한다.

이런 모든 감정들 중에서 아마도 두려움이 가장 많이 연구된 감정일 것이다. 하지만 두려움을 연구한다는 것은 정말로 무엇을 의미할까? 과학적 연구의 맥락에서는 '두려움'이라는 말을 정확히 어떤 의미로 사용하고 있을까? 이것은 생각보다 더 복잡한 문제다.

전통적으로 과학자들은 위협적이거나 불쾌한 자극에 대한 반응을 측정함으로써 동물들의 두려움을 연구해 왔다. 예를 들면 쥐에게 약한 전기 충격을 가할 때 나타나는 얼어붙는 반응을 연구한다. 인간을 연구할 때는 과학자들에게 더 많은 선택사항과 더 다양한 도구들이 주어진다.

가장 중요한 사실은, 인간은 말이나 글로 자기 느낌을 스스로 밝힐 수 있다는 점이다. '네, 저는 두려움을 느꼈어요.'

여기서 문제를 복잡하게 만드는 요인은 그 두 반응─얼어붙는 것과 느낌─이 서로 분리된 별개의 것이라는 점이다. 두려움과 관련된 뇌 회로 전문가인 신경과학자 조지프 르두(Joseph LeDoux)가 『불안(*Anxious*)』이라는 책에서 강조하듯이, 우리는 물리적인 공포 반응과 두려움이라는 감정적 느낌은 신체의 서로 다른 두 메커니즘에 의해 발생한다는 것을 알고 있다.

내가 관심을 두는 것은 물리적 공포 반응과 느낌 둘 다다.

열한 살 혹은 열두 살의 어느 날 밤, 나는 끔찍한 악몽을 꾸었다. 내 기억에 그 꿈은 흐릿한 흑백 영화 같았다. 나는 엄마와 함께 살던 1층 아파트에 있었는데, 어쩌다 보니 집 안에 우리 말고 다른 사람이 있다는 것을 알게 되었다. 분명 침입자들이 있었지만 그들의 모습은 보이지 않았고, 잿빛의 흐릿한 복도와 벽에 비친 나뭇가지 모양의 전등 그림자만 보였다. 나는 침입자들이 우리를 죽이려 한다는 것을 알았다.

나는 꿈이 다 끝나지 않은 상태에서 잠이 깼고, 여전히 마음속은 공포로 가득 차 있었다. 자리에서 일어나서 복도를 건너 엄마 방으로 가서 엄마 옆에 누웠고 그리고 다시 잠이 들었다.

몇 시간 후, 나는 왼쪽 무릎에 찢기고 쑤시고 타는 듯한 통증을 느끼며 다시 깨어났다. 누군가가 내 다리를 고기 분쇄기에 집어넣고 있는 게 분명하다는 생각에 비명을 지르며 잠에서 깼다. 나는 곧 내 다리가 멀쩡하다는 것과 머릿속에서만 통증이 느껴졌다는 것을 깨달았고, 엄마의 두려움과 혼란을 알아챘다. 그다음 순간 나는 경련을 일으키기 시작했다. 다리와 팔이 마구 요동쳤고, 척추가 휘었다 펴지고 다시 휘었다 펴졌다. 이상하게도 리듬을 타고 있는 듯한 느낌이었다. 내 몸은 마음이 초대받지 못한 파티를 열고 있었다. 복부에도 경련이 일어났다. 아직도 고개가 홱 젖혀졌다가 앞으로 쏠리기를 반복하던 그 느낌이 너무나 선명하게 기억난다. 나는 계속해서 소리를 지르려고 해 보았지만 결국 베개를 입안 가득 물기만 했다.

그 첫 발작을 경험하는 동안 의식이 희미해졌다 돌아왔다 했다. 그러다 어느 순간—훨씬 더 길게 느껴지기는 했지만 아마도 30초, 기껏해야 1분쯤 후에—경련이 멈추었다는 것을 알게 되었다.

나는 두 차례 더 발작을 겪고 나서 뇌전증이라는 진단을 받았다. 그 두 번의 발작은 같은 날 밤, 같은 패턴으로 잇따라 찾아왔다. 먼저 내 비명 소리에 옆방에 있는 엄마가 잠에서 깼다. 나는 경련을 일으켰는데, 몸이 들썩거리는 것을 멈춘 후 잠시 동안 의식이 또렷한 상태일 때 마비가 왔다. 엄마가 나를 잡고 흔드는 사이에 서서히, 아주 서서히 나는 다시 눈을 뜨고 입술, 손가락, 손, 다리를 움직일 수 있었다. 그 두 번 중 더 짧게 지속된 세 번째 발작 때는 의식이 있었지만, 두 번째 발작 때는 완전히 의식을 잃은 상태였다. 그 두 번째 발작은 의식을 회복하고 나서 엄마가 말해 주어서 알았다.

한 신경과 의사가 내가 겪은 일이 무엇이었는지를 설명해 주었다. 그 찌르는 듯한 고통은 뇌전증 환자들이 '전조(前兆)'라고 부르는 증상으로, 뇌가 걷잡을 수 없는 상태가 되기 전에 보내는 일종의 감각적 경고였다. 전조 증상은 빛이나 색깔의 폭발, 어떤 소리, 또는 토스트가 타는 것 같은 갑작스러운 냄새로 나타날 수도 있다. 내 경우 전조 증상은 대단히 고통스러웠지만 도움이 되는 면이 있었다. 내 비명 소리를 듣고 잠에서 깨어나 내가 경련을 1~2분 안에 멈추지 않으면 구급차를 부를 준비를 하는 어른이 항상 대기하고 있었기 때문이다.

또 한 가지 다행인 점은 밤에만 발작을 일으킨다는 것이었다. 그 덕분에 나는 한 번도 계단에서 떨어지거나 차를 타고 가다가 쓰러진 적은 없었다. 그리고 가장 다행인 점은, 일부 소아 뇌전증 환자의 경우처럼 크면서 병이

나았다는 것이다. 불발탄을 쏘며 내 몸에서 발작을 일으키던 신경세포들은 내가 자라면서 힘을 잃어 갔고, 참으로 감사하게도 운전할 수 있는 나이가 되었을 때쯤에는 위험 징후가 완전히 사라졌다. 여전히 그때 경험한 발작은 내 인생의 무서운 경험 중 하나다. 내 의식적인 자아가 두뇌의 먼 구석으로 밀려나, 내 몸이 의지와 상관없이 움직이는 것을 지켜볼 수밖에 없다는 느낌은 정말로 끔찍했다.

　　그 후 럭비를 한 10년 동안 나는 선수가 머리를 부딪치고서 운동장에 누워 경련을 일으키는 모습을 몇 번 본 적이 있었는데, 그럴 때마다 시선을 돌렸다. 나는 지금도 텔레비전 의학 드라마에서 발작 장면이 나오면 제대로 보지 못한다. 고통스럽게 몸부림치고 몸이 뒤틀리는 그 모습을 보고 싶지가 않다. 그런 내 모습을 겁에 질린 채 지켜보아야 했던 엄마의 눈에 내가 그렇게 보였을 것임을 알기 때문이다.

　　〈그레이 아나토미(Grey's Anatomy)〉를 보면서 가끔 불편해지는 것 말고도 뇌전증이 내게 남긴 것은 또 있었다. 첫 발작이 있었던 그날 이후 몇 년간 내 머릿속에서 악몽과 발작은 하나가 다른 하나를 일으키는 식으로 서로 연결되어 있었다. 다시 악몽을 꾸면 발작을 일으키게 될 것이라고, 캠프파이어에서 듣는 무서운 이야기나 공포 영화 같은 일반적인 오락물이 나를 사지로 모는 경련을 일으킬 수도 있을 것이라고 진심으로 믿었던 때가 있었다.

　나는 겁을 먹게 되는 상황을 어떻게 해서라도 피했다. 공포 자체가 나를 해칠 수 있다고 확신했다. 어린아이의 비논리적인 비약이었지만, 그것의 중심에는 직관적인 진실이 있다. 두뇌와 신체, 악몽과 무서운 이야기, 이런 것들은 깔끔을 떠는 사람의 접시에서 절대로 서로 닿으면 안 되는 완두콩과 당근처럼 쉽게 별개의 범주로 분리할 수 없다. 우리의 육체적 두뇌와 감정적 마음, 다시 말해서 내 발작을 일으킨 뇌세포와 내가 느낀 공포감은 서로 뗄 수 없이 연결되어 있다. 과학자들은 두뇌가 감정을, 특히 두려움을 일으키는 과정을 이제 막 이해하기 시작했다.

　성경에서 하느님은 제자들에게 두려워하지 말라고 자주 명한다. 랍비 해럴드 쿠슈너(Harold Kushner)에 따르면, 아브라함, 야곱, 모세 그리고 각각의 선지자들을 향한 "두려워하지 말라."는 권고는 본문에 팔십 번 이상 나온다. 그 말이 너무 자주 나오기 때문에 쿠슈너는 그것을 열한 번째 계명으로 언급한다. 그러나 신앙심이 깊든 그렇지 않든, 그 명령은 대부분의 사람들이 따르기 힘든 것이다. 공포 반응 시스템은 인간의 신체에 내장되어 있다. 대부분의 사람들에게 두려움은 삶의 일부인 것이다.

　모든 사람들이 같은 방식으로 두려움을 느끼지는 않

는다. 과잉한 두려움을 느끼는 것 같은 사람들도 있다. 그리고 그 과잉 부분을, 아니면 적어도 그로 인한 영향을 관리하는 것은 수천 년 동안 의학적 관심사였다. 기원전 400년에 이미 그리스의 의사 히포크라테스는 지금이라면 공포증이라고 인식할 법한 증상을 보이는 사람들, 고대부터 있었던 것으로 보이는 완벽한 표현법으로는 '두려워할 필요가 없는 것을 두려워하는' 사람들을 치료하려고 시도했다. 히포크라테스와 그의 제자들은, 다른 건강 문제는 없지만 조롱을 받거나 구경거리가 되거나 어떤 식으로든 창피한 일을 겪을 것이라고 확신하면서 파티나 큰 모임에 절대로 참석하지 않고, 다른 사람들과 함께하는 자리는 아예 피하는 사람들을 치료했다. 또 히포크라테스와 제자들은 대낮에 집을 떠나는 것을 두려워하는 사람들과 벼랑 끝이나 다리 근처로 가는 것을 무서워하는 사람들도 보았다. 오늘날 우리는 이런 상태를 각각 사회공포증, 광장공포증, 고소공포증이라고 부른다.

히포크라테스는 대다수의 동료들과 달리, 공포가 신들이 우리에게 주입한 것이라고 믿지 않았다. 그는 신경증은 신체적 원인으로 발생한다고—특히 뇌에 축적된 흑담즙이 지나친 흥분과 근거 없는 공포를 유발한다고—믿었다. 그는 환자의 몸에서 담즙을 제거하기 위해 식습관 개선과 운동으로 환자를 치료했다. 그것이 효과가 없다면 설사와 구토를 유도하는 독을 투여했는데, 아마도 그 과정에서 담즙이 제거된다고 보았을 것이다.

그의 진단과 치료에는 한계가 있었지만 적어도 그는 그 문제를 붙들고 씨름을 했다. 로마 제국이 멸망한 후, 중세의 장막이 유럽의 과학과 의학을 뒤덮었고, 교회는 히포크라테스의 사상을—다른 많은 사상과 마찬가지로—깡그리 무시했다. 그 수세기 동안 공포증이 있는 사람은 대개 악령에 사로잡힌 자로 여겨졌다.

그러다 계몽주의 시대가 도래했고, 사람들은 더 세속적인 원인을 다시 찾기 시작했다. 흑담즙은 원인에서 빠졌고 개인적인 경험이 고려 대상에 포함되었다. 1649년 데카르트는 다음과 같이 썼다.

> 장미 냄새나 고양이의 모습 등을 견디지 못하는 일부 사람들의 이상한 혐오감은, 그들이 태어난 지 얼마 되지 않았을 때 그런 대상에 대해 불쾌감을 느낀 데서 연유한 것이라고 어렵지 않게 생각할 수 있다. […] 아기 침대에 누워 있었을 때 장미 냄새가 심한 두통을 일으켰을 수도 있고, 고양이를 보고 깜짝 놀랐는데 아무도 그 사실을 알아채지 못했고, 어린 시절의 자신조차도 그 사실을 기억하지 못할 수도 있다. 그럼에도 그 당시 장미나 고양이에 대한 혐오감은 죽을 때까지 뇌리에 각인된다.

오랫동안 지속되는 공포가 유아기 때 겪은 불쾌한 경험에서 비롯된다는 이 생각은 거의 4세기가 지난 지금도 여전히 유효하다.

19세기 말~20세기 초, 공포에 대한 이해의 역사에서 중대한 발전이 있었다. 첫 번째 발전은 러시아의 생리학자 이반 파블로프(Ivan Pavlov)의 연구를 통해 이루어졌다. 그는 개의 소화기관을 연구하던 중 실험 대상인 개가 먹이가 제공될 때뿐 아니라 평소 먹이를 주는 사람이 가까이만 와도 침을 흘리기 시작한다는 것을 알아차렸다. 그는 자신이 의도치 않게 개들이 사육사와 먹이를 밀접하게 연관 짓도록 훈련시켰고, 그 결과 그 둘에 대해 같은 반응을 보이게 만들었을지도 모른다는 생각을 확인하기 위해 유명한 실험을 생각해 냈다.

그는 개들에게 먹이를 줄 때마다 아무 관련 없는 메트로놈(악곡의 박절을 측정하거나 템포를 나타내는 기구−옮긴이) 소리를 들려주기 시작했고, 그렇게 몇 차례 반복한 후에 먹이 없이 소리만 들려주었다. 때맞춰 개들은 침을 흘리며 조건 자극에 조건 반사로 반응했다. 오늘날 파블로프식 조건 형성 또는 고전적 조건 형성이라고 알려진 이 과정은 현대 심리학의 초석이 되었다. 그리고 두려움과 공포증에 대한 다음 세대의 연구에서 대단히 중요한 역할을 했다.

제1차 세계 대전이 끝난 후 미국의 심리학자 존 B. 왓슨(John B. Watson)은 파블로프의 연구를 바탕으로 한 실험을 진행하기로 결심했다. 그는 아이가 큰 소음에 반응해 우는 것과 같이 자연스러워 보이는 인간의 공포 반응이 다른 상황에서의 공포로 확장될 수도 있는지 알아보고 싶었다. 그의 실험 대상은 볼티모어의 한 병원에서 유모로 일하는 여성의 아기인 앨버트 B(Albert B)였다.

앨버트는 정서적으로 안정된 유아라고 보고되었다. 왓슨과 그의 제자인 대학원생 로절리 레이너(Rosalie Rayner)는 훗날 "누구도 그 아기가 공포나 분노의 상태에 있는 것을 본 적이 없다."라고 했다. 그 아기는 "사실상 한 번도 울지 않았다."

우선 그들은 그 아기가 보통 아기들이 그러하듯 갑자기 큰 소리가 나면 겁을 먹는다는 결론을 내렸다. 그러고 나서 리틀 앨버트(Little Albert)라고 알려진 그 아기에게 여러 작은 동물들을 접하게 하고 아기가 동물들을 두려워하지 않는다는 것을 확인한 후에, 왓슨과 레이너는 본격적인 실험을 시작했다. 아기가 태어난 지 11개월이 조금 넘었을 때, 연구자 중 한 명이 아기에게 실험용 흰쥐를 보여 주었다. 아기가 그 쥐를 만지는 순간, 아기 뒤에 있던 다른 연구자가 망치로 긴 강철봉을 쳐서 요란한 소리를 냈다. 왓슨과 레이너는 "앨버트가 펄쩍 뛰어올라 앞으로 넘어졌고, 매트리스에 얼굴을 파묻었다."라고 했다.

소음과 쥐를 그다지 많이 결합해서 제시하지 않았는데도 앨버트는 그 둘을 연합하기 시작했다. 오래지 않아 왓슨과 레이너는 소음 자극을 전혀 사용하지 않고도 앨버트로부터 훌쩍거림, 눈물, 쥐를 피해 도망가려는 노력 등을 유도할 수 있었다. 그뿐 아니라 그들은 앨버트가 이제는 전에 접해 보지도 않았고 두려움을 느낀 적도 없는 토끼나 개, 모피 코트를 보고도 울면서 움츠러든다는 사실을 발견했다. 왓슨과 레이너는 이전에는 공포증이 전혀 없었던 아기에게 공포증을, 아니면 적어도 일정한 공포 패턴을 성공적으로 만들어 낸 것이다.

실험 후 가여운 리틀 앨버트는 어떻게 되었는지 그리고 그 아기가 평생 털 있는 동물을 두려워하며 지냈는지는 알려지지 않았다. 하지만 우리는 파블로프의 개들의 운명에 대해서는 어느 정도 알고 있다. 파블로프의 초기 연구가 있고 나서 몇 년 뒤에 엄청난 홍수가 나서 그의 실험실 동물들이 익사할 뻔한 사건이 있었다. 살아남은 개들은 평생 물을 두려워했다고 한다.

파블로프가 자신의 의도대로 개들이 침을 흘리도록 훈련시키고 있던 그 무렵, 지그문트 프로이트(Sigmund Freud)에 의해 정신분석학이라는 분야가 탄생하고 있었다. 데카르트가 고양이를 무서워하는 아이가 생애 초기에 고양이와 부정적인 접촉을 경험했을 가능성을 생각해 본 지점에서 프로이트는 다른 길, 더 불분명한 길을 택했다. 길거리에서 마차를 끌던 말이 격렬하게 쓰러지는 장면을 목격한 후 말을 무서워하게 된 소년 리틀 한스(Little Hans)에 대한 1909년 연구에서 프로이트는, 한스가 오이디푸스 콤플렉스라고 하는 것의 한 형태로 시달렸다고 단언했다. 프로이트는 사실 아이는 말이 아니라 아버지를 두려워했고, 그 두려움은 아이가 어머니에게 성적 매력을 느낀 데서 기인한다고 했다.(프로이트가 내 심리적 장애에 대해서는 어떤 설명을 했을지 궁금하지 않을 수 없다. 내가 에스컬레이터 맨 위에서 주저하는 행동은 작동 중인 커다란 기계에 발을 디딜 때 어린아이가 느끼는 위축감 이상의 어떤 것이었을까? 어쩌면 그의 대답을 듣지 않는 편이 나을지도 모르겠다.)

오늘날 프로이트는 이런 종류의 이론으로 여전히 유명하며, 심리학과 정신의학 분야에서 그의 영향력은 엄청나다. 하지만 그의 경력은 여러 갈래의 길로 이어졌다. 처음에 프로이트는 의대를 졸업한 후 신경학을 연구했다. 그는 물고기와 가재의 신경계를 연구했고, 그 당시 활발했던, 우리의 뇌세포가 정확히 어떻게 소통하는지에 대한 논쟁에도 참여했다. 프로이트는 (정확히 말해, 나중에 밝혀진 바에 의하면) 뉴런들 사이에 물리적 틈이 존재한다고 주장했고, 1895년에는 "신경계는 구성이 유사하고 뚜렷이 구별되는 뉴런들로 이루어져 있고 [⋯] 이 뉴런들 사이에는 경계가 있다."라고 했다. 신경과학자 조지프 르두는 프로이트가 뉴런들 사이의 연결점을 설명하는 말인 '접촉 장벽(contact barriers)'이라는 용어를 고안해 냈다고 말했다. 르두는 다음과 같이 썼다. "이런 개념들은 그 당시로서는 놀라울 정도로 정교한 것이었지만, 프로이트는 뇌에 대한 이해의 진전이 자신의 기준으로는 너무 느릴 것이라고 생각했고, 그래서 정신과 관련된 신경 이론을 포기하고 순수하게 심리학적인 이론을 연구하게 되었다. 그 이후의 이야기는 모두 다 아는 이야기다."

프로이트의 생각은 틀리지 않았다. 신경학의 많은 중요한 발전은 그 후 수십 년이 지나고 나서야 이루어졌다. 공포증을 비롯한 여러 형태의 두려움과 불안의 고통에 시달리는 우리로서는 다행스럽게도, 뇌의 물리적 메커니즘에 대한 우리의 이해는 프로이트가 중도 포기한 이후 많은 진전을 보였다.

내가 고전적 조건 형성에 대해 처음으로 알게 되었던 때를 기억한다. 6학년 무렵으로, 내가 처음 발작을 일으켰던 때와 거의 비슷한 시기였다. 나는 크리스마스 선물로 베어네이키드 레이디스(Barenaked Ladies)의 데뷔 앨범인 《고든(Gordon)》을 카세트테이프로 받았다. 각 곡의 가사는 내가 완전히 이해할 수 없는 내용들이 층을 이루고 있어 난해했는데, A면 사 번 트랙 〈브라이언 윌슨(Brian Wilson)〉의 2절에 파블로프의 개에 대한 언급이 있었다.

나는 아직도 저녁녘의 어둠이 깃든 거실, 스테레오가 놓여 있던 고풍스러운 목재 장식장, 내가 테이프를 테이프 덱에 넣은 다음 카세트 케이스에서 라이너 노트(음반에 따라 나오는 음악·연주자에 대한 해설서-옮긴이)를 꺼내 펼치고 깨알 같은 글씨의 가사를 꼼꼼하게 읽고 있는 모습을 머릿속에 그릴 수 있다. 이해가 안 되는 것이 있을 때는 늘 그랬듯이 엄마에게 물어보았는데, 엄마는 파블로프 실험의 기본적인 내용을 설명해 주었다.

그때는 이해가 잘 되지 않았다. 왜 아무런 이유도 없이 개가 침을 흘리게 만들려는 거지? 하지만 나는 그 정보를 잘 기억해 두었고, 지금도 고전적 조건 형성에 대해 생각할 때면 어김없이 내 머릿속에서는 리드 싱어 스티븐 페이지(Steven Page)가 부드럽게 노래하는 목소리가 들린다. 조건 반응이라고 해 두자!

그날 저녁 내가 한 모든 일들, 언어에 귀를 기울이고 그 의미를 처리하는 일, 새로운 정보를 배우고 저장하는 일, 전체 사건에 대한 영구적인 기억을 형성하는 일 등은 인간 두뇌의 놀라운 속성 덕분에 가능한 일이었다. 우리의 머릿속에서는 많은 일들이 벌어지고 있다. 그러나 최근까지 나는 그 모든 것들을 너무도 당연하게만 여겼다. '인간의 뇌는 어떻게 작동할까?', '내가 두려움을 느낄 때 실제로 무슨 일이 일어나고 있는 걸까?'와 같은 의문을 품어 본 적이 없었다.

우리의 뇌는 뉴런 또는 신경세포라고 불리는 전문화된 세포를 이용해 정보를 수신하고 처리하고 전달한다. 뉴런에는 주 세포체에서 뻗어 나와 있는 두 종류의 부속물 또는 가지가 있는데, 정보를 전달하는 축삭 돌기와 정보를 수신하는 가지 돌기가 그것이다. 두 개의 뉴런 사이의 틈에 있는 연결점—젊은 시절의 프로이트가 정확하게 예측한 틈으로, 한 뉴런의 축삭 돌기가 다른 뉴런의 가지 돌기에 정보를 전달하는 지점—은 시냅스라고 한다.

뇌에는 800억 개 이상의 뉴런과 수조 개가 넘는 시냅스가 있다. 뉴런이 '발사'할 때—즉 자극을 받아 그 정보를 축삭 돌기로 보내 다른 뉴런에 전달할 때—시속 160킬로미터 이상의 속도로 메시지를 전달할 수 있다. 대부분의 축삭 돌기가 현미경으로 보아야만 보일 정도로 미세한데, 뇌에서 팔다리까지의 길이가 1미터 이상이 되기도 한다는 점을 고려해 볼 때 이는 다행한 일이다. 한 신경생물학자의 추산에 따르면, 성인의 축삭 돌기의 길이를 더하면 수십만 킬로미터에 달할 수 있다고 한다.

여기서 또 다른 중요한 사실을 생각해 볼 수 있다. 우리는 뇌를 우리 몸과는 분리된 별개의 기관으로, 두개골

속 그 주름진 덩어리를 홀로 연단에 서서 오케스트라를 이끄는 지휘자로 생각하는 경향이 있다. 그러나 우리의 몸과 뇌는 모든 가능한 방법으로 복잡하게 연결되어 있다. 두개골이 우리의 나머지 뼈대들과 분리될 수 없는 것처럼, 심장이 동맥이나 정맥과 분리될 수 없는 것처럼 뇌는 우리의 몸과 깔끔하게 분리될 수 없다.

뇌와 척수는 우리가 중추신경계라고 부르는 것을 함께 구성한다. 중추신경계의 파트너인 말초신경계는 뇌와 척수를 제외한 모든 신경과 신경세포를 포함한다. 축삭돌기가 중추신경계로부터 받은 정보와 지시를 우리의 모든 근육에 전달하고, 감각 신경세포는 신체의 모든 부분에서 받은 정보를 다시 중추신경으로 전달한다. 뜨거움과 차가움, 압력, 통증 등 우리가 우리 몸의 상태에 대해 알고 있는 모든 정보를 취합하는 것이 바로 이 말초신경계다. 그 감각 정보는 척수를 지나 뇌로 전달되어 처리가 이루어진다. 이런 과정을 통해 바로 지금 당신이 이 단어들을 볼 수 있는 것이다.

제대로 기능하는 뇌에서는 뉴런들이 모여서 신경핵이라는 세포 집단을 이루고, 특정한 임무를 수행하기 위한 구조를 형성한다. 그중 우리가 살펴보아야 할 핵심 구조 중 하나는 시상(또는 시상들. 대부분의 뇌 구조에서 뇌의 각 반구에 각각 한 개씩 총 두 개가 있기 때문에)이다. 시상은 일종의 문지기로, 신체를 통해 들어온 감각 정보가 대뇌피질로 이동하는 흐름을 조절하는 역할을 한다. 시상하부 역시 조절 기능을 하는 부위다. 진화적으로 가장 오래되었고 뇌의 가장 아래에 위치한 뇌간 부분과 함께 작용하여 심장, 소화관, 폐, 방광 등의 내장기관을 무의식적으로 제어하는 보이지 않는 시스템인 자율신경계를 조절한다.

시상하부의 이웃인 편도체는 두려움을 논할 때 빼놓을 수 없는 중요한 구조로, 너무도 중요한 기관이어서 공포에 대한 연구로 경력을 쌓은 조지프 르두는 과학자들로 구성된 자신의 록 밴드 이름을 '편도체(The Amygdaloids)'라고 지을 정도였다. 편도체가 하는 일은 아주 단순하게 말하면, 감각 정보를 입력받아서 위협 여부를 평가하는 것이다. 위협을 발견하면 시상하부에 자율신경계의 '투쟁-도피 반응'을 일으킬 시점이라고 알려준다. 편도체는 '상층'의 대뇌피질에 보고해 허락을 받지 않고도 작동할 수 있다. 심지어 우리가 의식적으로 자각하지 못하는 자극에 의해서도 작동할 수 있다.

이 모든 작은 구조물들 위쪽과 그 주변에는 대뇌피질이라는 커다란 부분이 있는데, 어린아이가 그린 뇌 그림의 대부분을 차지하는 부분으로 반구형이고 많은 주름이 있는 연한 물질로 이루어져 있다. 이 부분은 지각과 의식—깨어 있느냐 혼수상태냐를 따지는 의미가 아니라 철학적 의미에서의―에서부터 현란한 몸동작, 기억, 사고에 이르기까지 모든 고차원적 정신기능에서 핵심 역할을 담당한다. 이 대뇌피질 덕분에 스테픈 커리(Stephen Curry)의 3점슛, 파블로 피카소(Pablo Picasso)의 〈게르니카(Guernica)〉 그리고 리가토니(속이 빈 튜브형의 짧은 파스타―옮긴이)가 전화를 걸어 "푸실리(꽈배기 모양의 파스타―옮긴이), 이 미친놈아! 잘 지내냐?"라고 말하고 있는, 『뉴요커(New Yorker)』에 실린 찰스 바소티(Charles Barsotti)의 고전적인 만화가 탄생할 수 있었다. 또한 우리가 언젠가 저지른 실수 때문에 몇 년 동안이나 억울해하고 불안감을 떨치지 못하고 속을 끓는 것도 이 대뇌피질 때문이다.

자, 그럼 당신이 겁을 먹었다고 쳐 보자. 물리적인 측면에서 보았을 때 이는 실제로 어떤 모습일까?

내가 첫 발작을 일으키기 몇 시간 전에 악몽에서 보았던 장면 같은 것을 떠올려 보라. 한밤중에 갑자기 깨어난다. 집에 혼자 있는데, 어둠 속에서 이상한 소리―아마도 발걸음 소리, 문이 열리거나 닫히는 소리―가 들린다. 그 청각 정보는 먼저 귀의 수용기 세포에서 주요 뇌신경으로 전달된 다음 뇌로 직접 가게 된다. 그곳에는 다양한 경로와 선택지가 있지만, 편의상 이 경우에는 문지기를 거쳐 곧바로 공포 자극이 되었다고 가정해 보자. 시상은 편도체로 바로 경보를 보내고, 편도체는 시상하부에 위험을 알리고, 그다음에 교감신경계가 활성화된다. 메시지는 축삭 돌기를 따라 시냅스에서 시냅스로 몸 전체로 퍼지고, 장기와 피부에 잠재적인 위험에 대한 소식이 전달된다. 심장 박동이 빨라지고, 쿵쾅거리는 그 소리가 어두운 방 안을 가득 채우는 것 같다. 어쩌면 호흡도 점점 빨라지거나 가빠지고, 살갗에는 땀방울이 맺히거나 소름이 돋을지도 모른다. 동공이 넓어지고 근육에 피가 쏠리며 행동을 취할 준비를 하게 된다. 두려움을 느낀다. 속이 메스껍고, 가슴이 조여 온다. 공포는 전신 감정이다.

물리적 반응—혈류, 동공 확장 등—은 모두 신경 수준에서 추적할 수 있다. 그러나 우리가 알고 있는 것처럼 육체적 공포 반응과는 구별되는 공포의 느낌은 어떨까. 그것은 어디에서 오는 걸까?

공포 자극에 반응하여 느낌이 먼저 오고, 그다음에 그 느낌으로 인해 육체적 반응이 뒤따른다는 것이 오랫동안 일반적으로 통용되어 온 이론이었다. 이는 상식적인 관점 혹은 진화론적인 학설로 알려져 있다. 그러나 입증된 메커니즘이라기보다는 하나의 가정이었고, 근래에는 인기가 떨어진 이론이다. 이를 대신해 과학은 그 이해하기 어려운 메커니즘을 보다 구체적으로 설명하는 데 관심을 돌렸고, 신경과학자 안토니오 다마지오(Antonio Damasio)는 도발적이긴 하나, 내 생각에는 궁극적으로 옳은 것 같은 답을 내놓았다. 재미있으면서도 통찰력이 담긴 두 권의 책인 『데카르트의 오류(*Descartes' Error*)』와 『스피노자의 뇌(*Looking for Spinoza*)』에서 그는, 느낌은 사실 우리가 일반적으로 감정에 딸려 오거나 감정과 인접해 있는 것으로 보는 신체적 반응과 동일한 메뉴에서 나온 것이라고 주장한다.

다마지오는 자신의 주장을 설명하기 위해 '감정(emotion)'과 '느낌(feeling)'을 구분하는 특이한 시도를 한다. 그의 구분에 따르면, 감정은 감정 자극에 대한 신체의 물리적이고 측정 가능한 반응인 육체적 공포 반응이고, 느낌은 감정이 우리 마음속에서 무형으로 표현된 것이다. 이상하게 느껴지고 말도 안 되는 것처럼 들릴 수도 있지만, 이것이 그의 주장의 핵심이니 기억해 두기를 바란다.

그는 『스피노자의 뇌』에서 "우리는 보이지 않는 것이 드러난 것의 근원이라고 믿는 경향이 있다."라고 썼다. 그러나 그는 그 순서를 뒤집는, 직관에 어긋나는 주장을 한다. "감정과 그와 관련된 현상들은 느낌의 토대, 우리 마음의 기반을 이루는 정신적 사건이다." 여기서도 마찬가지로 감정은 육체적 반응을 의미한다.

모든 생물은 단순한 놀람 반사나 몸을 움츠리는 행동에서부터, 앞에 묘사된 육체적 공포 반응과 같은 보다 복잡한 다중 반응에 이르기까지 자극에 반응할 수 있는 다양한 능력이 있는데, 이 중 복잡한 다중 반응이 다마지오가 말한 '감정'에 해당한다. 단순한 반응들 중 어떤 것들은 우리의 눈에는 공포의 느낌을 표현한 것으로 보일 수도 있고, 실제로 그런 반응을 제어하는 장치가 더 복잡한 과정과 관련되어 있는 경우도 있다.(인간의 가장 오래되고 단순한 반응 중 하나인 놀람 반사가 때로는 내가 두려움을 느끼는 때도 일어나는 것은 확실하다. 안녕, 〈쥐라기 공원(Jurassic Park)〉에 나온 주방의 랩터(육식공룡-옮긴이)들!) 그러나 감정은 복잡성의 측면에서 가장 위에 있으며, 모든 생물이 그것을 만들어 낼 수 있는 것은 아니다.

단순한 생물에서 나타나는 단순한 공포 반응과는 달리,('감각 식물'을 찔러 보고, 잎을 오므리는 것을 지켜보라.) 우리의 감정은 그 순간의 실제 자극뿐 아니라 기억 속 혹은 심지어 상상 속 자극에 의해서도 생성될 수 있다. 이는 인간 정신의 선물이자 부담이다. 하지만 지금은, 밤에 들리는 소리처럼 그 순간의 실제 자극에 계속 집중하자. 소리가 난다는 사실은 귓속의 감각 신경에 의해 포착되고, 반응을 촉발시키고 실행하는 데 관여하는 뇌 구조—바로 편도체와 시상하부—로 전달된다. 이제 당신의 몸은 앞에서 설명한 모든 방식으로 반응하고 있다.

지금까지는 괜찮은가? 다마지오의 설명에 의하면 다음 단계는 느낌 자체를 만들어 내는 것이다.

우리는 우리의 몸이 뉴런으로 연결되어 있다는 것, 그 뉴런들이 뇌에서 정보를 보낼 뿐만 아니라 정보를 수신한다는 것을 알고 있다. 다시 말해 발신 메시지들이 우리의 심장을 뛰게 하거나 땀을 흘리게 한 후에는, 우리의 신체 상태에 대한 모든 정보를 담고 있는 일련의 수신 메시지들이 뇌로 돌아온다. 다마지오는 우리의 뇌에는 우리의 소화관에서부터 손가락에 이르기까지 신체 상태를 보여주는 믿을 수 없을 만큼 복잡한 지도가 항상 들어 있다고 설명한다. 그리고 그의 주장의 핵심은 이것이다. 신체의 물리적 공포 상태에 대한 뉴스를 담은 메시지가 들어와 이 지도를 바꿀 때, 바로 그때 느낌 자체가 생겨난다.

당신의 뇌는 당신의 몸을 통해 심장이 두근거리고 동공이 확장되고 소름이 돋았다는 사실을 알게 된다. 당신의 뇌는 계산을 하고 이렇게 말한다. "아! 나 무서워!"

철학자이자 심리학자인 윌리엄 제임스(William James)는 1884년 「감정이란 무엇인가?(What is an emotion?)」라는 제목의 에세이에서 다음과 같이 썼다.

우리가 어떤 강렬한 감정을 상상하고 나서 그 감정에 대한 자각에서 신체적 증상의 모든 느낌을 빼내려고 한다면, 감정을 구성하는 '정신적인 것'은 아무것도 남아 있지 않다는 것을, 남아 있는 것이라고는 지적 인식이라는 감정이 없는 냉담한 상태뿐임을 알게 된다. […] 빨라진 심장 박동이나 가쁜 호흡도, 떨리는 입술이나 약해진 팔다리도, 소름이나 본능적인 동요도 없다면, 어떤 종류의 두려운 감정이 남게 될지 나로서는 짐작할 수도 없다.

다마지오는 제임스가 멈춘 지점에서 다시 시작한다. 그러나 그는 빅토리아 시대의 철학적 사색에만 의존해 자신의 주장을 펼치지는 않는다. 그는 사례 연구와 자체적인 조사도 실시한다. 파리에 있는 파킨슨병 환자의 경우를 예로 들 수 있다. 이 환자는 우울증이나 다른 정신질환 이력이 전혀 없는 65세의 여성이었고, 파킨슨병 증상으로 실험적인 치료를 받고 있었다. 치료 과정에서 작은 전극을 통해 전류를 흐르게 해서 뇌간의 운동 제어 영역을 자극하는 방법이 사용되었다.

이미 다른 19명의 환자들이 성공적으로 치료를 마친 뒤였다. 그러나 뇌에 전류가 들어오자 그녀는 의사들과의 잡담을 멈추고 눈을 내리깔았고 얼굴이 어두워졌다. 몇 초 후 그녀는 울기 시작하더니 흐느끼기까지 했다. "사는 게 지겨워." 눈물을 흘리며 그녀가 말했다. "이제 지긋지긋해…. 더 이상 살고 싶지 않아…. 아무 가치가 없는 것 같아." 의료진은 깜짝 놀라서 전류를 중단했고, 90초 안에 여성은 울음을 그쳤다. 슬픔이 눈 녹듯 사라지고 그녀의 얼

굴이 생기를 되찾았다. "방금 무슨 일이 있었던 거죠?" 그
녀가 물었다.

다마지오에 따르면, 전극의 위치가 아주 살짝 어긋나
서 떨림을 조절하는 신경핵을 자극하는 것 대신 얼굴 근
육, 입, 후두, 횡격막 등에 의한 행동—찡그리고, 입을 삐
죽거리고, 우는 행동—을 조절하는 뇌간 부위를 활성화시
킨 것으로 밝혀졌다. 슬픈 영화나 나쁜 소식에 자극받은
것도 아닌데 그녀의 몸은 슬픔을 표현하는 동작을 실행했
고, 그 결과 그녀의 마음이 점점 더 어두운 쪽으로 기울어
졌다. 신체의 움직임에서 느낌이 생겨난 것이다. 그녀의
마음은 그녀의 몸을 따라갔다.

처음에는 이 모든 것이 직관에 어긋나는 것으로 여겨
졌고 '상식적' 관점을 뒤집는 것 같았다. 그러나 나는 내가
경험한 공포에 대해 골똘히 생각해 보았다. 나는 그 일을
기억 속에서 어떻게 떠올리는가? 다른 사람들에게 어떻
게 설명하는가? 사실 나는 거의 신체적인 측면에서만 떠
올린다. 내장의 그 아픈 느낌, 가슴의 조여 옴, 어쩌면 약간
의 현기증이나 호흡곤란.(적절하게도, 불안을 뜻하는 라틴어
'anxietas'의 어근이자 '불안(anxiety)'이나 '괴로움(anguish)'과
같은 현대어의 어원인 고대 그리스어 'angh'는 원래 갑갑하거나
조이는 상태를 뜻하는 단어였다.) 느낌에 대한 의식적인 생각
들—'나는 괜찮지 않다.', '나는 무섭다.'—은 확실히 이차

적이다.

행복이나 만족감, 편안함 등의 느낌을 실제로 어떻게 경험하는지 생각해 보라. 내 경우에는 늘 긴장된 상태인 이마와 턱, 목과 어깨의 근육이 풀리는 것을 통해 느낄 수 있다. 또는 걱정이 있는 듯 늘 가늘게 떠져 있던 눈이 더 크게 떠지거나 다른 때보다 더 깊게 호흡한다.

아니면 깊은 슬픔에 빠졌을 때 나타나는 신체적 특징에 대해, 그 슬픔이 마음뿐만 아니라 몸을 어떻게 망가뜨리는가를 생각해 보라. 엄마가 돌아가신 후 내가 느낀 최악의 슬픔을 돌이켜 보면 두통, 탈진, 가슴이 조여드는 느낌, 답답함, 무기력함 등이 떠오른다. 나는 슬픔을 느꼈다. 그렇다. 내가 그때까지 느낀 어떤 슬픔보다 더 큰 슬픔이었다. 그리고 내가 얼마나 슬픈지를 말해 준 것은 내 몸이었다.

뇌전증 진단을 받고 몇 달이 지난 어느 날 아침, 나는 또다시 뇌리에 박힐 만큼 생생한 꿈에 대한 기억과 함께 잠에서 깨어났다. 꿈은 단순했다. 꿈에서 나는 발작을 일으켰다. 익숙한 고통이 찾아왔고, 비명을 질렀고, 경련이 일어났고, 몸부림이 멈춘 후 깨어 있는 상태에서 마비가 왔다. 너무 현실 같아서 꿈이 맞는지 의문이 들 정도였다.

그리고 중요한 사실은, 내가 그 전날 밤에 집에 혼자

있었다는 것이다. 만약 내가 비명을 지르고 경련을 일으켰다면 주변에 들을 사람이 없었을 것이다.

엄마와 나는 다음번 진료 때 내 담당 신경과 의사에게 그 꿈속 발작에 대해 언급했고, 담당의는 염려하면서 그 꿈에 대한 기억만을 근거로 내 약물 복용량을 늘렸다. 나는 깨어 있는 상태에서든 꿈에서든 그 후로 다시는 발작을 일으키지 않았다.

꿈은 마음속에 그림을 그리는 우리 뇌의 능력을 보여주는 기이한 현상 중 하나다. 인간은 수천 년 동안 꿈에 대한 다양한 설명을 시도해 왔지만, 여전히 꿈을 완벽하게 이해하지는 못한다. 꿈은 신이나 조상이 보낸 메시지나 위험에 대한 경고, 또는 희미하게 보이는 미래의 모습으로 여겨졌다. 히포크라테스와 아리스토텔레스는 꿈이 진단 도구로 사용될 수 있을 만큼 육체적 질병을 명백히 보여주는 정신적 증상이라고 믿었다. 아리스토텔레스는 "신체를 침범할 질병이나 이상 증세의 시작은 깨어 있을 때보다 잠들었을 때 더 뚜렷하게 보이는 것이 확실하다."라고 했다. 몇천 년이 지난 후 프로이트는 꿈은 소망 성취라고 단언했다. 깨어 있는 삶에서 허락되지 않는 욕망을 머릿속에서 실연해 보인다는 것이다.

오늘날 우리는 꿈의 메커니즘─꿈을 꾸는 이유는 아니더라도 어떤 식으로 꾸는지─에 대해 꽤 구체적으로

이해하고 있다. 과학 저널리스트 앨리스 롭(Alice Robb)은
『우리는 왜 꿈을 꾸는가(*Why We Dream*)』에서 "렘수면(잠을
자고 있는 듯이 보이나 뇌파는 깨어 있을 때의 알파파를 보이는 수면 상
태. 보통 안구가 신속하게 움직이고 꿈을 꾸는 경우가 많다—옮긴이) 중
에 일어나는 신경화학적 변화들은 우리의 뇌가 특별한 환
상을 만들어 낼 뿐만 아니라 그것을 믿을 수 있게 준비시
킨다."라고 썼다. 간단히 말해서, 감정과 기억에 관여하는
화학 물질과 구조가 활성화되는 반면 추론과 자제를 관장
하는 뇌의 영역은 잠잠해진다. 롭은 "그 결과 심리적으로
강렬하고 극적인 환상을 위한 완벽한 화학적 캔버스가 준
비된다."라고도 썼다.

그렇지만 꿈과 관련된 화학적 과정을 기초적으로 파
악했더라도 꿈의 의미에 대한 느낌을 무시하기는 쉽지 않
다. 꿈은 잠에서 깨고서도 마음에 남아 있기도 하고, 세세
한 부분에 대한 기억이 희미해진 후에도 기분을 좌우하기
도 한다. 마치 강력한 힘이 있는 듯 느껴진다. 내가 첫 발작
을 경험한 날 꾼 악몽이 실제로 발작을 일으킨 것은 아니
었다. 그러나 내게는 꿈과 발작이 함께 묶여 있는 듯했다.
그 꿈속 발작은 둘의 연결을 더 굳건히 했을 뿐이었다.

심리학자 리처드 와이즈먼(Richard Wiseman)에 따르
면, 꿈에 힘이나 상징성, 또는 예지력이 있어 보이는 이유
를 통계를 통해 대부분 설명할 수 있다. 와이즈먼은 보통

사람은 15~75세 사이에 수천 번의 밤에 잠을 자면서 거의 9만 개의 꿈을 꿀 것으로 추정한다. 와이즈먼은 자신의 저서 『미스터리 심리학(*Paranormality*)』에서 이렇게 쓰고 있다. "여러분은 많은 꿈을 꾸고 많은 사건을 접한다. 대부분 그 꿈들은 사건들과 무관하고, 그래서 그 꿈들에 대해서 잊게 된다. 하지만 어쩌다 가끔은 사건과 일치하는 꿈을 꾸는 일이 있을 것이다. 한번 이런 일이 일어나면 갑자기 꿈을 기억하기가 쉬워진다. […] 실제로 그것은 확률의 법칙이 적용된 것에 지나지 않는다."

그때 그 악몽을 꾸고 나서 첫 발작이 일어나지 않았다면 내가 그 악몽을 기억했을까? 아니면 다른 꿈들처럼 그냥 잊어버렸을까?

확률의 법칙은 그렇다 치더라도, 문제는 꿈이 실제로 우리의 깨어 있는 삶에 영향을 미칠 수 있고 건강에도 측정 가능한 영향을 미칠 수 있다는 것이다. 우리의 배우자나 가족들이 꿈에서 악역을 맡았을 때, 그들에 대한 부정적인 인식이 깨고 나서도 지속될 수 있다.(2013년에 실시된 한 연구에 의하면, 참가자의 꿈속에서 배우자가 행한 무시와 배신이 잠에서 깨고도 영향을 끼친다는 결과가 나왔다.) 악몽은 편두통과 천식 발작 그리고 아주 드문 경우지만 심장마비나 다른 잠재적으로 치명적인 사건들을 유발하는 것으로 나타났다. 롭은 다음과 같이 썼다.

심장질환 가족력이 없고 비흡연자인 30대 후반의 한 남성이 교통사고로 사망하는 꿈을 꾸고 깨어나서 구토를 했다. 2시간 후 병원에 온 그는 참을 수 없는 가슴의 압박감을 호소했다. 스물세 살의 한 남성은 아침 6시에 아버지와 함께 살해되는 악몽에서 깨어났고, 7시에 심장발작을 일으켰다. 렘수면 주기가 가장 길고 악몽을 심하게 꿀 확률이 높은 새벽 시간과 일어나기 전 마지막 몇 시간은 심혈관 환자에게 가장 위험한 시간이며, 심장발작은 오전 6시에서 정오 사이에 가장 자주 일어나고 가장 심각한 양상을 보인다.

나는 밤새 편히 자고 싶기에 이런 종류의 사건들은 운석 충돌이나 복권으로 대박을 터뜨리는 일처럼 드문, 완전히 기이한 사건이라고 믿고 싶다. 하지만 불행히도 이런 일들이 그렇게나 상상하기 어려운 것은 아니다. 롭의 일화에 나오는 두 남자는 결국 살아남았지만, 그들만큼 운이 좋지 않은 사람들도 있다.

1980년 오리건주 포틀랜드의 한 검시관이 질병 대책 센터에 연락했다. 그 검시관은 최근에 들어온 사인 미상의 두 사망자에게서 비슷한 점을 발견했다고 전했다. 머지않아 그와 유사하게 기이한 미국인 사망자들이 목록에 추가되었고, 1980년대 말에는 100명 이상으로 확인되었다. 사망자들의 공통점은 이랬다.

사망자 대부분은 동남아시아 출신의 남성이었다. 그들 중 대다수는 라오스 몽족 난민이었다. 그들은 모두 수면 중에 사망했고, 대체로 건강했으며, 부검 결과 사망의 생리적인 원인이 발견되지 않았다. 연구자들은 유전적 원인이나 심혈관계 문제를 찾아 앞다퉈 조사에 착수했다. 당시 한 검시관은 "우리는 아무것도 찾지 못했습니다."라고 말했다. "매 사건마다 사망 원인을 찾으려 했지만, 결론은 '아무것도 없다.'였습니다." 제대로 된 단서를 찾지 못한 당국은 그 현상에 대해 '원인불명 야면(夜眠) 돌발사망 증후군(Sudden Unexplained Nocturnal Death Syndrome, SUNDS)'이라는 이름을 붙였다.

1991년 UCLA의 박사 논문 제출 자격자인 셸리 애들러(Shelley Adler)는 『미국 민속학 저널(*Journal of American Folklore*)』에 SUNDS 사망 관련 이론을 발표했다. 애들러가 민속학자여서 기이한 의학적 사건에 대한 높은 식견을 기대하기는 어렵다고 생각할 수도 있을 것이다. 그러나 애들러가 자신의 논문 「몽족 이민자들의 원인불명 야면 돌발사망 증후군: '악몽'의 역할 살펴보기(Sudden Unexplained Nocturnal Death Syndrome Among Hmong Immigrants: Examining the Role of the 'Nightmare')」에서 설명했듯이 그녀가 단련해 온 훈련은, 그녀가 가설을 세우는 데 결정적인 역할을 했다. 어쨌거나 애들러는 보통 사람들—의학 전문가들이 때때로 간과할 수도 있는 종류의 사람들—의 이야기를 듣고 그들 각각의 이야기에서 보다 보편적인 진리를 발견하는 법을 배워 온 사람이었다.

성의 있는 자세를 이미 갖추고 있던 애들러는 자신의 이론을 다듬는 데 착수했다. 어느 문화에나 그녀가 '악몽'이라고 부르는 사건에 대한 오래된 이야기나 전설이 있다. 그것은 종종 악령으로 인식되는 힘으로, 잠든 희생자들이 무방비 상태로 누워서 의식은 있지만 꿈을 꾸고 있는 사이 그들의 가슴을 짓누르고 그들에게서 생기를 쥐어짜 낸다. 몽족 문화에서는 악몽의 영혼을 '댑 소그(Dab tsog)'라고 부른다. 일반적으로 댑 소그에 의한 공격이 반드시 치명적이지는 않았으나 애들러는 여러 요소들의 조합으로 변화가 생겼다고 주장했다. 몽족은 1950년대 후반부터 1970년대까지 베트남, 라오스, 캄보디아를 휩쓴 전쟁에서 엄청난 사상자를 냈고, 미국 중앙정보국(CIA)과 협력해서 활동한 베트남에서 미군의 10배에 달하는 사망률을 기록했으며, 모든 것이 끝났을 무렵에는 라오스 몽족 인구의 3분의 1이 사라진 것으로 추산되었다.

그 후 더 큰 위험이 닥쳤다. 승리한 공산주의자들의 손에 죽거나 재교육을 받아야 했고, 아니면 위험천만한 탈출을 감행해 메콩강을 건너 태국의 난민 수용소로 가야 했다. 미국에 도착했을 당시 몽족 난민들은 트라우마와 굶주림에 시달리고, 상상할 수 없는 정도로 많은 사람들이 사랑하는 이들을 잃었으며, 유대가 긴밀한 공동체와 전통에서 억지로 떨어진 데서 오는 정신적 혼란과 소외를 경험한 상태였다.

애들러는 끔찍한 악몽을 치명적인 사건으로 바꾼 것은, 이 모든 사회적 요인으로 인한 스트레스에 댑 소그에 대한 몽족 사람들의 깊은 믿음이 결합된 결과라고 주장했다. 그들의 마음속 이미지가 그들의 몸에 작용한 것으로, 그것이 가능하다는 사실을 우리는 이제 한층 더 잘 이해하게 되었다. 그들의 느낌은 그들의 육체와 깔끔하게 분리될수 없었고, 그들의 두려움은 현실과 깔끔하게 분리될 수없었다. 어떤 면에서는 그들의 두려움이 악몽을 현실로 불러들인 게 아닌가 싶다. 내가 두려움 때문에 에스컬레이터에서 굴러 떨어진 것과 같은 원리였지만, 규모는 훨씬 더치명적이었다.

엄마가 돌아가신 후 최악의 날들을 보내면서 나는 엄마의 죽음에 대한 모든 걱정, 엄마가 외할머니를 잃은 것처럼 나도 엄마를 잃게 될까 두려워하던 그 마음이 엄마의 치명적인 뇌졸중을 불러온 것은 아닐까 하는 생각을 하기도 했다. 어쩌면 나 자신의 공포를 통해 그 악몽을 소환했을지도 모른다는 느낌이 들었다.

물론 합리적이지 않은 생각이다. 그저 슬픔에 잠긴 내 마음이 이미 일이 벌어지고 난 후에 끼워 맞추기를 하는 것뿐이다. 악몽이 발작을 일으킬 수 있다는 내 어린 시절의 믿음도 이성적이거나 과학적이지는 않다. 하지만 이미 보았듯이 악몽은 실제로 현실이 될 수도 있다.

3장

~~~~~~

두려움이
현실이 되다

우리는 금요일에 엄마의 생명유지장치를 껐다. 나는 오타와에서 가족, 친구들과 주말을 보냈고, 월요일에 비행기를 타고 화이트호스 집으로 돌아왔다. 계속 기분이 이상하고 예민하고 온몸에 기운이 없었다. 길고 깊은 낮잠을 자다 일어나 시내를 돌아다녔다. 누군가 내 존재를 알아채면 산산조각으로 흩어질 것 같은, 보이지 않는 외계인이 된 듯한 기분으로 말이다. 하지만 이따금씩 느닷없는 분노가, 분노와 더불어 어떤 기운이 무기력한 중에도 끓어올랐고, 길에서 그저 나를 지나치는 행인을 주먹으로 치거나 내 탑승권을 꼼꼼히 살펴보는 공항 보안요원의 면전에 소리를 지르고 싶은 갑작스러운 충동을 느끼기도 했다.

끔찍한 상태였다. 누구라도 내 기도를 들어주기를 바라면서, 이 시기가 무엇이든 간에 내가 감옥에 가지 않고 제발 무사히 지나갈 수 있게 해 달라고 기도했던 기억이 난다.

가장 두려워했던 일이 이미 현실이 된 상황에서, 나는 내가 두려워해야 할 새로운 것이 있음을 깨달았다. 나는 어린 시절부터 엄마를 잃는 일을 삶을 망가뜨리는 사건으로 이해해 왔고, 이제 내게도 바로 그 파멸이 찾아올 것만 같았다. 이제는 내 경력, 우정, 인생, 그 모든 것이 무너져 내릴까 봐 두려웠다. 이따금 완전히 무기력한 상태가 아닐 때는 뭐든 다 할 수 있을 것처럼 과열된 흥분을 느끼기도 했다. 전문 산악인이자 영화감독인 지미 친(Jimmy Chin)은 자신이 출연하기도 한 영화 〈메루, 한계를 향한 열정(Meru)〉에서 늘 자신의 어머니에게, 어머니가 돌아가시기 전에는 절대로 죽지 않겠다는 약속을 했다고 말했다. 그의 어머니가 세상을 떠난 후, 그는 카메라를 향해 이제 더 이상 자신의 모험을 제한할 것은 없다고 말했다. 이제 나도 그와 똑같이 미친 듯한 자유를 느꼈다.

나는 극도의 달리기를 통해 모든 분노와 슬픔을 암울한 성취로 풀어 내는 내 모습을 상상했다. 태국 해변의 오두막으로 이사해 인생의 공허함을 풀문(full moon) 파티와 값싼 맥주, 20대 유럽 배낭족들과의 섹스로 채우는 내 모습을 상상했다. 어느 날 밤은 친구와 통화하다가 "나 어쩌면 종군 기자로 아프가니스탄에 갈지도 몰라." 하고 말했다. "그것도… 생각해 볼 수 있지." 그녀가 걱정스러운 듯 말했다.

나 역시도 걱정스러웠다. 나는 적어도 1년 동안은 삶에서 어떤 중대한 변화도 시도하지 않겠다고 스스로 다짐했다. 모든 것이 너무도 위태롭게 느껴졌다. 나 자신을 포함한 모든 것이 너무 부서지기 쉬워서 금방이라도 산산조각이 날 것만 같았다.

집에서 일주일을 보낸 후 나는 미리 예정되어 있었던 그린란드와 캐나다 북극 지방 취재 준비를 하기 위해 다시 오타와로 갔다. 취소할까도 생각해 보았지만 몇 달 전부터 예약된 여행이었고, 만약 연기한다면 1년 내내 일을 못하게 될 수도 있었다. 오타와에서 시간을 보내는 것이 텅 빈 화이트호스의 아파트에서 계속 끙끙거리는 것보다 낫겠다고 생각했다. 아빠와 새엄마는 나를 세심히 챙겨 주었고, 고등학교 친구들은 키시(달걀, 우유에 고기, 야채, 치즈 등을 섞어 만든 파이의 일종–옮긴이)를 가져다주었다. 내가 정기적으로 글을 기고한 잡지의 편집자들은 우리 집 문 앞으로 음식을 배달해 주기도 했다. 여전히 나는 지쳐 있었고 어떤 밤은 울면서 잠들기도 했지만 대체로 괜찮았다. 나는 정상적으로 기능했다.

그렇지 않은 순간이 극적으로 찾아오기도 했다. 어

느 날 밤, 오랜 친구 세 명이 나를 데리고 영화를 보러 갔다. 〈매직 마이크 XXL(Magic Mike XXL)〉라는 영화였다. 자동차 여행을 떠나는 남성 스트리퍼들에 관한 코미디를 보면 마음이 가벼워지지 않을까? 하지만 영화가 시작되기 전 예고편이 나왔고, 나도 모르게 대형 스크린 속의 메릴 스트립(Meryl Streep)을 올려다보고 있었다. 〈어바웃 리키(Ricki and the Flash)〉라는 그 영화 예고편에서 그녀는 소원해진 다 큰 딸과의 냉랭한 관계를 회복하기 위해 노력하는 나이 든 록 스타를 연기했다. 그걸 보는 것은 마치 지뢰 위를 비틀거리며 걷는 일 같았다. 메릴이 "여자애들은 엄마가 필요할 때가 있어."라고 단언할 때쯤, 나는 자리에서 일어나 출구 표시등을 향해 영화관의 긴 복도 쪽으로 달려나갔다. 투쟁-도피 반응이 최고조로 일어나고 있었다. 간신히 화장실로 들어가 문을 잠갔고, 울음이 터져 나와 흐느끼기 시작했다. 이렇게 울다가는 숨이 막혀 죽을 것 같았다. 나는 몸을 떨면서 숨을 쉬려고 안간힘을 썼다.

5~10분쯤 후 한바탕 폭풍이 지나가자 나는 다시 살금살금 상영관으로 들어갔다. 스트리퍼들은 옷을 벗었고, 그날 저녁 나머지 시간은 순조롭게 흘러갔다.

나는 비행기를 타고 그린란드로 갔다. 일을 하려고 —할 수 있기를 바라며—공책과 카메라를 가지고 작은 크루즈에 올랐다. 그 후 12일 동안 함께 지낼 룸메이트를 만났는데, 자신의 예순다섯 번째 생일을 축하하기 위해 배를 탄 여성이었다. 나는 엄마가 돌아가신 지 3주도 되지 않았다는 말을 나도 모르는 사이에 그녀에게 하고 말았다. 아마 그녀에게 경고하고 싶었던 것 같다. 내가 아주 안정적인 룸메이트가 아닐 수도 있다는 것을 말이다. 그녀는 잘 이해해 주었다. 자신도 나와 같은 나이에 어머니를 잃었다고 했다. 그녀는 내가 소리를 지르거나 울거나 물건을 던지고 싶어져서 혼자 있고 싶은 마음이 들면 언제라도 방에서 나가 주겠다고 약속했다. "지금은 제정신일 수가 없어요." 그녀가 말했다.

이틀 후, 나는 선상 술집에서 내 슬픈 이야기를 쏟아내고 있었다. 바텐더는 내 또래의 젊은 여성이었는데, 그녀는 내 손을 힘껏 잡았다. 몇 해 전 자신의 어머니가 돌아가셨을 때 살이 급격히 쪘다고 그녀는 말했다. 머리카락이 뭉텅이로 빠졌고 꿈을 엄청나게 꾸었다고도 했다. 그녀는 스스로에게 관대할 필요가 있다고 내게 조언했다.

그날 밤, 엄마가 돌아가신 후 처음으로 꿈에 나왔다. 꿈속에서 엄마는 내게 전화를 걸었다. 나는 전화를 받았고 우리는 잠깐 동안 수다를 떨었다. 무슨 이야기를 했는지는 기억나지 않는다. 중요한 이야기는 아니었던 것 같다. 그러다가 작별인사와 함께 전화를 끊으면서 꿈속의 나는 엄마가 이미 죽었다는 사실을 기억했고, 혼란과 공포 속에서 잠에서 깼다.

　며칠 후, 캐나다 북극해 제도의 위도가 높은 어느 해협에서 내가 탄 배가 부드럽게 흔들리는 동안 나는 엄마가 나오는 꿈을 다시 꾸었다. 이번 꿈은 악몽이었고, 이상하게도 20년 전 첫 발작 전에 있었던 악몽을 떠올리게 했다. 꿈에서 나는 널찍한 교외의 집에 혼자 있었다. 실제로 엄마가 그런 곳에 산 적은 없었지만, 꿈속에서 나는 그 집이 엄마의 집이라고 알고 있었다. 또한 엄마가 죽었다는 사실도 알고 있었고, 약탈자들이 엄마가 소유한 모든 물건을 훔치러 그 집으로 오고 있다는 것도 알고 있었다. 꿈의 이상한 논리에 따라 그 물건들을 지키는 일이 내 임무라고 생각했다.

　나는 또다시 어둡고 그늘진 복도를 지나친 다음 잿빛 풍경을 지났고, 우리 집에 적대적인 존재가 있음을 감지했다. 그 꿈에서 나는 야구 방망이를 들고 있었고, 두렵기는 했지만—어린 시절의 악몽에서 그랬던 것처럼—이제는 내가 그렇게 연약하다고 느끼지 않았다. 굳은 결의, 격렬한 기운이 내 팔을 비롯해 온몸을 타고 솟구쳐 올라온 기억이 난다. '그 망할 놈들한테 보여줄 거야.' 나는 계단 맨 위 난간 뒤에 웅크리고 앉아 낯설고 텅 빈 집 2층을 목숨을 걸고 지킬 마음으로 나무 방망이 자루를 꽉 쥐었다. 그러고는 분노와 두려움이 뒤섞인 상태로 잠에서 깨어났다.

크루즈 여행을 마치고 화이트호스로 돌아와서 나는 쓰러졌다. 몇 주 동안 거의 집 안에만 틀어박혀 지냈다. 중국 음식을 배달시키거나 냉동 음식을 먹었다. 요리도 안 하고 운동도 안 하고 일도 안 했다. 커튼을 치고 어두운 거실 소파에 누워서 텔레비전 프로그램을 몰아 보았다.("경찰 드라마로 자가 치료하고 있는 중이야." 나는 예전보다 더 자주 하는 아빠와의 통화에서 말했다. 아빠는 "자가 치료해야 하는 더 나쁜 일들도 있어."라고 대답했다.)

나는 아빠도 걱정되기 시작했다. 전에는 그런 적이 없었다. 아빠는 늘 아주 튼튼하고 한결같아 보여서 엄마와는 달리 걱정이 되지 않았다. 그런데 이제 엄마의 죽음에 대한 두려움이 아빠를 잃는 것에 대한 두려움으로 바뀐 것은 아닐까 싶었다. 기분이 최악일 때는 이제부터 내 삶은 그저 두려움과 상실의 연속일 것이라는 생각마저 들었다. 어쩌면 성년의 시간이란 슬픔만을 쌓아 가는 것인지도 몰랐다.

내 슬픔 상담사는 아빠의 죽음에 대한 생각이 머릿속에 계속 남아 있냐고 내게 물었다. 그건 아닌 것 같다고 나는 말했다. 그러나 아직 상처가 아물지 않은 상태였고, 또 다른 상실이 너무 빨리 찾아와서 눈에 보이지는 않지만 감지할 수 있는 위기로 나를 내몰까 봐 두려웠다.

엄마가 뇌졸중으로 쓰러지고 석 달 뒤인 10월 중순,

나는 차에 짐을 싣고 남쪽으로 차를 몰았다. 스스로를 소파에서 좀 떼어 놓고 관성적인 슬픔의 안개에서 벗어나도록 하기 위해서는 움직여야 한다고 생각했다. 사흘 동안 차를 몰아 몬태나주에 도착해서 친구들을 만났고, 글레이셔 국립 공원에서 캠핑도 하고 하이킹도 했다. 차를 몰고 미줄라로, 그다음에는 리빙스턴으로 가서 기차가 지나갈 때마다 흔들리는 괴상하고 낡은 모텔에 머물렀다. 그러고는 계속해서 남쪽으로 움직여 옐로스톤 국립 공원에 갔고, 그곳에서도 혼자 하이킹하고 캠핑을 했다.

나는 자연에서 보내는 시간을 통해 치유된다고 여겨 왔기 때문에 야외에서 혼자 있는 것도 개의치 않았다. 하지만 그 여행은 달랐다. 너무 슬펐고, 너무 힘들었고, 너무 지쳤다. 노력을 해 보았지만 무엇을 해도 기분이 좋지 않았고, 어느 것도 예전처럼 내 마음을 채우지 못했다. 옐로스톤에서 나는 어떤 다리에 앉아 바위투성이 협곡을 내려다보았다. 경치와 고요함을 즐기려고 애쓰면서 무릎 위에 놓인 피타 빵(지중해, 중동 지역의 납작한 빵–옮긴이) 덩어리를 작은 조각으로 찢었다. 배가 고프지는 않았다. 공원 이곳저곳을 둘러 보아도 마음이 편안해지지 않았다. 가파른 비탈을 하염없이 내려다보며 생각했다. '얼마나 더 이렇게 슬퍼해야 할지 모르겠어.'

나는 방법을 바꾸었다. 옐로스톤을 떠나 동쪽으로 수

백 킬로미터 차를 몰아서 와이오밍주 래러미에 있는 친구 집에 갔다. 그곳에서 가지뿔영양 타코를 먹고 시끄러운 카우보이 바에서 내 친구의 친구들을 만났다. 거기서 남쪽으로 내려가 콜로라도로 갔고, 또 다른 옛 친구의 집을 방문했다. 혼자만의 시간이 지금 당장은 도움이 안 된다는 것을 깨달았다. 혼자 있으면 옐로스톤의 그 다리에 앉아 있을 때 그랬던 것처럼 불안해졌다. 내게는 곁에 있어 줄 누군가가 절실히 필요했다. 어디를 가든, 할 수 있으면 커피나 점심, 술 약속을 잡았다. 석 달 동안의 칩거 생활이 끝나자 이제 다른 사람들이 내 생명 줄이었다.

자동차 여행을 떠난 본래의 이유였던 앨버타주 밴프에서의 작가 레지던시 프로그램은 일시적으로나마 휴식이 되어 주었다. 3주 동안 나를 위해 준비된 음식을 먹었고, 보이지 않는 직원이 매일 내 침대를 정리해 주었다. 나는 동료 입주 작가들과 친해졌고 그들과 어울려 식사나 등산을 했다. 처음으로 내가 다시 사람처럼 느껴지기 시작했다. 도자기로 빚은 외계인이 아니라 뼈와 조직으로 이루어진 인간 말이다. 나는 너무 오랫동안 나 자신이 사람들 사이에 숨어 있지만 은밀하게 남과 다른 이상한 존재라고, 금방이라도 산산이 부서질 것만 같다고 느꼈었다.

레지던시 프로그램은 끝이 났지만 아직은 내 거실 소파로 돌아갈 마음의 준비가 되지 않았다. 남쪽으로 차를 달려 스포캔과 클래머스폴스를 거쳐 로스앤젤레스까지 갔고, 그곳에서 두 친구를 만나 조슈아트리 국립 공원으로 차를 몰고 갔다. 일행과 함께한 캠핑과 하이킹은 충분히 안전했다. 그 후 도시로 돌아왔고, 해변에서 햇볕을 흠뻑 쬐며 치유받는 기분을 느꼈다.

시간이 지나면서 엄마의 삶에 관해 내가 알고 있는 사실들을 생각해 보게 되었다. 예전에는 그것들이 언제나 나를 슬프게 만들었다. 아마 그때 나는 안전하고 행복한 입장에서 엄마를 안쓰럽게 여겼기 때문일 것이다. 그러나 이제는 상황을 다르게 보았다. 갑자기 나는 엄마에게 엄청난 존경심을 느꼈다. 엄마는 너무 많은 것을 견뎌 냈고, 그 모든 상실에도 불구하고 늘 사랑이 넘쳤고, 무척이나 다정하고 강인한 분이었다. 자신의 고통을 이유로 단 한 번도 나를 몰아세우는 일 없이 무조건적으로 나를 사랑할 수 있었던 것은 정말 놀라운 일이다. 엄마는, 그녀 자신이 어머니 없이 자란 탓에 혹시 내게 부족한 엄마가 되지 않을까 늘 염려했지만, 이제 나는 그런 염려가 기우였음을 깨달았다. 엄마가 얼마나 놀라운 사람이었는지 엄마에게 말해 주고 싶었다. 나는 엄마의 슬픔에 집중하는 것 대신 엄마의 힘을 제대로 알아보았어야 했다.

물론 회복하는 과정이 판자 산책로를 걷는 것처럼 쉽지는 않았다. 어느 날 밤, 샌타모니카에 사는 친구 짐의 집에 있었는데, 그가 영화 〈이웃집 토토로(My Neighbor Totoro)〉를 보자고 제안했다. 나는 그 영화를 본 적 없었고, 짐의 딸이 그 영화를 무척 좋아했다. 하지만 병들고 아픈 어머니와, 그런 어머니를 자식들이 그리워하고 걱정한다는 내용은 내게 너무 벅찼다. 지난번 메릴 스트립을 보면서 나타났던 증상이 다시 나타날 것 같았다. 자제하려고 애썼지만 솟아오르는 슬픔을 억누르려고 하면 할수록 상태가 더 나빠졌다. 심박수가 올라가고 가슴이 조여 왔고 화면 속 여자아이들의 울음소리가 나를 질식시킬 것만 같았다. 나는 내 과도한 반응으로 짐의 아이를 겁주지 않기 위해 필사적으로 노력하면서 영화를 그만 보았으면 좋겠다고 숨찬 목소리로 말했다. 나 자신의 슬픔의 힘에 겁이 났고, 짐의 아이에게 상실에 대한 공포를 전염시킬지도 모른다는 걱정이 들었다.

마침내 나는 집으로 향했다. 샌타바버라에 있는 친구들과 시애틀에 있는 친구들을 만났고, 그런 다음 다시 북쪽으로 오랜 시간 외롭게 차를 몰았다. 낮이 짧고 추웠다. 쉬엄쉬엄 한 번에 몇 시간씩만 운전해서 유콘주로 돌아갔고, 크리스마스에 맞춰 집에 도착했다. 새해가 될 때까지는 그냥 뒹굴며 지내겠다고 그 여름에 마음먹었었다. 그 이후에는 다시 마음을 다잡고 일어날 생각이었다.

여러 달에 걸쳐 나는 일종의 공동체를 찾고 있었다.

중년이 되기 훨씬 전에 부모를 떠나보낸 친구들을 할 수 있는 한 많이 찾아다녔다.("부모님을 떠나보낸 사람들의 모임에 온 것을 환영합니다." 그들 중 한 사람은 무표정한 얼굴로 이렇게 말했다.) 그들은 다른 사람들은 이해하지 못하는 방식으로 내 상황을 이해하는 것 같았다. 그들은 "누구나 언젠가는 부모님을 보내 드려야 해."라거나 "어쨌든 빠르긴 했다." 같은 말은 하지 않았다. 또한 그들은 앞으로 내가 나아갈 길을 제시해 주었다. 슬픔의 밑바닥에 있는 나로서는 상상하기 힘든 이야기였지만, 결국에는 내가 슬픔에서 빠져나올 것이고, 그 경험을 통해 더 나은, 더 강하고 현명한 사람이 될 거라고 말해 주는 이들도 있었다.

나는 그 약속을 붙잡으려고 애를 썼다. 나는 슬픔이 영원히 지속될까 봐 두려웠다. 슬프지 않은 상태를 상상하기 힘들었다. 어느 날은 맨 앞줄에 엄마가 계시지 않은 채 결혼식을 올리는 내 모습을 상상했다. 좋은 배우자를 선택했다는 기쁨을 느낀다 해도 어쩔 수 없이 슬픈 마음이 들 것 같았다. 출산의 고통과 두려움과 불확실성에 대해 이야기해 줄 엄마가 없이 아이를 낳는 일은 어떨까? 상상이 되지 않았다. 어느 날 밤, 먼 곳에 사는 친구와 전화 통화를 하면서 "이제부터 내 인생의 모든 것들이 적어도 조금씩은 더 슬프게 느껴질 것 같아."라고 말했다. 친구는 몇 해 전에 아버지를 잃었는데, 그런 내 생각을 부정하지 않았다. "맞아. 그럴 거야." 그녀가 말했다.

나는 내가 생각하고 있던 미래가 엄마가 거쳐 온 삶이라는 것을 깨달았다. 엄마는 어머니도 아버지도 없이 결혼했다. 그녀는 마음을 진정시켜 주는 어머니라는 존재가 없는 상태로 출산이라는 현실에 직면했다. 틀림없이 무척이나 무서웠을 것이다. 하지만 그녀는 해냈다. 엄마의 깊은 슬픔은 언제나 내가 헤아릴 수 없는 것이었는데, 이제는 이해할 수 있었다. 이상하게도 엄마의 죽음은 우리를 전보다 훨씬 더 가깝게 만들었다. 내가 결코 이해하지 못했던 엄마의 경험 일부분, 엄마 인생의 중대한 요소들에 대해 이제는 나도 알게 되었다. 엄마를 잃고 슬퍼하면서 비로소 엄마에 대해 알게 된 것이다.

그런데 시간이 점점 가면서 내가 엄마의 슬픔을 완벽하게 이해하지는 못할 것이라고 인정하게 되었다. 어쨌든 내게는 엄마한테는 없는 유리한 점들이 있었다. 엄마 없이 맞는 첫 번째 크리스마스를 무사히 보내고서 나는 내 삶이 조금 더 슬퍼지더라도 결국에는 괜찮아질 것임을 알았다. 엄마의 삶을 기리는 추도식에서도 이런 말을 했는데, 엄마는 최선을 다해 자신의 슬픔이 나를 건드리지 못하게 했다. 나는 30여 년 동안 엄마의 무조건적인 사랑과 지지를 받아 왔다. 그렇기 때문에 엄마가 외할머니를 잃었을 때 슬픔과 함께 느낀 버림받은 기분과 혼란과 상처를 진정으로 이해할 수는 없을 것이다. 나는 엄마보다 더 회복력이 있었다. 왜냐하면, 외할머니가 돌아가셨을 무렵의 엄마보다는, 엄마를 잃었을 때의 내가 더 나이가 많았고 기숙학교로 보내지지 않았고 아빠가 계시기 때문이기도 했지만, 무엇보다 엄마가 나를 그렇게 만들었기 때문이다.

내가 오랫동안 품어 온 두려움, 엄마를 잃으면 외할머니가 돌아가시고 나서 엄마가 그랬던 것처럼 나도 망가질지도 모른다는 두려움은 잘못된 것이었다. 나는 매일 엄마를 그리워하기는 했지만, 그런 가운데서도 얼마간의 평화를 찾았다.

새로운 상실, 내 인생에 있을 또 다른 죽음에 대한 두려움이 서서히 사라지기 시작했다. 처음에는 엄마의 죽음이 남긴 위협과 교훈이 '넌 이걸 감당할 수 없어. 이게 널 망치고 말 거야.'라고 말하는 듯했다. 하지만 이제는 나 자신의 회복력을 안다. 나는 내 슬픔 상담가가 물어보았던 그 길을 갈까 봐, 남아 있는 사랑하는 사람의 죽음에 대한 건강하지 못한 집착을 키우게 될까 봐 두려웠다. 엄마를 잃고서 그다음에 올 나쁜 소식을 언제쯤 마주할지 마음속으로 준비하면서 늘 움츠러든 상태로 살아가게 될까 봐 무서웠다. 그 두려움은 점점 사라져 갔다. 미래에는 아마도 더 많은 슬픔이 있을 테지만, 예전만큼 두려워하지는 않게 되었다. 결국 엄마의 죽음은 내 두려움을 실현시켰을 뿐만 아니라, 악몽이 현실이 되게 함으로써 그것을 해소시켰고, 그 결과 두려움을 덜 수 있게 해 주었다.

나는 슬펐지만 새로운 힘을 얻고 새해를 시작했다. 내 최악의 두려움과 맞닥뜨렸고, 나는 살아남았다.

얼마 지나지 않아, 내가 또 어떤 두려움을 이겨 낼 수 있을지 궁금해지기 시작했다. 그리고 2월에 유주얼에서 수치스러운 공황을 경험하고 나서 머릿속에만 있던 생각을 실행하기로 결심했다.

내 인생의 주된 두려움으로 세 가지를 들 수 있다. 평생을 따라다니는 듯한 높은 곳에 대한 공포, 자동차 사고를 여러 번 겪고 나서 최근에 생긴 운전공포증 그리고 정도는 다르지만 누구에게나 있는, 사랑하는 사람들을 잃는 것에 대한 두려움이다. 마지막 두려움과는 당분간 일종의 화해를 하지 않았나 싶다. 그렇다면 나머지 두 공포증과 나의 관계를 치유하거나, 정복 또는 극복하거나, 아니면 적어도 재조정하는 것도 가능할까? 이제 그것을 알아볼 시간이었다.

4장

~~~~~~~~~~~~~~~~~~~~~~~~~~~~~~~~~~~~~

자유 낙하

세스나기(미국의 세스나 항공기 회사가 생산하는 경비행기-옮긴이)에 오르기 전 마지막 순간, 나는 몸을 돌려 내 얼굴을 향해 비디오카메라를 들고 있는 수염 난 젊은 남자와 마주 보았다. 나는 햇빛과 바람으로 색이 바랜, 형광 주황색과 녹색 천으로 된 점프슈트를 입고 있었다. 머리에는 고글과 가죽 헬멧을 착용하고 있었다.

"여긴 뭐 하러 왔죠?" 남자가 물었다.

나는 심호흡을 하고는 카메라 렌즈에 대고 말했다. "제 이름은 에바예요. 높은 곳에서 떨어지는 것에 대한 두려움에 맞서기 위해 왔어요."

내 주위에 모여 있던 몇 명의 군중은 내가 복잡한 장

비를 착용한 채 어색해하며 그 작은 비행기로 기어 들어갈 때 갈채를 보냈다. 조종사 좌석만 있고 다른 좌석은 없었기 때문에 나는 조종사 뒤쪽에 있는 바닥에 반대쪽을 향해 앉았고, 내 탠덤 스카이다이빙(교관과 몸을 연결해 뛰어내리는 스카이다이빙−옮긴이) 교관인 배리와는 한 방향을 보고 앞뒤로 나란히 붙어 앉게 되었다. 또 다른 한 쌍이 우리 옆에 올라탔다. 교관인 닐과 그가 맡은 매슈였는데, 매슈는 나처럼 스카이다이빙이 처음이었다. 그들은 열려 있는 출입구 옆에 앉았고, 그 작은 세스나기가 자갈길을 덜컹거리며 이동하자 매슈와 나는 주먹 인사를 했다. 매슈는 마냥 신이 나 보였다. 나도 신나 해야 한다는 것을 알고 있었지만 그렇게 되지는 않았다. 그 순간 나는 약간 냉랭할 만큼 차분한 상태였다. 그렇게 있는 것이 극심한 공포로 미친 듯이 머리를 쥐어뜯는 것보다는 나을 것 같았다.

유주얼에서 내려오면서 공포와 공황을 겪은 지 4개월이 지난 뒤였다. 그 이후로 나는 다시 상근으로 일하기 시작했고, 정기적으로 운동도 하고 친구들도 만나기 시작했다. 새 아파트로 이사도 해서 희미한 조명에 커튼이 드리워진 거실과 유혹의 손짓을 보내는 소파를 벗어나게 되었다. 이제는 유콘주의 여름과 그 끝없는 햇빛이 내 위에 가득했고, 나는 마침내 2월의 그 쓸쓸한 날에 나 자신을 위해 계획한 임무를 시작할 마음의 준비가 되었다. 고속도로 옆 숙소에 혼자 앉아서 나는 내 두려움을 이해하고 통제하는 법을 배우겠다고 맹세했었다. 이제 시작할 시간이었다.

나는 우리 문화에 내재된 매우 일반적인 생각에 따라 행동하고 있었다. 두려움을 마주하는 것이 곧 두려움을 정복하는 열쇠라는 것이었다. 호그와트 마법 학교를 다니는 해리 포터와 그의 반 친구들은 리무스 루핀 교수로부터 두려움을 비웃음으로써 그것을 물리치는 법을 배웠다. 〈사운드 오브 뮤직(The Sound of Music)〉에서 수녀원장은 마리아에게 수녀원에 숨지 말고 자신의 진짜 감정에 직면해야 한다고 말했다. 그리고 소설 『듄(*Dune*)』에서 베네 게세리트(듄 시리즈에 등장하는 주요 세력. 여러 훈련 끝에 초인적인 능력을 지니며 여성들이 주축이 된 집단이다-옮긴이)의 「두려움을 이기는 기도(Litany against Fear)」를 작가 프랭크 허버트(Frank Herbert)는 이렇게 썼다. "나는 내 두려움에 맞설 것이다. 그것이 나를 꿰뚫고 지나도록 허락할 것이다. […] 두려움이 지나간 곳에는 아무것도 없을 것이다. 오직 나만이 남을 것이다." 허버트는 두려움을 "마음을 죽이는 자(mind-killer)"라고 썼다. 나는 내 마음이 살기를 원했다.

나는 몇 시간 전에 유콘주 카크로스에 있는 작은 활주로에 도착했다. 카크로스는 화이트호스에 있는 집에서 남쪽으로 1시간 정도 경치 좋은 드라이브길을 달려 도착할 수 있는 곳이다. 이곳이 유명해진 몇 가지 이유 중 하나는 세계에서 가장 작은 사막으로 불리는 카크로스 사막으로, 눈 덮인 산과 북방수림으로 둘러싸인 부드럽고 구불구불한 모래 언덕이 모여 있는 곳이다. 매년 여름, 브리티시컬럼비아주에 본부를 둔 스카이다이빙팀은 여행자단을 꾸리고 와 몇 주 동안 여기 머물면서 유콘 사람들에게 비행기에서 뛰어내린 다음 자유 낙하로 내려오다가 낙하산을 펴고 마지막에는 너그럽게 안아 주는 작은 모래땅에 착륙할 수 있는 기회를 제공한다.

프로 스카이다이버들은 그 기간 동안 마을 바로 외곽의 활주로 옆에 머무른다. 그들의 캠프장 분위기는 여름 주말의 캠핑과 순회 서커스단 사이 어디쯤에 있다. 텐트, 유홀(U-Haul) 트럭, 승용차, 레저용 자동차, 캠핑객들을 실은 트럭 등이 뒤섞여 모여 있다. 배리는 그들의 우두머리다. 내가 그를 만났을 때 그는 2000회의 탠덤 스카이다이빙을 포함해 39년의 스카이다이빙 경력을 가지고 있었다. 그는 머리카락과 콧수염이 하얗게 세었고 배가 나왔고 목소리가 컸다. '익스트림 스포츠가 직업인 사람' 하면 떠오르는 그런 분위기의 사람은 아니었지만, 나는 그의 오랜 연륜을 확인하고는 젊은 사람에게서 찾을 수 없는 안정감을 느꼈다. 알래스카 사람들이 말하기를, 나이 많은 조종사도 있고 대담한 조종사도 있지만, 나이 많고 대담한 조종사는 없다고 했다.

　　랜디 역시 나이가 많은 남자였다. 그는 낙하산을 꾸리는 것과 세스나기가 활주로에서 오르내리는 것을 도와주었다. 켈시는 20대 중반으로 보이는 젊은 여성이었는데, 그녀는 스카이다이빙에 푹 빠져 있었고, 그 작은 회사의 모든 행정 업무를 처리하는 일로 생활비를 벌고—또한 스카이다이빙을 할 기회를 얻고—있었다. 활주로 옆 텐트가 그녀의 사무실이었다. 안경을 썼고 수염이 난 제러미는 오디오 비디오 기기 담당이었다. 그는 고객들이 오르고 내리는 동안 사진을 찍었고, 그들이 자유 낙하하는 순간을 고프로 카메라(방수와 충격 방지가 되는 여행용 소형 카메라–옮긴이)에 담았다. 코디라고 불린 또 다른 두 명의 청년은 스카이다이빙을 하는 대가로 낙하산 포장 일을 하고 있었다. 스카이다이빙은 제법 돈이 많이 드는 스포츠인데, 나는 여기 있는 대부분의 사람들이 하늘을 나는 시간을 자신의 노동력과 교환하고 있다는 것을 알게 되었다.

　　오전 10시가 되기 직전 내가 차를 세웠을 때, 대부분의 사람들은 모닥불 주위의 캠프 의자에 모여 앉아 있었다. 그들은 내게 앉을 자리를 내주고, 차와 배넉 한 조각을 제공했다. 나는 배리의 팀원들, 나와 같이 스카이다이빙에 도전할 매슈 그리고 화이트호스에서 온 나이가 있는 부부—남편은 오늘 낙하를 할 예정이었지만 아내는 지상에 머물 계획이었다—와 인사를 나누었다. 조종사가 주유를 하러 시내에 갔기 때문에 당장은 별다른 일이 없었다. 차양 아래에서는, 평면 텔레비전 화면에는 스카이다이빙 고객들이 비명을 지르거나 웃으면서 낙하하는 장면이 계속해서 나오고 있었고, 프로디지(Prodigy)의 히트곡 〈파이어스타터(Firestarter)〉가 요란하게 울려 퍼지고 있었다. 나는 화면을 힐끗 쳐다보는 것조차 하지 않으려고 애썼다.

내가 스카이다이빙을 하기로 마음먹은 이유는 내 가장 강력한 육체적 두려움이 높은 곳, 속도, 추락에 대한 것이기 때문이었다. 그리고 스카이다이빙만큼 효과적으로—혹은 무시무시하게—그 세 가지를 결합한 것은 없다고 생각했다. 내 계획은 전격적으로 두려움을 마주하는 것이었다. 내가 상상할 수 있는 가장 무서운 일을 억지로라도 할 생각이었다. 공포 반응에 전면적인 감각적 공격을 가하고, 그걸 다 겪고 나면 아마도… 변해 있지 않을까? 힘이 생길 것 같았다. 계획은 그랬다. 그러나 그때까지는 그냥 속이 메스꺼웠고 무섭기만 했다.

배리는 초보자인 우리에게 앞으로 사용하게 될 장비와 다양한 안전장치의 작동 방식을 소개했고, 만약 내가 뛰어내리는 순간에 공포에 질려 비행기를 잡으려 한다면, 그는 필요할 경우 내 손가락을 부러뜨려서라도 손을 놓게끔 할 것이라고 일러 주었다. 그의 말투에서 그렇게 말하는 게 처음이 아님을 알 수 있었다.

그런 다음 켈시는 내가 본 것 중 가장 직설적인 면책 동의서에 서명하게 했다. "스카이다이빙은 완벽하게 안전하지는 않다."라고 써 있었다. "우리는 어떤 보장도 제공할 수 없고 제공하지도 않는다. 우리는 당신의 낙하산 중 하나 또는 둘 다가 제대로 펼쳐질 것이라고 보장하지 않는다. 스카이다이브BC 노스사나 가디언 에어로스페이스 홀딩스사의 개인이 실수 없이 역할을 다할 것이라고 보장하지 않는다. 우리의 어떤 예비 장치도 제대로 작동할 것이라고 보장하지 않으며, 당신이 다치지 않을 것이라고 결코 보장하지 않는다. 당신이 모든 과정을 정확히 수행한다고 하더라도 다치거나 사망할 가능성이 있다."

그 서류는 나를 진정시키는 데 아무런 도움이 되지 않았다. 나는 서명하고 서류를 건네주었다. 서류 작업이 끝나고 나서는 마음을 졸이면서 내 차례를 기다리는 것 말고는 할 일이 별로 없었다.

정오가 조금 지나서 첫 번째 비행기가 올라갔다. 켈시와 코디 두 명을 포함한 네 명이 솔로 점프를 했다. 나는 차마 볼 수가 없었다. 극심한 공포가 내 안에서 끓어오르기 시작했는데, 아직 내 앞에 올라갈 비행기가 두 대나 더 있다는 것을 알게 되자 상태는 더욱 나빠졌다. 하루 종일 여기서 기다릴 수는 없었다. 이렇게 무섭고 속이 울렁거리는 상태로 몇 시간을 기다릴 수가 없었다.

　점프를 하고 왔지만 여전히 멀쩡한 모습의 켈시는, 내가 울음을 터뜨릴 것 같은 얼굴로 금방이라도 차에 올라타서 도망칠 수도 있는 상태임을 눈치챘다. 그녀는 나를 설득하려고 했다. 켈시는 친절하고 따뜻한 사람이었지만 내 기분은 전혀 몰랐다. 그녀에게는 비행기에서 뛰어내리는 것만큼 행복한 일은 없었다. 그녀는 가능한 한 자주 스카이다이빙을 하는 것을 최우선에 두고 모든 생활을 꾸리고 있었다. 켈시는 내가 스카이다이빙을 한 번이라도 하게 된다면 그것을 좋아하게 될 것이라고 확신했다. 그녀는 자유 낙하의 짜릿함에 대해, 이어 낙하산이 펼쳐진 후 부드럽게 하강할 때 얼마나 행복한지에 대해 열변을 토했다. 켈시는 약간 미쳐 있었다. 그녀는 순서를 바꿔 내가 다음 비행기에 오를 수 있게 해 주었다.

　세스나기가 다시 사람들 사이에 내려앉자 배리는 비행기를 타고 내리는 법을 알려 주었다. 비행기는 아주 작았고, 우리는 장치로 몸을 연결한 상태로 비행기의 낮은 출입구를 통해 뛰어내릴 예정이었다. 따라야 할 세심한 규약도 많았다. 나는 영화에서처럼 천장까지 닿는 출입구나 커다란 차고 문 같은 곳으로 나오는 모습을 상상했었다. 하지만 비행기가 너무 작은 데다 두 사람의 몸이 연결되어 있어서 어색하게 몸을 웅크린 상태로 굴러야 했다. 그 동작이 도무지 가능할 것 같지 않다는 생각이 들자—정말로 내가 저 작은 구멍을 통해 나가서 2인조로 공중제비를 할 거라고?—왠지 모르게 오히려 진정되었다. 설마 진짜일 리가 없는, 웃기는 짓처럼 느껴졌다.

그러고는 갑자기 그 시간이 닥쳤다. 나는 형광색 점 프슈트와 헬멧, 고글을 착용했고, 켈시와 코디 중 한 명— 키가 더 큰 쪽. 짐 모리슨(Jim Morrison)의 머리카락과 영 화 〈이지 라이더(Easy Rider)〉에서 본 것 같은 콧수염이 난 할리우드 미남 배우 스타일의 남자—이 내 안전띠를 조 였다. 나는 카메라를 향해 도전하게 된 동기를 밝히고는 비행기에 올랐다.

이내 우리는 공중에 떠서 사막 위로 떠올랐고, 산맥 안쪽으로 카크로스와 베넷 호수가 넓게 펼쳐진 모습이 보 였다. 친숙한 풍경은 위로가 되었다. 수도 없이 하이킹을 하고 자전거를 타고 노를 젓고 차를 몰고 상업용 제트기 를 타고 날아다닌 곳이었다. 비행기를 타는 것은 전혀 문 제없었다. 내가 걱정하는 것은 아래로 떨어지는 것이었다. 나는 심호흡을 하고 경치에 집중해 보려고 노력했다. 기차 다리가 있었다. 해변이 있었다. 집으로 이어지는 고속도로 가 있었다.

추위와 두려움에 떨며 위로 올라가던 중에 나는 뭔가 를 알아차렸다. 나는 땀을 흘리고 있지 않았다. 식은땀이 나서 온몸이 축축해져 있을 거라고 생각했는데 오히려 바싹 말라 있었다.

땀에 대해 생각한 것은, 최근 '인간은 공포의 냄새를 맡을 수 있을까?'라는 질문에 대한 답을 찾기 위해 초보 스카이다이버들의 땀을 이용한 과학적 연구에 대해 들은 적이 있었기 때문이다.

우리는 동물들이 서로에게서 두려움의 '냄새'를 맡을 수 있다는 것을 오래전부터 알고 있지만, 가볍게 나누는 비과학적인 대화에서는 자신의 먹잇감에게서 공포의 냄새를 맡는 포식자의 관점에서 이야기하는 경향이 있다. 하지만 이는 그 현상을 잘못 이해한 것이다. 그 현상은, 먹잇감 동물들이 자신도 모르게 경보 페로몬이라고 알려진 물질을 방출하는 것, 즉 공기로 운반되는 화학적 신호를 통해 주변의 포식자나 기타 잠재적 위험에 대해 같은 종의 동물들에게 소리 없는 경고를 보내는 것을 말한다.

인간 역시 화학적 수단인 땀을 통해 서로에게 공포를 알릴 수 있다는 가능성을 보여 주는 여러 연구가 있다. 그 연구들 중 두 건에 따르면, 피험자가 무서운 영화를 보고 있는 사람의 땀과 무섭지 않은 것을 보고 있는 사람의 땀을 구별할 수 있었다. 또 다른 연구에서는 무서운 영화를 보는 사람들의 땀 냄새를 맡은 피험자들의 단어연상 검사

점수가 높아졌는데, 이는 잠재적인 위협이 있을 때 인지력이 높아짐을 보여 준다. 그 외에도 다른 사람의 공포-땀에 노출된 사람들의 경우 놀람 반응이 증가하고 얼굴 표정을 무섭거나 부정적으로 인식할 가능성이 높아진다는 것을 발견한 연구도 있다. 요점은 명확하다. 다른 사람의 공포-땀 냄새를 맡은 사람들은 그들 자신의 공포 반응에 대해서 준비를 하게 된다.

그러나 그런 연구들은 모두 관찰된 행동에 근거한 것이었다. 스토니브룩대학교의 릴리앤 무지카파로디(Lilianne Mujica-Parodi) 박사가 이끄는 연구팀은 좀 더 깊이 들여다보고 싶었다. 무지카파로디의 연구팀은 국제 학술지 『플로스원(*PLOS One*)』에 실린 2009년 논문에 "우리는 감정적으로 스트레스를 받은 사람들의 땀을 흡입하면 관련 없는 개인들에게서 감정-지각을 보여 주는 신경생물학적 증거가 나타나는지 여부를 알아보기로 했다."라고 썼다. 그들은 인간의 공포-땀에 대한 노출이 다른 사람의 편도체, 즉 공포 반응을 촉발하는 핵심 뇌 구조에 측정 가능한 반응을 유발하는지를 판단하기 위해 fMRI(기능적 자기공명 영상-옮긴이) 스캐너(실시간으로 혈류 변화를 감지해 뇌의 활동을 측정하는 장치)를 사용하기로 했다.

"우리는 인간의 경보 페로몬 존재 여부에 대한 최초의 정밀한 실험을 하게 된 셈입니다." 무지카파로디는 내게 말했다. 연구팀은 처음으로 탠덤 스카이다이빙에 참가한 144명의 땀을 모으는 것부터 시작했다. 그런 다음 그 144명의 사람들을 통제 집단으로 삼아서, 그들이 스카이다이빙을 한 것과 같은 시간대에, 스카이다이빙에 걸린 시간만큼 러닝머신 위에서 뛰게 하고서 흘린 땀을 모았다. 후에 연구팀은 "교관의 지도하에 낙하를 했기 때문에 스카이다이빙 상황은 땀을 흘린 사람에게 주로 감정적인 스트레스 유발 요인이었지 신체적인 스트레스 요인이 아니었던 반면, 운동 상황은 주로 신체적인 스트레스를 유발했고 감정적 스트레스 요인은 되지 않았다."라고 썼다.(그들은 초보 스카이다이버들의 감정적 스트레스를 투쟁-도피 반응에 관여하며 부신에서 분비되는 호르몬인 코르티솔 수치를 측정해서 확인했다. 아니나 다를까 수치가 급등했다.)

그다음 2단계는 다음과 같이 진행되었다. 피험자들에게 땀 샘플을 제시하고는 fMRI 스캐너를 사용해 그들의 뇌가 실시간으로 어떻게 반응하는지 살펴보았다. 무지카파로디의 연구팀은 공포-땀은 "감정 처리를 담당하는 뇌 영역의 상당한 활성화를 유발했다. […] 이전 연구뿐 아니라 우리 연구에서 얻은 행동 데이터를 통해 보면 그런 감정 처리가 경계심을 높이고 위협-식별 능력을 강화하는 것과 관련이 있음을 알 수 있다."라고 썼다.

그들은 피험자가 스트레스를 받거나 두려움을 느끼

는 사람이 흘린 땀을 흡입할 때 편도체가 활성화된다는 것을 보여 주었다. 그들은 또한 이차적인 과정을 통해 이 현상이 정확히는 냄새와 관련된 것이 아니라는 사실도 보여 주었다. 우리의 코는 공포-땀과 평상시에 일상적으로 나는 운동-땀을 구별하지 못하지만, 우리의 뇌는 그 둘에 각각 다르게 반응한다. 이는 화학적 감각 반응으로 알려져 있다. 공포-땀 속의 페로몬은 우리의 후각 센서가 아니라 우리의 감정 센서를 자극하는 것이다.

그들은 한 걸음 더 나아갔다. 연구팀은 또 다른 피험자 집단을 두피에 부착된 전극을 통해 뇌의 전기적 활동 패턴을 기록하는 뇌전도(EEG) 기계에 연결했다. 기본적으로 뇌전도는 뇌의 어떤 부분이 주어진 자극에 반응하고 있는지 볼 수 있게 해 준다. 연결이 끝나고 준비가 되면 피험자들은 공포-땀과 운동-땀 양쪽에 노출된 상태로 다양한 이미지의 사람 얼굴을 보게 되는데, 감정이 드러나지 않는 얼굴에서부터 화가 난 얼굴까지 세밀하게 변하는 표정이 제시되었다.

결과는 놀라웠다. 운동-땀을 흡입하고 있는 상태에서 피험자들의 뇌는 화난 얼굴만을 잠재적 위협으로 여겨 강하게 반응했지만, 감정이 드러나지 않는 얼굴에는 반응하지 않았다. 하지만 공포-땀을 흡입했을 때 피험자들은 감정이 없는 표정부터 애매하게 화가 난 얼굴, 명백하게 화가 난 얼굴까지 모든 얼굴에 강하게 반응했다. 연구팀은 이 실험을 통해 공포-땀이 뇌를 자극해 피험자들에게 일종의 경계심을 고조시키고 주변의 환경에 더 큰 주의를 기울이게 한다는 사실을 알 수 있었다고 했다.

그 결과는 공포-땀이 피험자에게서 '방어적 놀람'—기본적으로 흠칫하는 것—이라고 알려진 반응을 증가시킬 수 있음을 보여 주는 이전 연구들의 결과를 더 한층 확고하게 체계화시켰다. 우리는 실제로 서로에게서 공포의 '냄새'를 맡을 수 있다. 그리고 그 화학 경보 시스템은 우리의 뇌가 다가오는 위협에 대응하도록 미리 준비시킨다.

무지카파로디와 이야기를 나누었을 때, 나는 그녀에게 공포-땀을 모으는 방법으로 스카이다이빙을 선택한 이유를 물었다.

"스카이다이빙은 윤리적으로나 과학적으로나 건전한 방식으로 실제 위험을 유도하는 방법이었습니다." 그녀가 말했다. "지진이나 전투와 같은 위험한 상황은 통제하기 힘들죠. 무엇보다 같은 상황에 있어도 사람들은 서로 다른 경험을 합니다. 전투 중에도 급조폭발물(IED)을 맞을 뻔한 사람이 있는가 하면, 그 근처에도 가 보지 않은 사람이 있습니다. 따라서 그런 자연스러운 환경에 있는 사람들을 택해서 그들의 반응을 관찰하려고 하는 것은 사실 과학적으로는 그다지 좋은 방법이 아닙니다. 스카이다이빙의 좋은 점은 전에는 해 보지 못한 경험이라는 것입니다. 진화론적으로 떨어지는 느낌을 즐기는 동물은 없죠. 또한 고도의 통제가 가능합니다."

연구팀은 피험자가 낙하하는 높이, 자유 낙하하는 시간과 낙하산이 펴진 후 하강하는 시간과 같은 요소들을 표준화할 수 있었다. 또한 참가자들에게 생체인식 센서를 장착해 낙하에 대한 생리적 반응인 심박수 등을 실시간으로 기록할 수 있었다.

나는 무지카파로디에게 스카이다이빙을 직접 해 본 적이 있는지 물었다. 나는 그녀의 연구에서 그 스포츠가 차지하는 비중을 고려할 때 그녀가 켈시처럼 열혈 팬이거나 어쩌면 스카이다이빙 전도사일 수도 있겠다고 반쯤 기대했다.

그녀는 해 보았다고 대답하면서 실험과 관련해 견지하고 있는 원칙을 밝혔다. "저는 직접 해 보지 않은 일을 피험자에게 시키지 않습니다." 하지만 그녀는 결코 열광적인 스카이다이빙 팬은 아니었다.

"저는 높은 곳을 전혀 좋아하지 않아요." 그녀는 말했다. "사실, 이것도 완곡하게 표현한 거예요. 저는 공포증이 아주아주 심해요. 하지만 윤리적 원칙을 지키기 위해 어쩔 수 없이 뛰어내려야 했고, 속이 너무 메스꺼웠어요…. 그러고 나서 꿈을 꾸었어요. 그러니까, 악몽이었죠. 물론 그 경험이 제 인생의 트라우마까진 아니었어요. 지금은 그것에 대해 생각하지 않으니까요. 하지만 즐거웠다고는 말할 수 없어요."

3000미터 상공까지 올라가는 데 몇 시간이 걸리는 것 같았고, 이륙할 때 느꼈던 그 기묘한 유체 이탈의 평온은 올라가면서 조금씩 사라져 갔다. 충격으로 멍한 상태여서 아픔을 느끼지 못하다가 부상으로 인한 통증을 처음으로 온전히 느끼게 된 것 같은 기분이었다. 다만 나는 통증 대신 온몸에서 솟아오르는 공포를 느꼈고, 폐와 목구멍과 뇌까지 차오른 공포로 숨이 막힐 것 같았다.

내 뒤에 있던 배리는 내가 점점 긴장하고 있다는 것을 감지했다. 같은 썰매를 탄 사람들처럼 바짝 붙어 있었기 때문에 그럴 만도 했다. 그는 주기적으로 내 어깨를 누르며 아래의 랜드마크를 가리켰다. 낙하 높이에 가까워지자 세스나기는 커다란 구름의 가장자리를 빙빙 돌았다.

"어쩌면 운이 좋게도 구름 점프를 할 수도 있겠네요." 배리가 말했다.

나는 구름 점프를 하고 싶지 않았다.

조종사는 닐과 매슈가 낙하할 지점에 거의 다 왔다고 알려 주었다. 그들은 비행기 문이 있어야 할 열린 구멍 쪽으로 흔들리며 다가갔고, 조금씩 움직여서 출입구 가장자리에 어색하게 몸을 포갠 채 웅크리고 앉았다.

닐과 매슈가 열린 공간을 향해 조금씩 다가가는 것을 보니 토할 것 같아서 나는 시선을 돌렸다. 그들이 하늘로 사라지는 모습을 차마 볼 수가 없었다. 나는 리벳으로 고정된 비행기의 금속 벽을 응시했다. 조종사는 비행기를 오른쪽으로 살짝 기울여 닐과 매슈를 문밖으로 나가게 했고, 그러고 나자 합쳐서 122킬로그램을 덜어 낸 세스나기가 갑자기 왼쪽으로 튀어 올랐다. 위장이 쥐어짜지는 듯 뒤틀렸다. 나는 침을 꿀꺽 삼켰다.

이제 우리 차례였다. 배리는 내게 돌아앉아 종종걸음으로 자리를 잡으라고 지시했고, 조종사는 우리에게 낙하 준비를 하게 했다. 나는 숨이 가빠 오는 가운데 자제력을 잃지 않기 위해 안간힘을 썼다. 나는 필사적으로 소리치고 싶었다. '아니, 아니요! 마음이 바뀌었어요! 하고 싶지 않아요!' 나는 이를 악물었다. 내가 그렇게 말하면 그들은 나를 도로 땅에 내려놓고, 내 돈은 고스란히 가져가고, 나를 집으로 돌려보내리라는 것을 알고 있었다. 결국 하루 종일 헛수고만 한 게 되는 것이다.

마지못해 나는 문틀 앞에 선 채 무릎을 구부리고 몸을 웅크렸고, 배리는 내 뒤에 자리를 잡았다. 나는 출입구와 내 옆에 끝없이 펼쳐진 허공, 저 멀리 아래에 있는 땅을 차마 볼 수 없어서 눈에 초점을 맞추지 않으려고 노력했다. 배리는 정확한 착지를 위해 마지막으로 위치를 조정하려고 바람과 비행기 굉음을 가르며 조종사에게 외쳤다. "왼쪽으로 5… 오른쪽으로 5!" 그 몇 초가 너무 길게 이어졌다. 나는 그만두고 싶은 충동과 싸웠다. 엄청난 체중을 지탱하려고 애를 쓰는 느낌이었고, 내 힘은 시시각각 약해져 갔다.

마침내 배리는 오른발을 내밀어 문틀 아래 비행기의 기체에 고정된 좁은 금속 디딤대에 올려놓았고, 내게도 그렇게 하라고 소리쳤다. 나는 세 번 만에 성공했다. 처음에는 바람 때문에 발이 뒤로 빠졌고, 그다음에는 앞으로 빠졌다가 마침내 그의 발에 붙여서 올려놓았다. 다음으로 나는 왼쪽 무릎이 출입구 테두리 밖으로 나가도록 몸을 웅크렸고, 양손으로 하네스(낙하산 멜빵-옮긴이)에 달린 어깨높이의 손잡이 한 쌍을 단단히 움켜잡아야 했다. 붙들 수 있는 것이 있어서 기뻤다. 배리가 필요할 경우에 내 손가락뼈를 부러뜨리겠다고 한 이후로 비행기에서 뛰어내리려는 순간, 내가 공포에 질려 문틀이나 버팀대를 힘껏 잡고 매달리는 바람에 세스나기가 균형을 잃고 사람들의 목숨을 위태롭게 하는 모습이 계속해서 떠올랐다.

우리는 비행기에서 반쯤 나와서 낙하를 위한 가장 가장자리에 자리를 잡았다. 이제 탈출점을 지나 있었다. 나는 눈을 감고 과호흡을 하지 않으려고 노력했고, 앞으로

자유 낙하

일어날 일에 대해 생각하지 않으려고 했다.

내가 할 수 있는 일은 그저 몸에 힘을 빼고 공중으로 뛰어드는 일을 배리에게 맡기는 것뿐이었다. 실제로 비행기에서 벗어나는 일은 내가 거들 수 있는 것이 아니었다. 나는 그가 가속도를 끌어올리기 위해 앞뒤로 몸을 흔드는 것을 느꼈고 뭔가를 외치는 소리를 들었지만, 생각에 깊이 잠겨 있었다. 그 순간 우리는 비행기에서 굴러 나와 허공 속으로 들어갔다.

켈시와 배리 둘 다 공중제비를 하며 비행기 밖으로 나올 때 세스나기에 시선을 떼지 말라고 했었다. 아래로 떨어지고 있는 것은 나 자신인데 마치 비행기가 떨어져 나가는 것 같은 광경을 지켜보는 것이 하강하는 과정 중 가장 멋진 순간일 거라고 그들은 장담했다. 하지만 나는 땅과 하늘이 내 주위를 빙빙 도는 것을 보고 싶은 마음이 전혀 없었다. 나는 배리가 안정적인 자유 낙하를 하고 있다는 느낌이 들 때까지 눈을 질끈 감고 있었다.

나는 그가 내 어깨를 두드리는 것을, 그리고 다시 귀에 대고 뭐라고 소리를 지르는 것을 느꼈고, 배웠던 대로 하네스 손잡이에서 손을 떼고 팔을 넓게 펼쳤다. 나는 발은 모으고 머리는 들고 배는 아래를 향한 채 몸을 살짝 활 모양으로 만드는 것에 대해 생각하려고 애썼다. 나는 우리를 향해 돌진하는 땅을 응시했고, 그러고는 갑자기 입을 벌려 비행을 시작한 후 처음으로 말을 했다.

"이런 젠장!" 하고 소리쳤는데, 바람이 더 들어갈 공간을 마련하려고 내 입에서 나온 그 말을 찢어 버리는 것만 같았다. "젠장, 이런 젠장! 이런 젠장!" 내 옆에서 공기가 엄청난 힘으로 굉음을 내고 있는데도 내 뇌의 어느 작은 부분은 내가 알아들을 수 있는 말을 할 수도 있고 그걸 들을 수도 있다는 사실을 깨닫고 놀랐다.(나중에 우리의 최고 속력이 시속 162킬로미터에 도달했다는 것을 알았다.)

자유 낙하를 하는 37초 동안 나는 그 두 단어를 반복해서 외쳤다. 일단 시작하자 멈출 수가 없었다. 목이 쉬고 아팠다. 나는 계속해서 소리를 질렀다. 욕하는 내 목소리 사이로 배리가 낙하산에 대해 뭐라고 말하는 것이 어렴풋이 들렸고, 그러고 나서 위쪽에서 어떤 힘이 우리를 끌어잡아당기는 것 같았다. 세게 당긴 것은 아니었지만, 이제 내 발이 아래에서 달랑거리고 있었고, 내 체중이 하네스의 가랑이 끈을 내리누르는 것을 느낄 수 있었다.

나는 소리 지르던 것을 멈추었다. 배리는 앞으로 손을 뻗어 낙하산을 조절하는 줄을 내게 건네주며 내가 조종할 수 있게 했다. 나는 두어 번 시도한 끝에 겨우 떨리는 손을 고리에 집어넣었고, 힘이 없어서 제대로 줄을 당기지도 못했다. 위에서 그가 나 대신에 줄을 잡아당기는 것을 느낄 수 있었다.

켈시와 다른 사람들은 자유 낙하 후의 길고 여유로운 낙하산 하강을 "느긋한 휴식"이라고 표현했었다. 그러나 나는 느긋해지지가 않았다. 하네스에 실린 내 체중, 달랑거리는 내 발, 저 멀리 아래에 보이는 낯익은 것들을 너무나 의식하고 있었다. 아래에는 기차 다리가 있었다. 해변이 있었다. 집으로 이어지는 고속도로가 있었다. 배리는 우리를 이리저리 회전시켰고, 속이 메스꺼웠던 나는 그때만큼은 그가 미워서 떨리는 목소리로 싫다고 말했다. 하강은 끝도 없이 계속되었다. 마침내 우리는 사막 가까이 내려왔고, 배리는 전적으로 조종을 맡으면서 착지할 때 내가 해야 할 일을 상기시켰다.

그는 우리가 모래 언덕 위에 가까워지자 방향을 바꾸는 돛단배처럼 좌우로 몸을 움직이면서 속도를 줄였다. 그러고는 내게 무릎을 끌어당기고(불안정했지만 나는 최선을 다했다.) 낙하산 줄을 힘껏 잡아당기라는 신호를 보냈다. 나는 곧 충격이 있을 것이라고 마음의 준비를 했지만, 발은 전혀 닿지 않았다. 어느 순간 나는 모래밭에 배를 깔고 엎드려 있었고, 배리는 내 위에 있었다. 지상의 대원들이 환호하며 다가오는 사이에 그는 오른쪽 허리 클립을 풀어서 몸을 굴렀고, 나는 완전히 자유의 몸이 되었다.

사람들이 내 주위로 모여들었다. 누군가가 내가 일어나는 것을 도와주었다. 켈시는 나를 보며 뿌듯한 웃음을 지어 보였다. 나도 웃으려고 했지만 볼과 입술이 팔다리처럼 떨렸다.

"좋았어요?" 켈시가 물었다. 그녀는 한껏 기대에 부풀어 있었다. 그녀는 자신의 세상을 완전히 바꾼 뭔가를 발견했을 때처럼 내가 그것을 공유하기를, 그녀가 그랬던 것처럼 나도 그것을 좋아하게 되기를 간절히 바라고 있는 눈치였다. 나는 켈시를 위해 아주 약간의 열정이라도 있는 듯 연기할 힘이라도 있었으면, 그녀와 다른 사람들이 내 눈을 뜨게 해 주고, 내가 두려움을 덜어 내고 세상을 좀 더 대담하게 헤쳐 갈 수 있게 도와준 것처럼 연기할 힘이 있었으면 싶었다.

그러나 너무 지쳐서 거짓말을 할 힘도 없었다. 나는 어깨를 으쓱하며 나 자신도 알아먹을 수 없는 말을 중얼거렸다. 사실은, '순간순간이 너무 싫었어. 다시는 이런 걸 하고 싶지 않아.' 이렇게 말하고 싶었다. 하지만 켈시가 너무 친절했기 때문에 나는 모래를 내려다보면서 내 안을 뒤져서 스스로 해낸 일에 대한 자부심 같은 것을 찾으려고 애를 썼다. 내 안에 있는 바닥이 없어 보이는 공포의 틈을 덮을 만한 한 가닥 희망이라도 찾아내고 싶었다.

나는 하네스와 헬멧, 점프슈트를 벗고, 켈시와 다른 사람들이 하강하는 것까지 본 후 집까지 차를 몰고 갈 수 있을 만큼 충분히 진정되고 나서야 약간의 자부심을 느꼈다.

결국 나는 해냈다. 나는 물러서지 않았고, 마지막 순간에 포기하지도 않았고, 돈과 존엄을 잃지도 않았다. 비행기에서 굴러 나올 때 비행기를 붙잡아서 나를 포함한 우리 모두를 죽음으로 몰고 가지도 않았다. 비행하는 내내 소리를 지른 것도 아니었다.

이것들은 작은 승리였다. 그러나 진정으로 탈바꿈하고자 한다면, 두려움과 나와의 관계를 재정비하고자 한다면 충격과 경외감을 통한 방법은 나와 맞지 않는다는 것을 깨달았다. 400달러짜리 스카이다이빙 한 번으로 내 문제가 해결되지는 않을 것이다. 나는 더 똑똑하고 더 체계적이고 더 과학적일 필요가 있었다.

내 두려움에 맞설 수 있는 방법은 하나가 아니었다. 필요하다면 모든 방법을 다 시도해 볼 생각이었다.

5장

～～～～～～～～～～～～

벽을 오르다

동작을 하나하나 할 때마다 공황은 점점 커져 갔다. 순식간에 땀에 젖어 버린 손바닥으로 작은 손잡이를 움켜잡고, 화강암 절벽에 튀어나온 작은 바위 위에 부드러운 고무창을 댄 등산화를 올려놓았다. 가슴이 콱 막혔다. 폐와 뇌를 움켜쥐고 있는 공포로 머리가 어지러웠다. 나는 입으로 크고 빠르게 숨을 쉬었고, 뇌는 내 몸을 향해 경고의 비명을 질렀다. '멈춰, 돌아가! 이러지 마! 떨어질 거야! 다칠 거라고! 너는 안전하지 않다고!'

나는 바닥에서 겨우 1미터 남짓 떨어진 곳에 올랐을 뿐이었다. 처참한 스카이다이빙이 있고 나서 얼마 안 되어 화이트호스에서 인기 있는 암벽 등반지인 록가든에서 보내는 초여름 저녁이었다. 그리고 예상했던 대로 암벽을 오르는 동안 나는 전혀 평정을 유지하지 못하고 있었다.

그것은 고소공포증을 치료하기 위한 내 새로운 계획인 자가 노출 치료의 첫 번째 시도였다. 그리고 불길한 시작이기도 했다. 결국 나는 8미터 중 2미터 정도를 겨우 올라가서는, 아래에서 내 빌레이(등반할 때 동료의 안전 확보를 위해 로프나 장비를 이용해 제자리에 고정시키거나 하강시키는 것–옮긴이)를 봐 주고 있던 파트너에게 내려 달라고 애원했다. 발이 땅에 닿자 나는 헐떡이는 숨을 가라앉히려고 애쓰며 사람들의 시선을 피했다. 나는 내 두려움과 맞서고 있었지만, 그로 인해 생기는 감정이나 그 감정에 대한 통제력은 괜찮아질 기미가 보이지 않았다.

나는 내가 왜 공항 에스컬레이터 꼭대기에서 얼어붙었는지 설명할 수 없었다. 기억나는 것은 안전하지 않다고 느꼈다는 것뿐이다. 좀 더 정확히는, 넘어질 것이라고 확신했다. (그리고 물론 그때는 정말 넘어졌다.) 그러나 수십 년이 지난 후, 나는 그때 그 순간 갑자기 이유도 없이 밀려온 공포가 독립된 사건이 아님을 깨달았다. 패턴이 있었던 것이다.

어린 시절 내내 나는 나무에 올라간 적이 없었고—그냥 하고 싶지 않았다—쉬는 시간에 친구들과 함께 운동

장에 있는 정글짐 꼭대기에 앉으려고 엉금엉금 기어 올라
갈 때도 마음이 편하지 않았다. 하지만 그 기억들을 떠올
릴 때면, 내 신경 불안과 내키지 않음을 일반적인 소심함,
즉 보통의 겁 많은 성격 탓으로 돌렸다.

그러다가 10대 시절 대형 범선의 돛대에 매달린 사건
으로 공황이 왔다. 다시 육지로 돌아온 나는 그 사건을 기
억에서 지워 버렸다. 깊이 생각하고 싶지 않았다. 무슨 일
이 일어났었는지 거기에 어떤 이름을 붙이려고 하지도 않
았고, 더 깊게 파고들고 싶지도 않았다.

세월이 흘렀다. 나는 고등학교, 대학 그리고 대학원
을 졸업했다. 석사 과정을 마무리하고 남아 있던 학자금
대출금을 청산한 후 친구 두 명과 유럽으로 배낭여행을 갔
다. 나는 오래된 교회 건축과 미술에 매료되었고, 우리는
남반부 유럽 전역의 대성당을 하나씩 방문했다. 대성당 탑
도 몇 군데 갔는데, 나는 탑에 오르기 위해 이를 악문 채로
좁은 돌계단을 오르내렸다. 피렌체에 가기 전까지는 완전
히 자제력을 잃지는 않았다.

나는 피렌체에 있는 두오모 대성당 꼭대기에 올라갔
다. 그 도시의 상징인 테라코타 지붕을 내려다보면서 심호
흡을 했고 차분한 마음으로 즐기려고 했다. 대성당의 유
명한 가파른 붉은 돔이 내 아래에서 곡선을 이루고 있었는
데, 그것을 힐끗 내려다보았을 때 갑자기 든 생각은, 내 앞

에 있는 얇은 금속 난간 너머로 굴러 떨어져서 저 붉은 타일을 타고 미끄러져 내려간다면 어떤 기분일까 하는 것이었다. 그 장면이 머릿속에 그려졌다. 내가 미끄러질수록 붙는 가속을 몸과 마음으로 생생히 느낄 수 있었다. 다가올 일을 막을 수 없을 것 같았다.

나는 숨을 쉴 수가 없었다.

전망대는 관광객들로 북적거렸다. 나는 그들을 밀치고 벽 가까이 붙어 벽에 등을 댄 채 미끄러지듯 내려갔고, 시야를 가리기 위해 무릎 사이에 머리를 묻고 울면서 과호흡을 했다. 친구들이 거기 있는 나를 발견하고 나를 일으켰다. 그리고 내 손을 잡고 구불구불한 계단을 천천히 내려와 단단한 땅이 있는 안전한 곳으로 나왔다. 그 후 우리는 더는 대성당 탑을 방문하지 않았다.

그런데도 어찌된 일인지 '높은 곳을 무서워한다.'는 나 자신에 관해 들려주는 이야기의 일부가 되지는 못했다. 지금은 얽힌 실타래가 분명해 보이지만, 내가 이런 사건들을 겪으면서 살아가고 있었을 때는 각각의 사건들은 관련이 없어 보였다. 이제 와서 돌이켜 보면, 대형 범선 위 돛대에 매달려 있었을 때, 피렌체에서 대성당의 돔을 내려다보았을 때 그리고 얼어붙은 개울을 내려오는 것을 거부했을 때 내가 본 메스꺼운 환영은 거의 똑같아 보인다. 물론 사건마다 구체적인 상황은 달랐지만, 그 느낌, 내 운명에 관한 비합리적인 환영은 같았다. 그 당시 나는 그 사건들의 유사점을 볼 수 없었거나 아니면 어떤 면에서는 보지 않으려고 했다. 잠시 뇌전증을 앓은 시기를 빼면 나는 항상 건강했고 대체로 행복했다. 스스로에게 공포증이라는 딱지를 붙이고 싶지도, 두려움을 많이 느낀다는 사실을 인정하고 싶지도 않았다. 나는 그런 것들이 '정신질환'이라는 말에 가깝다고 느꼈다.

대신 나는 임상학계에서 '회피'라고 지칭하는 것으로 지금은 알고 있는 방법을 조용히 실천했다. 나는 대형 범선을 타는 것을 그만두었다. 대성당 탑의 계단을 오르는 것도 중단했다. 어쨌거나 나무에 오르거나 정글짐에서 노는 나이도 한참 지나기도 했다. 나는 그 유럽 여행으로 돈이 다 떨어지자 오타와로 돌아왔다. 몇 가지 일을 했고, 그후 프리랜서 작가로 새로운 삶을 시작했다. 유콘주로 이사도 했다. 그러고는 생전 처음으로 산과 가까운 곳에 살면서 어쩔 수 없이 진실을 마주하게 되었다.

내가 국토를 가로질러 화이트호스로 이사하고 6개월쯤 지난 5월의 어느 주말이었다. 몇몇 친구들과 함께 유콘-알래스카 국경 바로 건너편에 있는 마을인 헤인스로 수제 맥주 축제를 즐기러 가는 길이었다. 가는 도중에 우리는 페인트마운틴이라는 곳에 들러 암벽 등반을 하기로 했다. 나는 등반에 참여할 생각은 없었지만, 따라가서 하이킹을 하다가 다른 친구들이 등반하는 동안 따뜻한 햇살과 주변 경치를 즐기면 되겠다고 생각했다.

어느 시골 동네의 막다른 길에서 시작해 완만한 오르막길을 걷는 평이한 하이킹이었다. 그런데 완만하게 경사진 널따란 암벽을 걸어 올라갈 때 내 발이 미끄러졌다. 그저 살짝 미끄러진 것뿐이었는데—넘어지지도 않았다—그 미끄러짐, 그 갑작스러운 불확실성으로 뇌리에 작은 문이 열린 것 같았다. 나는 완전한 공포 반응 속으로 곤두박질쳤다. 심장이 쿵쾅거리고, 동공이 넓어지고, 아드레날린이 치솟았다. 또다시 나 자신의 파멸에 관한 터무니없는 환영이 나타났다. 산 아래로 굴러 떨어질 것만 같았다. 경사가 매우 완만하고 초목이 우거져서, 일부러 몸을 굴러서 내려가려고 해도 얼마 못 갈 것이라는 사실은 머릿속에 떠오르지 않았다. 나는 파국을 가져올 추락이 임박했다고 확신했다. 그래서 가장 안전해 보이는 일, 노출을 최소화할 수 있는 유일한 동작을 취했다. 나는 바위에 납작 엎드린 다음 몸을 웅크렸다. 갑자기 태아가 된 것처럼.

나는 하이킹 대열의 맨 끝에 있었다. 여러 해가 지나 유주얼에서도 이 패턴은 반복되는데, 나는 내가 합리적이고 정상적인 반응을 보이고 있는 듯 행동했다. 엎드린 자세로 침착한 목소리를 내려고 애쓰면서 일행을 불렀고, 더는 못 갈 것 같다고 말했다. 다른 이들이 등반을 마칠 때까지 그냥 거기 그대로 있을 생각이었다. 앞서 가던 내 친구 린지는 내가 엎드려 있는 것을 보고는 되돌아와서 내 옆에 쭈그리고 앉았다. 당연히 나를 여기에 두고 가지는 않을 거라고 그녀는 걱정스러우면서도 침착한 목소리로 말했다. 린지는 나를 달래서 일으켰고, 우리 일행 모두는 방향을 돌려 왔던 길로 되돌아갔다.

그 일이 있고 나서 나는 마침내 그 문제에 대해 생각하기 시작했고, 소리를 내어 말하기 시작했다. "나는 높은 곳을 무서워한다."

구체적으로 말하자면, 주요 사건들에 대한 기억을 더듬으면서 생각해 본 결과, 내가 두려워하는 것이 높은 곳에서 떨어지는 것임을 깨달았다. 비행기는 괜찮았고, 엘리베이터도 괜찮았고, 튼튼한 다리나 발코니도 괜찮았다. 내 두려움은 노출을 감지했을 때, 내 발이 나를 배신하고 나를 굴러 떨어지게 할 수 있다고 느꼈을 때 촉발되었다.

그 패턴을 파악하자 내가 왜 그동안 모르고 살았는지 이해할 수가 없었다.

고소공포증, 즉 높은 곳에서 극도의 공포를 느끼는 증상은 세계에서 가장 흔한 공포증 중 하나다. 네덜란드에서 실시된 한 연구에 따르면, 전 세계 인구 20명 중 한 명꼴로 고소공포증이 있다고 한다. 공포증까지는 아니지만 높은 곳을 무서워하는 사람들은 더 많다. 그들은 전문적인 진단을 받을 정도는 아니지만, 진짜 고소공포증이 있는 사람들과 같은 증상을 보인다. 모두 합해서 전체 인구의 무려 28퍼센트가 높은 곳 때문에 공포를 경험한다고 볼 수 있을 것이다.

많은 사람들이 고소공포증을 관리하는 방법은, 공포를 촉발하는 상황을 피하는 것이다. 그러나 내가 새롭게 시작한 유콘 생활에서는 그렇게 하는 것이 거의 불가능했다. 높은 곳에 노출되거나 떨어질 것 같다는 생각이 드는 장소를 피하려면 하이킹, 등산, 산악자전거 타기 등을 포기해야 했다. 그것은 내가 배우려고 하는 일, 친구들이 좋아하는 취미, 자연이 살아 있는 새 고장을 즐길 수 있는 가장 좋은 방법, 그 모든 것을 포기하는 것이나 마찬가지였다.

페인트마운틴 사건이 있었던 그해 여름, 나는 한 무리의 친구들과 배낭여행을 갔다. 우리는 칠쿳 트레일을 하이킹할 계획이었다. 그곳은 산 너머 알래스카 해안에서 브리티시컬럼비아주 최북단과 유콘주로 이어지는, 대표적인 클론다이크 골드러시(1896년 캐나다 유콘주의 클론다이크 지역에서 금광이 발견되어 일어난 대대적인 금광 붐−옮긴이) 루트였다. 대부분의 사람들은 그 하이킹을 3~5일에 걸쳐 했다. 일반적으로 출발한 지 2일째 되는 날 가장 힘든 구간인 골든스테어가 나오는데, 낙석으로 가득한 가파른 오르막길을 올라가는 구간이었다. 황금을 찾아 클론다이크로 향하는 사람들이 등을 구부린 채 무거운 등짐을 지고 긴 줄을 서서 산비탈을 올라가는 실루엣이 보이는 고전적인 사진을 본 적이 있다면, 바로 그곳이 여기다. 산길 정상에 오르기 전 마지막 구간이다.

그 여행은 내가 두 번째로 한 진짜 배낭여행이었고, 나는 틀림없이 일행 중 제일 느렸을 것이다. 내가 골든스 테어 가장 아래에 다다랐을 때 이미 내 친구 플로리언은 꼭대기에 도착해 있었다. 모두들 내가 힘들어하리라는 것을 알고 있었기 때문에—이미 나는 그 패턴을 확인하고 내 문제를 인정한 상태였다—플로리언은 정상에 짐을 내려놓고 날쌘 걸음으로 돌밭을 뛰어 내려왔다. 그가 내가 있는 곳까지 내려왔을 때, 나는 바람이 나를 뒤로 날려서 산에서 떨어질 것 같다는 갑작스러운 두려움과 싸워 가며 조심조심 올라가기 시작하고 있었다. 그는 내 배낭을 가져갔다. 그러고는 나와 보조를 맞춰서 올라갔다. 아니, 나는 기어갔다고 하는 게 맞을 것이다. 바람이 나를 내동댕이쳐서 죽게 될 거라고 내 마음이 소리를 지르는 가운데서도 계속 가도록 나 자신을 설득할 수 있는 유일한 방법은 골룸처럼 네 발로 기어 올라가는 것이었다. 나는 땅에 바짝 엎드려 올라갔다.

그다음 해 여름, 린지는 처음으로 나를 암벽 등반에

데리고 갔다. 그때도 나는 두려움과 맞서면 그것을 통제하는 데 도움이 될지도 모른다는 막연한 기대를 했고, 친구들과 함께하는 여행을 그만두어야 한다는 사실을 좀처럼 받아들이고 싶지 않았다.

가슴이 조여 오고 호흡이 빨라지는 가운데 나는 린지의 지도를 받으며 화이트호스에서 1시간 거리에 있는 유명한 등반 지역인 화이트마운틴에서 암벽을 탔다. 드디어 정상에 올라 승리감을 느끼며 앵커(로프를 고정시키는 점-옮긴이)를 쳤고, 그런 다음 다시 아래로 내려왔다. 갑자기 무슨 일이든 다 할 수 있을 것만 같았다. 나도 할 수 있어!

이어, 두 번째 등반을 할 때는 반쯤 올라가서 멈추고 말았고 초조해지기 시작했다. 마침 등반할 사람들을 가득 실은 차 한 대가 내 아래쪽에 도착했을 때였다. 그들은 나와 함께 온 믿을 만한 친구들이 아니라 거의 모르는 사람들이었고, 그들의 목소리를 듣자마자 불안감이 치솟는 듯했다. 나는 그것이 수년 동안 겪은 고소공포증으로 인한 공황의 또 다른 요인이라는 것을 깨달았다. 나는 주변에 사람들이 모여 있을 때 항상 증세가 더 심해졌다. 대형 범선과 피렌체에서 있었던 일이 바로 그런 식이었다. 낯선 사람들이 나를 지켜보는 가운데, 떨어질지도 모른다는 두려움에 창피와 수치를 당할 수도 있다는 두려움이 더해졌고, 그러자 공포가 눈덩이처럼 불어났다.(공포증이 반갑지 않은 사촌인 사회 불안을 만난 것이다.)

나는 린지에게 새로 온 사람들 앞에서 내가 징징대거나 울거나 또는 다른 식으로 창피를 당하기 전에 제발 내려가게 해 달라고 애원했다. 나는 그날, 그리고 그해에 다시는 등반하지 않았다.

하지만 그해 여름에 바닥이 매끈해진 낡고 오래된 등산화를 대신할 새로운 등산화를 샀다. 현대적인 천이 아니라 가죽으로 만들어진 전통적인 스타일의 빳빳한 새 등산화는 좁은 바위와 가파른 지형도 잘 디디고 다닐 수 있을 것 같은 자신감을 주었다. 나는 그 신발을 믿었다. 그리고 그걸 신으면 나 자신에 대한 믿음이 더 생기는 것 같았다.

그해 늦여름, 글 쓰는 일이 뜻대로 되지 않고 신용카드 대금이 불어나는 바람에 나는 당시 유콘주에서 붐이 일고 있던 광물탐사 산업과 관련한 일을 하게 되었다. 뭔가 큰 게 발견되면서 제2의 골드러시라고 불리는 현상이 시작되었고, 광산업체들은 큰 금맥을 찾기를 바라며 서둘러 자금을 투자해서 그 지역에서 시료 채취를 시작했다. 나는 아주 외진 곳에 있는 토양 시료 채취 캠프에서 일했는데, 가장 가까운 활주로까지 헬리콥터로 45분 정도 걸리고, 거기에서 가장 가까운 마을과 고속도로로 가기 위해서는 또다시 경비행기로 45분을 가야 하는 곳이었다. 나는 지도상의 지정된 선을 GPS로 위치를 확인하면서 따라가다가 규칙적인 간격으로 시료를 채취하는 일을 맡았다. 나는 30센티미터 정도 땅을 파서 나중에 실험실에서 검사할 한 줌 분량의 흙을 봉투에 담고, 서류를 작성하고, 내 GPS에 그 지점을 표시하고는 다음 장소로 이동했다.

간단한 작업이었지만 지형 때문에 쉽지 않았다. 평평한 땅이었다면 격자를 이용해 작업을 나누었을 것이다. 그러나 나를 비롯한 작업자들은, 산비탈에서 흙을 채취해야 했기 때문에 등고선을 따라 작업을 했다. 우리 각자는 하루 동안 일정 고도—예를 들어 1200미터—를 할당받고 최대한 그 고도에 맞추려고 했다. 무엇을 마주치든 가로질러서 우리의 선을 지켜야 했다. 빽빽하게 덤불이 자란 땅을 힘겹게 통과하거나, 산양처럼 가파른 자갈 비탈을 넘어가거나, 노출된 암반층을 기어오르거나 가로지르거나 둘러 가야 하는 일도 있었다.

나는 그 일이 무서웠다. 혼자 가야 할 곳들, 내가 해야 할 일들 모두 힘들었다. 그러나 결코 얼어붙지 않았고, 공황 상태에 빠지지도 않았다. 각각의 과제를 해냈고, 매일매일 더 강해졌으며 자신감도 붙었다. 한 달 후 집에 돌아왔을 때 친구들은 내 두려움을 치료하는 데 필요한 것은 제대로 된 인센티브면 된다고 농담을 했다. 한쪽에는 1만 달러짜리 신용카드 청구서, 다른 한쪽에는 하루에 200달러를 벌고 숙식까지 제공받아서 그 대금을 갚을 기회. 그것은 나 자신의 개인적인 치료법이면서 일시적이긴 하나, 기적의 치료법이었다.

그때부터 나는 조금씩 나아지고 있는 것 같았다. 두려움을 느끼는 정도는 예전과 거의 비슷할지라도 적어도 스스로를 통제하는 능력은 예전에 비해 더 생겨난 듯했다. 토양 시료 채취 일을 하는 동안 그랬던 것만큼 용감하지는 않았지만, 계속 하이킹을 했다. 나는 어떤 코스를 택할지 신중을 기했지만, 나 자신을 구하기 위해 땅바닥에 엎드려야 한다는 생각은 다시 들지 않았다. 겨울에는 라이언과 캐리와 함께 가벼운 마음으로 빙벽 등반을 시작했다. 그 스포츠는 무섭기도 하고 만족스럽기도 했다. 몇 년 동안 나는 평소의 표현대로 말하면 "높은 곳과 관련된 내 문제"에 진전이 있었다고 느꼈다. 그런데 그다음에 유주얼에서 공황 상태에 빠지는 일이 생겼고, 갑자기 모든 노력이 수포로 돌아간 듯한 기분이 들었다.

나는 마음을 가다듬고 다시 한번 해 보기로 결심했다. 그 스카이다이빙은 두려움을 뚫고 나아가려는 첫걸음이자 극단적인 시도였다. 하지만 그 노력이 그렇게 보기 좋게 실패한 후, 좀 더 단순하고 조용한 일을 시도하기로 결심했다. 그래서 그 얼음 개울에서의 사건이 있고 난 후 여름에, 그러니까 엄마가 돌아가신 지 1년이 되었을 때, 서점에 가서 『불안 공황장애와 공포증 상담 워크북(*The*

Anxiety and Phobia Workbook)』이라는 책을 샀다. 집으로 돌아와 「공포증 극복하기: 노출」이라는 제목의 장을 펼치고는 거기에 나와 있는 조언, 훈련법, 평가지 등을 죽 읽었다. 그 책에 따르면, 나만의 프로그램을 직접 설계할 수 있고, 약간의 끈기만 있으면 스스로 치유할 수 있었다.

나는 내가 직접 DIY 치료법을 강구해 보기로, 아니면 적어도 대처 방법이라도 마련해 보기로 결심했다. 나는 암벽 등반을 배우면서 처음으로 진정한 노력을 쏟고 전념할 것이고, 그 과정을 노출 치료의 한 형태로 활용할 생각이었다. 린지와 처음 등반을 한 이후 몇 차례 등반을 더 했지만 여전히 잘하지 못했고 두려움을 느꼈다. 암벽 등반은 꾸준히 하지도 않았는데, 빙벽 등반을 할 때만큼도 즐겁지 않았기 때문이다. 빙벽 등반만큼이나 무서웠지만 그만큼의 만족감도 주지 못했다. 그렇지만 나는 암벽 등반이 그나마 쉽게 접근할 수 있고 반복해서 할 수 있다는 것을 깨달았다. 화이트호스 지역에서는 원하기만 하면 얼마든지 등반을 할 수 있었다. 그리고 암벽 등반은 한 가지 더 분명한 이점이 있었다. 확실히 나를 두렵게 만든다는 것이었다. 워크북에 따르면, 내 계획을 성공시키기 위해서는 기꺼이 위험을 감수하고, 불편함을 참는 법을 배우고, 끈기 있게 계속해야 했다.

나는 몇 번이고 반복해서 나 자신을 공포에 노출시킴

으로써 두려움을 정복할 계획이었다.

엄마가 돌아가신 후, 아빠와 나는 훨씬 더 많이 대화를 나누기 시작했다. 전에 우리가 가깝지 않았던 것은 아니었다. 자라는 동안 나는 격주로 아빠 집에 가서 함께 저녁을 먹고, CBC 라디오를 듣고, 그날 있었던 일에 대해 이야기했다. 아빠는 주의 깊게 듣고 비판적으로 생각하도록 나를 가르쳤고, 나 자신의 논거를 구성하고 다른 사람의 논거에서 허점을 찾도록 가르쳤다. 나는 아빠가 식탁 건너편에서 '악마의 대변인(어떤 사안에 대해 의도적으로 반대 의견을 말하는 사람-옮긴이)' 역할을 했던 것을 기억한다. 아빠는 나를 밀어붙여서 나의 신념과 입장에 대해 충분히 생각해 보고 그것들을 명확하게 표현하고 변호하게 했다.(정말 돌아 버릴 것 같았지만, 도움이 되었다.) 나중에 내가 국토 반대편으로 이사를 간 후에는, 아빠 집을 방문할 때마다 일종의 의식을 치렀다. 우리는 당구장에 가서 게임을 몇 판 하고, 하키를 구경하고, 정치 이야기를 했다.

엄마가 돌아가시고 나서 우리의 대화는 좀 더 깊어졌다. 그전에는 감정에 대해서는 그다지 많이 이야기하지 않았다. 하지만 내 정서적 지원망에 커다란 구멍이 생겼다는 것을 우리 두 사람 다 고통스럽게 인식하고 있었기 때문에 그 부분에 더 많은 노력을 기울이게 되었다. 그렇게 해서 나는 엄마가 돌아가신 후에야 아빠도 예전에는 높은 곳을 무서워했다는 사실을 알게 되었다.

　전혀 몰랐던 사실이었다. 나는 아빠가 집 안 수리나 정비를 위해 사다리에 오르는 것을 평생 지켜보았다. 내가 어렸을 적 몇 년 동안, 우리 가족이 새스커툰에서 오타와로 이사한 이유였던 아빠의 일거리가 줄어들게 되자, 아빠는 잡역부로 생계비를 벌었고, 나는 그가 우리 동네의 2층이나 3층짜리 건물 옥상을 기어오르는 것을 보았다. 하지만 아빠는 높은 곳을 진짜로 무서워했었다고 말했다. 그는 높은 곳을 몹시 무서워했었다. 어렸을 때 아빠는 산꼭대기에서 떨어지는 꿈을 반복해 꾸었다고 했다.

　아빠가 고등학교를 졸업한 여름, 제철소에서 일자리를 얻었다. 그는 사다리를 타고 올라가서 내화 벽돌로 된 가마 위의 좁은 통로를 걸어 다녀야 했는데, 그 가마는 강철을 녹이는 곳이어서 고열로부터 보호하기 위해 석면 보호막으로 싸여 있었다. 때때로 그는 가마의 벽돌 지붕을 수리하는 것을 도와야 했는데, 그럴 때면 아래에 용해된 금속이 내려다보였다. 토양 시료 채취 작업을 했을 때의 나처럼, 아빠 역시 순전히 필요에 의해, 자기가 무슨 일을 하고 있는지 완전히 깨닫지 못한 채 비공식적인 노출 치료 프로그램에 참여하고 있었던 것이다. 그리고 그것은 효과가 있었다.

우리 둘 다 내 두려움이 아빠에게서 유전적으로 물려받은 것인지 궁금했다. 나중에 나는 그것이 가능하다는 것을 알게 되었다. 우리는 여전히 공포증의 기원과 그것을 얻게 되는 메커니즘을 완전히 이해하지는 못한다. 여러 가지 이론이 있는데, 내가 확신할 수 있는 것은 단 하나의 해답은 전적으로 맞는 해답이 아니라는 것, 또한 그 모든 것을 지배하는 단 하나의 이론은 없다는 것이다.

먼저 진화론적 설명에 따르면, 공포증은 고대의 인간이 생존하기 위해 필요했던 합리적인 공포가 잔존한 결과다. 한때는 꼭 필요한 반응이었지만 지금은 사랑니처럼 쓸모는 사라지고 흔적만 남아 있는 기능이라는 것이다. 헬렌 솔(Helen Saul)은 공포증이라는 현상 뒤에 숨겨진 역사와 과학적 발전에 대한 개요가 실린 책 『공포증(Phobias)』에서 "뇌의 배선은 우리가 어떤 것을 두려워할 준비가 얼마나 되어 있는지를 결정한다."라고 썼다. "그것은 우리의 두려움에 일종의 틀을 제공한다." 대다수의 특정 공포증이 이런 설명에 깔끔하게 들어맞는다. 높은 곳, 상어, 뱀, 폐쇄 공간, 어둠 등에 대한 공포가 그런 경우로, 이런 것들은 수렵채집인들을 죽일 수도 있는 것들이었다. 진화론적 관점은 우리가 두려움을 느낄 만한 현대적인 물건들—예를 들면 자동차, 말, 총—이 대체로 공포증을 불러일으키지 않는 이유를 설명하는 데도 도움이 될 수 있다. 그러나 사회

공포증이나 광장공포증을 고려할 때는 그다지 도움이 되지 않는다. 생존하기 위해서 무리를 이루어 주로 야외 활동을 해야만 했던 사람들에게 그런 두려움들이 어떤 오래된 이점을 가져다주었는지는 알기 어렵다.

그다음 이론은, 공포증이 유전성이 있다는 것, 즉 유전자에 암호화되어 있어 자손에게 전해질 가능성이 있다는 것이다. 뉴욕시에서 실시한 가족, 공포증, 불안장애에 대한 한 광범위한 연구에 따르면, 특정 공포증으로 치료를 받은 사람들의 직계 가족은 특정 공포증을 앓을 확률이 일반인보다 3배나 높았다고 한다. 이 연구의 결과에 의하면, 가족 구성원들은 유사하지만 동일하지는 않은 공포증을 공유하는 경향이 있었다. 솔은 "부모는 개를 무서워하는데 자녀는 고양이를 싫어하기도 하고, 여자아이가 어둠을 싫어한다면 그 아이의 오빠는 높은 곳을 무서워할 수도 있다."라고 썼다. 범주 역시 구별되는 것으로 보였다. 가족 내에 특정 공포증이 많이 발견되더라도 그것이 불안, 우울증, 사회공포증의 위험 인자인 것으로 보이지는 않았다.

이 연구에 참여한 연구자인 애비 파이어(Abby Fyer)는 특정 공포증은 다른 광범위한 불안장애와는 따로 분리되어, 솔의 표현에 의하면 "별개의 묶음"으로 유전된다고 주장했다. 이에 동의하지 않고 전체 질환에 관여하는 포괄적인 유전자가 있다고 주장하는 연구자들도 있다. 솔은 "양쪽 모두 유전과 환경이 공포증의 발생에 기여한다는 데 동의한다."라고 쓰고 있다. 지금까지는 어느 쪽도 자신들의 견해를 유전자 지도를 통해 명확하게 입증하지는 못했다.

유전자 이론과 관련된 견해로서 공포증을 우리의 성격, 본질적인 천성의 연장선으로 보는 시각도 있다. 1950년대에 미국의 심리학자 제롬 케이건(Jerome Kagan)은 사람들의 성격이 어떻게 일생 동안 지속되는지 혹은 변하지 않고 지속되는지에 관심을 갖게 되었다. 장기간의 성격 연구에 이어, 그는 수십 년 전에 평가를 받은 적이 있는 많은 수의 성인들을 조사했다. 그는 대체로 성인들은 나이가 들면서 어린 시절의 자신과는 매우 다른 사람이 된다는 사실을 발견했다. 그러나 한 가지 특성만은 비교적 변하지 않고 유지된다는 사실도 알아냈다. 케이건의 조사 결과에 대해 솔은, "낯설고 새로운 것을 두려워하던 아이들은 성인이 되어서도 같은 성향을 보였다."라고 쓰고 있다.

케이건은 '억제(inhibition)'라고 알려진 성격 특성, 낯선 사람을 보고 호기심을 보이기보다는 움츠러드는—내가 수줍음 많은 꼬마 시절, 엄마의 긴 치마 속에 숨었던 것처럼—아이에게서 보이는 특성에 대해 좀 더 알아보기 위해 자신의 장기 성격 연구를 계속해서 이어나갔다. 후에 그는 주로 불안장애와 광장공포증이 있는 성인들을 연구하는 또 다른 심리학자 제럴드 로젠바움(Jerrold

Rosenbaum)과 공동 연구를 했다.

로젠바움과 케이건은 불안장애 가족력이 있는 아동들을 모았고, 이런 종류의 문제를 보인 적이 없는 집단에서 선발된 케이건의 장기 연구 피험자들과 함께 분석했다. 그들은 억제와 그보다 규모가 더 큰 불안이나 공포증 사이의 연관성을 찾아내기를 원했고, 그들이 얻은 결과는 명확했다. 솔은 케이건과 로젠바움의 연구 결과를 인용하면서 "부모에게 공황장애와 광장공포증이 있으면 자녀에게 억제가 나타날 가능성이 건강한 부모를 둔 아이들에 비해 더 높다."라고 썼다. 그리고 부모의 상태와 상관없이 억제를 보이는 아이들은 불안장애가 나타날 위험이 평균보다 컸다.

선천성과 후천성을 분석하는 것은 언제나 어려운 일이고, 사회공포증이 있는 사람들보다 억제 기질이 있는 아이들이 더 많다. 그러나 케이건과 로젠바움의 연구는, 불안과 회피를 보이는 부모가 있든 없든 간에 적어도 아동의 억제가 더 큰 문제의 위험 인자라는 사실을 시사한다.

공포증은 이전의 끔찍한 경험에서 비롯된다는 단순한 생각 역시 여전히 고려해 볼 수 있다. 리틀 한스와 말에 대한 그의 두려움을 떠올려 보라. 한스가 어머니에게 욕정을 느끼는 자신에 대한 아버지의 폭력적인 응징을 잠재의식 속에서 두려워한다는 프로이트식 해석 대신, 더 간단한 설명을 할 수도 있다. 소년은 말이 바닥에 쓰러지는 것을 보고 그 장면, 그 소리, 그 동물의 힘에 겁을 먹은 다음부터 말을 무서워하게 된다. 논리적으로 보이지 않는가? 그리고 실제로 이런 설명을 통해 일부 공포증의 원인을 밝힐 수도 있을 것이다.

그러나 뉴질랜드에서 실시된 한 연구에서 어렸을 때 높은 곳에서 떨어지는 심각한 낙상을 경험한 아이들에 관한 자료를 비교했는데, 낙상과 이후의 고소공포증 사이에 일반적인 상관관계는 발견되지 않았다. 오히려 실제로는 5~9세 사이에 낙상으로 '중대한 부상'을 경험한 아이들은 높은 곳에 대한 공포심을 갖게 되는 확률이 더 낮았다. 연구자들은 추락에 대한 '안전한 노출'을 경험한 것이 아이들을 공포증으로부터 보호했을지도 모른다고 추측했다. 아마도 그 초기 노출은 기질 문제로 돌아갈 수 있을 것이다. 낙상을 경험한 아이들은 애초에 천성적으로 더 조심성이 없고 억제가 나타나지 않는, 겁이 없는 아이였다고 볼 수도 있다. 이후에 낙상은 공포증을 유발하지 않았고, 겁이 없는 성격은 그대로 유지된 것이다.

수년간 나는 내 고소공포증이 피어슨 공항 에스컬레이터에서 일어난 그 사건에서 비롯된 것은 아닐까 생각했다. 그러나 이런 가정이 내포한 문제는, 그때 내가 느낀 공포가 너무나 또렷하게 기억이 나고, 넘어지기 전에 이미

공포에 사로잡혔다는 것이다. 그 공포는 어디서 온 걸까? 진화? 아빠의 유전자? 어릴 때부터 대체로 수동적이거나 억제가 강했던 천성?

확실히 알 방법은 없을지도 모른다. 그러나 모든 공포증에 대한 포괄적인 설명을 시도하기보다 고소공포증만을 대상으로 하는 연구들이 있고, 그중 한 연구에서 한 가지 단서를 찾을 수 있었다. 만약 내가 그 연구의 피험자와 같은 상태라면, 나는 아마도 공간에서 신체 움직임을 통제하는 능력이 보통 수준 이하일 뿐 아니라 움직임을 관리하기 위해 시각적 단서—높이에 의해 왜곡된—에 지나치게 의존하고 있다고 볼 수 있었다. 다시 말해, 다른 사람보다 높은 곳에서 떨어질 확률이 높기 때문에 높은 곳에서 떨어질까 봐 두려워하는 것이다.

2014년 『전정 연구 저널(Journal of Vestibular Research)』에 실린 논문을 위해 독일의 과학자팀은 높은 곳을 두려워하는 사람들과 통제 집단이 발코니 너머로 바라볼 때 나타나는 눈과 머리의 움직임을 연구했다. 그들은 높은 곳에서 두려움을 느끼는 피험자들은 주위를 둘러보거나 아래를 내려다보지 않고 머리를 한자리에 고정시키고 정면만 바라보면서 시선을 제한하는 경향이 있다는 것을 발견했다. 높은 곳에서 겁을 먹어 본 적이 있는 사람이거나, 겁을 먹은 사람에게 조언을 해 보았던 사람이라면 이런 말이 낯설지 않을 것이다. "아래를 내려다보지 마. 무슨 일이 있어도 아래를 내려다보면 안 돼."

　　이 연구에 따르면, 내 반응은 다음과 같은 과정으로 이루어진다. 나는 두려움에 대한 방어 기제로 지평선에 시선을 고정시킨다. 그러나 그 두려움은 시각적 단서들에 대한 내 지나친 의존에 뿌리를 두고 있기 때문에, 시야의 범위를 제한하는 것은 상황을 더 악화시킬 뿐이다. 악순환인 것이다. 내 뇌는 내 몸이 높은 곳에서 움직이는 데 서툴다는 것을 알고 있고, 그래서 경고로 공포 신호를 보낸다. 내 몸은 그에 반응해서 정지하는데, 이는 서투른 나 자신을 다치게 할 가능성을 증가시킬 뿐이다. 따라서 원래는 합리적인 우려에 대한 이성적인 반응이었던 것이 악순환을 되풀이하면서 점점 커지고 확산되어 튼튼한 발판사다리 위에 서 있을 수도 없는 지경이 되고 만다.

　　이것은 단지 하나의 논문, 많은 이론들 중 하나의 이론일 뿐이다. 그러나 고소공포증이 활성화될 때 내가 어떻게 행동하는지를 떠올려 보면 내 경험에는 잘 적용되는 것 같다.

　　공포증의 원인에 대해 다양한 이론이 있듯이, 그것을 어떻게 치료할 것인지에 대해서도 다양한 이론이 존재해 왔다. 프로이트와 리틀 한스는 20세기를 이끌었다. 프로이트 학파는 공포증적 행동을 일으키는 잠재의식적 연상과 충동을 밝혀낸다면 그 문제를 해결할 수 있을 것이라고 주장했다.

그다음에 존 왓슨과 로절리 레이너의 리틀 앨버트가 등장했다. 이제 공포를 유도해 낼 수 있다는 것이 분명해졌다. 과거 사건에 대한 기억은 이후의 공포 반응과 분명한 연관성이 있었다. 프로이트가 잠재의식 속 욕망을 강조했던 지점에서 그 새로운 학파는 공포증을 겪는 사람의 행동, 그들의 행위를 무엇보다도 강조했다. 조애나 버크는 『공포: 문화적 역사』에서 "행동주의자들은 두려움을 부적응적인 조건 반응으로 보았다."라고 쓰고 있다. 그리고 그것에 대한 해결책이 있었다.

왓슨과 레이너는 털북숭이 생물들에 대한 리틀 앨버트의 새롭게 조건화된 공포를 없애고 원상태로 되돌리려는 시도를 할 생각이었다. 하지만 소문에 의하면 앨버트와 그의 어머니는 연구자들이 그럴 기회를 잡기도 전에 병원을 떠났다고 한다.(왜 그랬는지 궁금하다.) 그리하여 공포 조건 형성 과정을 되돌리는 방법을 알아내는 일은 당시 컬럼비아대학교의 대학원생이었던 메리 커버 존스(Mary Cover Jones)에게 맡겨졌다.

왓슨과 레이너의 획기적이긴 하나 윤리적으로 문제가 있어 보이는 연구 직후, 커버 존스와 그녀의 동료들은 피터라는 이름의 유아를 연구했다.(예상했겠지만, 그 이전의 한스와 앨버트처럼 그 아이는 '리틀 피터(Little Peter)'라고 알려지게 되었다.) 피터는 흰쥐를 몹시 무서워했고, 흰토끼, 털 코트, 깃털 등 기본적으로 털로 덮인 물건과 생물에 공포 반응을 보였다. 커버 존스는 1924년 『교육학 학교(Pedagogical Seminary)』에 실린 논문에서 "이번 연구는 왓슨 박사가 중단했던 지점에서 실험을 계속하는 것을 가능하게 했다."라고 썼다. "첫 번째 문제는 동물에 대한 공포 반응을 '탈조건 형성(unconditioning)'하는 것이고, 두 번째 문제는 한 자극에 대한 탈조건 형성이 추가적인 훈련 없이 다른 자극으로까지 확산되는지를 판단하는 것이었다."

커버 존스와 그녀의 동료들은 그 문제에 두 단계로 접근했다. 첫 번째는 '탈조건 형성' 단계로, 흰토끼(흰쥐보다 더 무서워하는 것 같은 동물) 한 마리가 있는 곳에서 피터를 다른 아이들과 놀게 했는데, 피터와 달리 다른 아이들은 아무도 그 토끼를 두려워하지 않았다. 커버 존스는 "토끼와 더 가까이 접촉해야 하는 새로운 상황들이 점진적으로 투입되었고, 각 실험에서 이런 상황이 회피, 용인 또는 환영되는 정도를 개선의 척도로 삼았다."라고 썼다.

피터는 처음에는 토끼가 방 안 어디에 있든지 두려워하는 반응을 보였다. 그러다가 토끼가 3미터 떨어진 우리에 갇혀 있을 때, 그다음에는 1미터 떨어진 곳에 갇혀 있을 때, 이런 식으로 점점 더 토끼와 가까워질 때도 평정을 유지하는 법을 배워 나갔다.

두 번째로 '직접 조건 형성' 단계는 더 분명한 파블로프식 조건 형성을 이용했다. 피터를 높은 의자에 앉힌 다음 가장 좋아하는 음식을 먹게 했고 근처에 토끼를 놓아두었는데, 여러 번 반복하면서 토끼를 점점 더 가까운 곳에 놓았다. 토끼의 존재를 충격이나 시끄러운 소음과 같은 부정적인 자극과 결합한 것이 아니라 긍정적인 것, 즉 간식과 결합한 것이다.

도중에 몇 번의 퇴보가 있긴 했지만 결국 피터는 토끼를 만지고 같이 놀 수 있게 되었다.

커버 존스는 다음과 같이 결론을 내렸다. "차트의 후반부에서 볼 수 있듯 그 아이는 마지막 인터뷰에서 토끼에 대한 진정한 애정을 보여 주었다. 다른 사물에 대한 두려움은 어떻게 되었을까? 목화, 털 코트, 깃털 등에 대한 두려움은 마지막 인터뷰 때는 완전히 사라지고 없었다."

커버 존스의 연구는 처음에는 널리 주목받지 못했지만, 1950년대에 심리학자 조지프 월프(Joseph Wolpe)가 커버 존스의 연구 결과를 바탕으로 '체계적 둔감법'이라고 불리는 치료법을 개발했다. 이 치료법은 긴장 완화 기법과 상상 훈련을 결합한 것이었다. 환자들에게 편안한 상태로 들어가 근육을 이완시키고 긴장을 풀게 한 다음 점차 공포의 대상에 노출되는 상상을 하게 한다. 버크는 이 방법에 대해 "이완은 공포와 함께할 수 없고 공포 반응을 저지한다."라고 자신의 책에 썼다. 여기서 기대하는 효과는, 시간이 흐르면서 이완하는 습관이 몸과 마음에 배게 함으로써 리틀 피터가 겪은 것보다 더 온화한 형태의 탈조건 형성이 진행될 수 있게 하는 것이다.

그러는 사이 심리학자들만 잠재적인 치료법을 연구하고 있었던 것은 아니다. 신경학 분야는 탄생한 지 얼마 되지 않았지만 성장하고 있었고, 후에 정신외과로 알려지게 되는 뇌 수술 분야 지지자도 여럿 등장했다. 그런 수술 중 가장 유명한 것은 로보토미(대뇌 전두엽 백질의 일부를 잘라내어 시상과의 연락을 끊는 수술−옮긴이)다.

모두들 그 용어는 알고 있어도, 아마 음울한 세부 사항까지는 잘 알지 못할 것이다. 19세기 후반에 처음 시도된 후 1930년대에 더욱 광범위하게 채택된 로보토미는 환자의 행동을 바꾸는 것을 최종 목표로 건강한 뇌 조직을 제외한 문제 부위를 표적 제거하는 (음, 그다지 정밀하지는 않은) 수술이다. 로보토미는 뇌종양이나 내가 어렸을 때 뇌전증 발작을 일으킨 기능 부전의 뇌세포 같은 것을 잘라내는 것이 아니었다. 그것은 완전히 다른 수술로, 지금의 우리 대부분에게는 과도하고, 상식에 어긋나며, 매우 잘못되었다는 인상을 주는 방법이다. 정신적 혹은 감정적 상태에 문제가 있어 다른 이들과 어울리지 못하는 사람들을 영구히 진정시키려는 시도였다.

"가장 좋은 방법은 환자가 혼란을 느낄 때까지 잘라내는 것이다." 로보토미의 개척자이자 많은 수술을 시행한 월터 프리먼(Walter Freeman)은 이렇게 썼다. 로보토미를 채택한 신경외과 의사들은 환자들이 일련의 신체적, 정신적 장애를 겪게 될 것임을 알고 있었다. 그럼에도 이 치료법은 1930년대 중반에서 1950년대 중반 사이에 수천 명의 사람들에게 시행되었다.(1970년대에 인기가 잠시 되살아나기도 했다.) 사람들은 불안, 우울증 그리고 기타 '신경증'을 포함한 온갖 종류의 이유와 질병으로 로보토미를 받았다. 공포증 역시 목록에 있었다.

버크의 말에 따르면, 로보토미를 시행하는 사람들은 정신질환 전체를 치료할 방법을 찾아야 한다는 엄청난 압박감에 시달렸다. 1930년대 미국에서는 정신병원에 처음으로 입원하는 환자가 매년 80퍼센트씩 증가하고 있었다. 그리고 곧 제2차 세계 대전으로 괴로움과 공포, 정신적 외상에 시달리는 사람들이 급증하게 되었다.

신체적이고 실제적인 치료 방법에 수술만 있었던 것은 아니었다. 의사들은 인슐린 쇼크와 전기 경련 요법(ECT)뿐 아니라 격렬한 발작을 유발할 수 있는 약물을 주입하는 '메트라졸 폭풍(metrazol storm)'으로 공포증 등의 질환을 치료하기도 했다. 메트라졸 치료는 공포증을 치료하지도 못했을 뿐 아니라 치료를 받은 환자의 42퍼센트에서 척추 골절이 발생했다. 그리고 전기 경련 요법은 환자의 두려움을 누그러뜨릴 수 있는 것처럼 보였지만, 대부분의 경우에 그런 호전은 새로운, 더 전반적인 무감각의 일부로 나타나는 것이었다. 공포증을 치료하기 위해 20세기 중반에 전기 경련 요법을 받은 환자인 스탠리 로(Stanley Law)는 당시 상황을 다음과 같이 회상한다.

나는 테이블 위에 완전히 의식이 있는 상태로 공포에 휩싸여 누워 있었고, 남자 간호사들이 나를 둘러싸더니 절연체를 내 관자놀이에 붙이고, 고무 패드를 내 턱 사이에 끼우고, 전극을 제 위치에 댔다. 마치 도살장에서 돼지를 잡을 준비를 하는 것과 흡사했다. 저전압의 전기가 켜졌고, 초기 진동을 느꼈다. 그다음 기억은 없다. 정신을 차리고 보니 아까와 그대로였다. 나는 테이블 같은 것 위에 있었다. 한동안 내가 어디 있는지, 누군지 알지 못했다. 차츰차츰 주위의 장비들이 눈에 들어 왔고, 얼이 빠져 있다가 조금씩 의식을 되찾았다. 나는 내 곁에 있는 여자가 아는 여자인 듯하다는 생각이 들었지만, 한참이나 그녀가 내 아내라는 것을 깨닫지 못했다. 기억력에 문제가 생긴 것이다. 내 일부는 당장 공황 발작을 일으키고 싶어 했지만 나는 그럴 수가 없었다. 내가 느낀 것은 감각이 없고, 의욕이 없고, 시간 감각이 없고, 움직임이 없는 흐릿한 상태, 감각지각의 결여 그리고 놀라울 정도의 생명력 감소뿐이었다.

『공포: 문화적 역사』에서 그의 이야기를 인용한 버크에 따르면, 로의 경험은 상당히 전형적이었다. 그는 자신의 공포증이 충분히 '둔감화'되었다는 의사의 판단이 있기 전까지 전기 경련 요법을 일곱 차례나 받았다.(당신은 어떨지 모르겠지만, 나는 차라리 히포크라테스의 방법, 즉 몸의 흑담즙을 제거하기 위해 구토와 설사를 유도하는 방법이 더 나아 보인다.)

20세기 중반부터 이런 종류의 치료법은 유행에 뒤떨어진 방법이 되었다. 로보토미와 전기 경련 요법을 거부하게 된 것은 광범위한 문화적 반발에 기인한다고 보기도 하지만—영화 〈뻐꾸기 둥지 위로 날아간 새(One Flew Over the Cuckoo's Nest)〉에 나온, 로보토미에 대한 암울한 묘사도 도움이 되었다—덜 극적인 치료법을 이용할 수 있게 된 것도 이런 변화를 일으킨 요인이었다. 1950년대 초, 정신병 치료제로 시판된 최초의 약인 클로르프로마진이 나왔다. 그 뒤를 이어 항우울제, 항불안제, 항정신병약 등 정신질환의 모든 고통을 치료하기 위한 많은 약물이 만들어졌다.

베셀 반 데어 콜크(Bessel Van Der Kolk)는 그의 경력 초기에 정신과 병동에서 일했는데, 그곳에서 전통적 대화 요법의 우수한 대안으로 의약품의 정당성을 주장하는 최초의 주요 연구 중 하나가 탄생했다.

2014년 『몸은 기억한다(*The Body Keeps the Score*)』에서 그는 정신의학계를 변화시킨 약물 혁명을 회의적인 태도로 돌아보았다.

> 이제 새로운 패러다임이 등장하고 있었다. 분노, 정욕, 자만심, 욕심, 탐욕, 허욕, 나태를 비롯해 우리 인간이 항상 관리하려고 애써 온 모든 문제들은 적절한 화학 물질의 투여로 고칠 수 있는 '장애'로 탈바꿈하게 된 것이다. 많은 정신과 의사들은 실험실, 동물 실험, 값비싼 장비, 복잡한 진단 검사 등을 갖춘 의대 동기들과 똑같이 자신들도 '진짜 과학자'가 되었다는 사실에 안도하고 기뻐했으며, 프로이트나 융과 같은 철학자들의 비실용적인 이론은 한쪽으로 치워 두게 되었다. 심지어 한 정신건강의학 주 교재에는 이런 말까지 나오게 되었다. "현재 정신질환의 원인은 뇌의 이상, 화학적 불균형으로 여겨진다."

동료 의사들의 동기를 지나치게 냉소적으로 본 것은 아니냐고? 어쩌면 그럴지도 모른다. 하지만 그런 변화가 있었던 것은 사실이다.

근래에는 균형점으로 어느 정도 돌아오고 있는 추세다. 공포증이나 다른 장애에 대처하는 사람들이 이용할 수 있는 다양한 종류의 치료법이 있고, 대개는 약물, 대화 요법, 그 밖의 다른 방법 등 다양한 요소들이 복합적으로 사용된다. 심지어 전기 경련 요법도 부분적으로 다시 도입되어서 좀 더 인간적인 형태로 변형되어 사용되고 있다.

처음 록가든에서 암벽 등반을 하고 나서 몇 주 후, 나는 다시 그곳에 갔다. 내가 도전하고 있던 루트는 초보자 등반 코스였는데, 경험이 있는 사람들이라면 우스울 정도로 쉬운 코스였다. 그리고 그 코스는 일종의 편법을 쓸 수 있었다. 오른쪽으로 1미터 정도 우회해서 두 암벽 사이의 넓은 틈새로 들어가면 훨씬 더 간단하게 갈 수 있었다. 그런데 그 틈새 쪽으로 가서 가장 쉽게 올라가기 위해서는 약간 까다로운 동작을 취해야 했다. 왼발을 앞으로 디디고 작은 돌기에 발가락 부분만 올려놓은 상태로 균형을 잡은 채 체중을 온통 그 왼쪽 발가락에 잠깐 실은 다음, 오른발을 높이 들어 그다음 바위 선반으로 옮겨야 했다. 그런 데다가 이 동작을 하는 동안 균형을 잡기 위해 잡을 곳도 없었다.

　내 등반 파트너인 마우라는, 암벽 꼭대기에 볼트로 고정된 금속 앵커와 나를 연결하고 있는 로프의 반대쪽 끝을 잡고 내 밑에 있었다. 내가 떨어지면, 그녀는 로프를 잡아당길 것이고, 빌레이 장치를 이용해 내가 30~40센티미터 이상 떨어지기 전에 멈추게 할 것이었다. 알려져 있듯, 정상에 고정된 로프를 타고 올라가는 등반에는 실제적인 위험이 거의 따르지 않는다. 그러나 어쨌거나 내 폐는 조여 왔고, 나는 어지러움과 공포를 억누르려고 안간힘을 썼다. 아래에 있던 친구들은 나를 격려했다. "신발을 믿어!", "네 발을 믿어!", "이번에는 잘 될 거야!", "할 수 있어!"

　마침내 나는 심호흡을 했고, 앞으로 발을 내디뎠고, 체중을 한쪽 발에서 다른 발로 옮겼고, 건너는 데 성공했다. 나는 손을 머리 위로 더듬거려서 붙잡고 있을 것을 찾았고, 그런 다음 활짝 웃으면서 숨을 쉬려고 노력했다. 잠시 동안 무중력 상태에서 자유자재로 움직이고 있는 것 같은 기분이 들었다. 두렵지가 않았다. 그러나 바위 선반과 틈새의 바위 덩어리 위에 쌓인 푸석푸석한 흙을 흩날리며 위로 올라가면서 두려움은 차츰차츰 되살아났다. 등반을 마쳤지만, 올라가는 내내 공포를 막아 내느라 나는 만신창이가 되었다. 출발은 좋았지만, 마우라가 나를 땅바닥으로 내려 주었을 때 아직 갈 길이 멀다는 것을 알았다.

DIY 노출 치료 프로그램을 직접 실행해 보기로 결심했을 때, 나는 그것의 역사에 대해서는 전혀 모르고 있었다. 그저 체계적이고 점진적인 노출이라는 게 논리적으로 보였을 뿐이었다. 나는 아마도 내심으로는 행동주의자인 것 같다. 알고 보니, 내가 선택한 프로그램은 왓슨, 커버 존스, 월프의 연구, 특히 월프의 제자 중 한 명인 이스라엘의 심리학자 에드나 포아(Edna Foa)의 연구에 기반한 것이었다. 포아는 현재 펜실베이니아대학교의 불안 치료 및 연구 센터의 소장이다. 1970년대 초 포아는 템플대학교의 박사 후 연구자로서 월프 밑에서 공부했다. 월프의 연구는 '상상적' 노출을 강조했는데, 예를 들어 거미공포증 환자가 멀리 있는 거미를 상상한 다음, 그 거미가 조금씩 더 가까이 다가오는 것을 상상하는 식이었다.

포아의 혁신은 상당한 정도의 '생체 내' 노출—단순히 상상만 하는 것이 아니라 실제 공포 자극에 노출되는 것—을 통해 월프가 기대한 결과보다 나은 결과를 얻을 수 있을지를 조사한 것이었다. 초기 연구자들은 그런 직접적인 노출이 공포증이나 불안장애가 있는 환자들에게 위험할 수 있다고 했으나, 그 방면의 과학은 변화하고 있었다. 포아는 일부 임상의들이 행한 방법(특히 '범람법(공포증 환자에게 극한적 공포 상황에 직면시키는 행동 요법-옮긴이)'이라 불리는 기법에는 격렬하고 잔인하기까지 한 몰입이 수반되었다.)

까지는 시도하지 않았지만, 월프가 개발한 시스템 내에서 더 강력한 방법을 찾기 시작했다. 포아는 내게 이렇게 말했다. "생체 내 노출 연구를 시작하면서 가장 높은 수준의 공포가 아니라 적당한 수준의 노출로 시작했어요. 진행 속도를 높여 가면서 점점 더 높은 불안감을 불러일으키는 상황으로 점차 수위를 높여 나갔죠." 그녀는 그 결과에 대해 "아주 좋았어요."라고 말했다.

리틀 피터를 대상으로 한 커버 존스의 연구처럼 노출 치료는 기본적으로 고전적 조건 형성을 역으로 행하는 것이다. 빛과 전기 충격을 반복적으로 결합해 깜박이는 붉은 빛만 보면 고통을 예상하도록 동물을 학습시켜서 빛만 보아도 공포 반응을 보이게 만들 수 있다면, 자극과 공포의 결합이 풀리게 할 수 있다는 것도 일리가 있다. 동물에게 충격 없이 붉은 빛을 충분히 여러 차례 보여 주면, 결국에는 더 이상 빛을 두려워하지 않게 될 것이다. 이는 '소거'라고 알려진 과정이다. 그러나 우리의 공포 기억은 생존을 위해 견고하고 오래 지속되도록 설계되어 있기 때문에, 소거는 처음의 조건 형성보다 더 느리고 약한 과정이 될 수 있다는 점은 주목할 만하다. 그 점이 바로 공포 치료를 그토록 어렵게 만드는 요인 중 하나다.

우리는 소거 과정 동안 뇌에서 무슨 일이 일어나는지 정확히 알지 못한다. 포아가 내게 말한 표현을 빌리자면,

그것은 자극과 공포 사이의 "연관성을 지우는 걸까, 아니면 그 연관성이 새로운 구조로 바뀌는 걸까?" 포아가 세운 가설은, 노출 치료가 뇌를 훈련시켜서 공포를 느끼게 하는 구조 옆에 나란히 그것과 경쟁하는 두 번째 구조를 만들어 낸다는 것이다. 그녀는 그 새로운 구조에 대해 이렇게 설명했다. "두려움이 없고 세상이 위험하기만 한 곳이라거나 자신이 완전히 무능한 존재라는 인식이 없는 구조죠." 노출 치료가 효과가 있다면, 결국 새로운 구조가 과거의 구조를 압도했기 때문이다.

그날 내가 록가든에서 공포에 질린 채 이룬 성공이 사실은 전혀 성공적이지 못한 것도 그 때문이었다. 물론 나는 암벽을 오르는 데는 성공했지만, 내 뇌가 새로운 구조를 구축하기 시작하도록 설득하는 데는 실패했다. 나 자신을 계속 공포에 떨게 하는 것은 아무런 해결책이 되지 못했다. 초점을 잃은 눈과 쿵쾅거리는 심장으로 간신히 해낸 사실은 충분하지 않았다. 나는 평정을 유지하는 법을 배워야 했다.

바위에 손을 갖다 대면 손가락 감각을 잃을 만큼 차가워졌다. 10월 2일, 겨울이 다가오고 있었고, 나는 그 계절의 여덟 번째이자 마지막 등반 여행 중이었다. 여름 내내 나는 필요한 전문 지식과 장비를 갖춘 누군가가 나를 데리고 가겠다고 할 때마다 등산을 갔었다. 갈 때마다 더 멀리 갈 수 있는지, 더 평정을 유지할 수 있는지를 살피기 위해 같은 루트를 반복해서 오르면서 내 체험을 체계화하려고 노력했다.

전에는 내가 충분히 노력하기만 하면 비눗방울처럼 터뜨릴 수 있을 거라는 생각으로 견딜 수 없는 공포가 밀려올 때까지 나를 몰아붙였다. 하지만 이제 내 전략은, 마비가 시작되지 않는 선에서 가능한 한 멀리 가는 것이었다. 뇌에 '이 정도는 괜찮아. 넌 안전해.'라고 말하는 대체 구조를 구축하는 것이 목표였다. 그러고서 나는 오래된 구조가 다시 자기주장을 하기 전에 내려오면 되고, 다음번에는 1~2미터라도 더 멀리 가기를 바라면 되는 것이었다.

마지막 체험을 하기 위해 라이언, 캐리, 마우라 그리고 나는 화이트호스의 준공업 구역에 우뚝 솟아 있는 험준한 바위 덩어리인 코퍼클리프에 도착했다. 이 구역은 한때 호황을 누리던 구리 광산 지역이었는데, 지금은 채석장과 산악자전거 길, 작고 얕은 호수가 복잡하게 얽혀 있다. 나는 초보자에게도 쉬운 4.8미터 길이의 짧은 루트인 안나바나나를 오르고 있었다. 주 절벽에서 튀어나온 날카로운 쐐기 모양의 바위 능선을 따라 올라가는 루트였다. 첫발은 시작점에 있는 바위틈에 수월하게 내디뎠고, 땅에서 2미터 반 정도 올라왔을 때까지는 아무런 문제도 겪지 않았다. 그러다 갑자기 멈춰 버렸는데, 산등성이 모퉁이를 돌자마자 나타난 바위 선반에 오른발을 내려놓는 사이에 왼쪽 발가락이 30센티미터 아래 작은 구멍에 박혔기 때문이다. 계속 가기 위해서는 왼쪽 다리를 1미터 정도 위로 끌어올려 다음에 있는 튼튼한 발디딤을 디뎌야 했다.

나는 팔을 들어 머리 위의 바위를 툭툭 치면서 몸을 더 높이 끌어올리고 왼발을 옮기는 데 도움이 될 만한 손잡이를 무턱대고 찾았다. 내 다리가 일반적으로 더 강하지만, 나는 내 손과 팔에 먼저 의존하는 경향이 있다. 우리는 보통 좁은 발판보다 단단한 것을 꽉 잡고 있는 주먹을 믿는 편이다. 나는 내가 찾고자 하는 것을 찾지 못했기 때문에 대신 팔을 넓게 벌리고 손가락을 닿을 수 있는 가장 안정적인 손잡이에 고정시켰다. 그런 다음 오른발에 체중을 다 실어서 밀어내고, 암벽에 가까이 붙어 있기 위해 팔을 꽉 당기고, 왼발로 벽을 긁어 그다음 발디딤을 찾았다. 그 순간, 오른쪽 발가락이 바위에서 떨어졌다. 나는 거기서 잠시 균형을 잡고 손을 들어 이제는 내 손이 닿는 곳에 있는 단단한 손잡이를 잡았고, 달랑거리는 오른발을 끌어올렸다.

나는 그 일을 해냈다. 더 중요한 것은, 침착하고 냉정하게 그것을 해냈고, 공황에 맞서 싸울 여분의 시간이 필요하지도 않았고, 시도도 하기 전에 신음하고 끙끙대지도 않았다는 사실이다. 마우라는 나를 내려 주었고, 나는 올라가서 다시 했다. 더 자신 있게, 훨씬 덜 주저하면서. 이번에는 쉬운 동작을 연속해 루트의 끝까지 계속 갔고, 위에 올라 의기양양하게 앵커 볼트를 쳤다. 일종의 골 세리머니였다. 나는 재빠르게 내 몸 상태를 점검했다. 호흡은 안정적이었고 머리는 맑았다. 적어도 하루 동안은 내 뇌가 두려움을 거부하게 하는 데 성공한 것이다.

PTSD나 더 광범위한 불안장애, 또는 더 다루기 어려운 공포증을 안고 사는 삶에 비하면, 내가 앓고 있는 고소공포증은 사소한 문제에 가깝다. 밤잠을 설치게 하거나, 인간관계를 망치는 등 삶의 모든 영역에 영향을 미치지는 않는다. 내가 다시 평지로 돌아와 고층 발코니는 피하는 등 회피를 통해 증상이 나타나지 않도록 막는다면 거의 의식하지 못하고 지낼 수도 있을 것이다.

그렇지만 그것은 나를 제약할 수 있다. 나는 짧았던 선원 생활 동안 돛대에 오르고 싶었다. 피렌체의 경치를 즐기고 싶었다. 나는 이따금 가파른 계단이나 난간이 약해 보이는 발코니에서 겁을 먹기도 하고, 아직도 나무를 타 본 적이 없다. 개별적으로 보면 각각이 모두 작은 일들이지만, 모두 더해 보면 무력감을 느끼게 된다. 내 선택이 전적으로 내 의지에 달려 있지 않은 것이다.

내 노출 치료 실험이 있고 난 후 겨울 동안 나는 계속 등반을 했다. 샌프란시스코와 밴쿠버의 큰 실내 체육관과 화이트호스의 집, 동네 학교, 친구네 집 지하실에 만들어 놓은 작은 암벽 등반 연습용 인공 벽 등을 이용했다. 내 기준에서 나는 상당한 진전을 보였다. 가슴이 답답해지고 맥박 소리가 귓전을 울리기 시작하기 전까지 올라갈 수 있는 높이가 점차적으로—2, 2.5, 3, 3.5미터까지—높아졌다. 때로는 전혀 두려움을 느끼지 않고도 짧은 루트를 완주할 수 있었다.

하지만 내가 발전하는 동안 우선순위가 바뀌어 감을 느꼈다. 사실 계속해서 등반을 즐기지는 않았다. 등반은 마치 약과 같이, 장기적으로 보면 내게 도움이 될 것이라고 생각했기 때문에 약간 불쾌하지만 끊지 않은 것이었다. 나는 내가 스스로 처방한 특별한 치료법을 통해 내가 의도했던 효과를 보았는지, 나를 행복하게 하는 일을 하면서 시간을 보내는 것이 더 맞는 게 아닐지 궁금해지기 시작했다. 만약 스트레스와 힘든 투쟁 대신 즐거움을 선택한다면 그것은 여전히 회피를 하고 있다는 걸까? 확신할 수가 없었다.

6장

~~~~~~~~~~~~~~~~~~~~~~~~~~~~~~~~~~~~

자동차 사고가
내게 남긴 것

이 프로젝트를 처음 시작하면서 두려움을 느끼는 다양한 방식들을 펼쳐 보기 시작했을 때, 나는 특정 공포증은 다른 것이 섞이지 않은 날것의 공포와도 같다고 생각했다. 거미를 보면 바로 겁을 먹는 것처럼 복잡하지 않고 단순하다고 여겼다. 전쟁터에 공포를 불러오는 포보스는 여기에 해당되지만 걱정을 불러오는 데이모스는 해당되지 않는다. 다른 변종들은 애매할 수 있어도 공포증은 희석되지 않은 두려움이라고 생각했다.

그러나 더 많은 것을 배우고 나 자신의 경험을 더 깊이 돌아보면서 그렇게 간단하지 않다는 것을 깨달았다. 높은 곳에 대한 내 두려움은 그것을 일으키는 구체적이고 식별할 수 있는 자극 때문이었던 것은 맞다. 떨어질 것 같은 느낌이 드는 높은 곳에 노출되는 것이다. 이론적으로 높은 곳은 내 안전에 분명하고 당면한 위협이 되고, 이는 (불안이 아니라) 공포의 정의에 부합한다. 그러나 우리가 이미 보았듯이, 내 공포를 촉발한 원인이 늘 정말로 위협적인 것은 아니었고, 그때 내 반응도 합리적이지 않을 때가 많았다.

나는 대체로 스스로를 특별히 불안이 많은 사람이라고 여기지 않았다. 당연히 병적 증상이 있다는 생각도 해본 적 없었다. 그런데 몇 년 동안 불안감 때문에 고생해 온 친구에게 유주얼에서 있었던 일에 대해 이야기하자 그녀는 내가 뭔가 분명한 사실을 놓치고 있다는 듯이 바라보았다. 그녀는 말했다. "에바, 그건 공황 발작이야."

친구의 말이 옳았다. 아마도 그 사건뿐만 아니라 떨어질 것 같다는 두려움 때문에 공포에 질려서 숨을 쉬지 못하고 그 자리에 얼어붙거나 바닥에 몸을 웅크리고 움직이기를 거부했던 그 모든 일들—내가 언제나 "제정신이 아닌 상태" 혹은 "정신적 붕괴"라고 불렀던 사건들—도 마찬가지였을 것이다. 높은 곳에 대한 공포는 축소된 불안장애—좁은 렌즈를 통과해 한곳에 집중된 불안—인 것 같았다. 그 둘을 구분하는 명확하고 선명한 선은 없었다.

나는 그 "제정신이 아닌 상태", 즉 공포와 불안의 교차

점에서 터져 나오는 상태를 이제 더 잘 이해하게 되었다. 비록 스스로 행한 소박한 노출 치료 프로그램을 통해 그 문제를 다 해결하지는 못했지만 말이다. 그리고 죽음과 상실에 대한 두려움과 관련해서도 이전보다는 더 평화로 운 태도를 유지할 수 있게 되었다. 이제는 내가 부딪쳐 볼 계획이었던 세 번째 주된 두려움과도 직면해서 그 또한 완화시킬 방법을 찾을 수 있을지 알아볼 때였다.

공포와 불안의 경계가 모호하다면, 트라우마는 구체적이고 즉각적인 위협에 대한 인식과 더 일반화된 불안 상태 사이의 경계를 한층 더 흐릿하게 만든다. PTSD는 공포증과 불안장애 등으로 이루어진 대가족에 속한 또 다른 불행한 사촌이다. 공포가 예기적 고통이라면, 트라우마는 과거에 겪은 고통으로 인한 예기적 고통의 상태라고 말할 수 있다. 과거의 무서웠던 기억이 자신을 놓아주지 않은 상태인 것이다.

우리 대부분은 PTSD라고 하면 삶에서 흔치 않은 극적인 위협을 떠올린다. 대개는 전쟁, 지진 또는 현금 인출기 앞에서 머리에 겨누어진 총 등. 그러나 트라우마는 훨씬 더 일상적이고 평범한 것일 수도 있다. 트라우마는 넓은 의미로 신체 부상, 무서운 사건, 심지어 다른 누군가에게 나쁜 일이 일어나는 것을 목격하는 일 등 대단히 고통스럽거나 충격적인 모든 경험으로 발생할 수 있다. 트라우마는 단발성에 그쳐서 무서운 순간을 겪고 나서 잊어버릴 수도 있지만, 우리의 신경계에 남아 심각하고 장기적인 건강 문제를 야기할 수도 있다.

그리고 대부분의 트라우마가 완전히 진행된 PTSD로 발전하지는 않지만, 우리 중 많은 이들은 매일같이 충격적인 기억들을 가지고 살아가며, 그 기억들은 최악의 순간에 우리의 마음에 비집고 들어와 안전과 위협을 판단하는 능력을 가로챌 수도 있다. 우리를 두렵게 하는 것이 임박하고 구체적인 것인가, 아니면 추상적이고 비이성적인 것인가? 트라우마가 개입되면 아무것도 분명해 보이지 않는다.

나는 불안과 마찬가지로 트라우마를 내 삶의 일부로 생각해 본 적이 없었다. 어쨌거나 정말로 나쁜 일은 내게 일어난 적이 없었다. 나는 운이 좋은 사람이었다. 나는 좋은 삶을 살았다. 그렇겠지?

하지만 이번에도 내가 틀렸다.

• 2000년 여름 ─ 온타리오주 동부의 어느 곳

이제는 정확한 날짜나 정확한 도로는 기억나지 않는다. 다만 친구 에리카와 함께 고등학교 마지막 학년이 되기 전 여름을 즐기면서 새아빠의 오두막에서 두어 날 동안 감시받지 않고 지낸 것은 기억한다. 우리는 내 낡은 쉐보레 차—넓은 벤치 시트 두 개와 들어가 살아도 될 것 같은 큰 트렁크가 있는 1987년형 셀러브리티—를 타고 아이스크림을 먹으러 가장 가까운 시내로 가는 중이었다. 차 안 테이프 데크에 믹스테이프가 들어 있었고, 테이프가 돌아가면서 지직거리는 음악 소리가 흘러나왔다.

나는 울퉁불퉁한 자갈길에서 속력을 내어 운전하고 있었다. 그렇게 심하게 내달리지는 않았지만, 고속도로 직원이 그 전날 새로 자갈을 깔아 놓은 것을 미처 깨닫지 못했고, 작고 가파른 경사로를 내려오느라 앞에 있는 커브 길을 너무 늦게 보았다.

나중에 아빠는 내가 페달에 발이 끼었을 거라고 했지만, 나는 브레이크를 밟은 기억이 없다. 기억나는 사실은 그 커브 길을 보고 깜짝 놀라 운전대를 휙 꺾었다는 것, 흔들리는 자갈 위에서 타이어가 마찰력을 잃고 미끄러지고 있다는 느낌이 들었고, 차 뒷바퀴가 옆으로 미끄러지기 시작하더니 그 크고 낡은 차가 점점 더 빠르게 좌우로 흔들렸다는 것이다.

내가 뭔가를 할수록 상황은 더 나빠졌다. 나는 계속해서 바퀴를 돌리면서 미끄러지는 차를 다시 제어해 보려고 애썼지만, 오히려 그럴수록 더 심하고 거칠게 흔들렸고, 극심한 구토를 유발하도록 고안된 놀이기구를 타는 듯한 기분이 들었다. 우리는 그렇게 100미터, 아니 거의 200미터쯤 되는 도로를 위태롭게 달렸고, 그러다가 지평선이 우리 주위를 빙빙 돌더니 도랑에 거꾸로 처박히고 말았다. 바퀴는 계속 돌아가고 있었고, 스테레오에서는 제니퍼 로페즈(Jennifer Lopez)의 〈필링 소 굿(Feelin' So Good)〉이 여전히 지직대면서 흘러나오고 있었다.

차가 움직임을 멈추자마자 에리카는 안전띠를 풀고 조수석 창문으로 굴러 나왔지만 나는 반응하는 데 시간이 좀 더 걸렸다. 안전띠에 거꾸로 매달려 앞유리에 새로 생긴 금을 바라보았던 기억이 난다.

거기에 매달려 있는 동안 나는 이상하게도 침착했다. 잠시 동안 내 시야를 가득 채운 갈라진 앞유리 외에는 아무것도 존재하지 않았다. 같은 해 하키 경기에서 의식을 잃고 쓰러졌을 때와 약간 비슷했다. 나는 엎드린 채 간신히 눈을 뜨고 얼음 표면 바로 아래에 보이는 작은 결정 구조를 응시했다. 그 작은 형상들에 완전히 몰입했고, 내 느낌으로는 몇 분 동안이나 내가 누구인지, 어디에 있는지 그리고 일어나야 한다는 사실조차도 잊고 있었다.

차 안에 있던 나는 마침내 정신이 돌아왔고 망가진 앞유리에서 눈을 뗐다. 에리카는 창문 옆 도랑에 웅크리고 앉아 괜찮냐고 물었고, 내가 아무 말도 않고 있자 더 걱정스러워했다. 나는 천천히 손을 뻗어 창문을 열었다. 안전띠를 풀자마자 차 지붕 안쪽으로 떨어졌고, 그런 다음 열린 창문으로 기어 나왔다. 그러는 사이에 깨진 유리에 무릎을 베였다.

우리는 엄청나게 운이 좋았다. 차가 뒤집어질 때 에리카는 지붕에 머리를 부딪쳤다. 나는 왼쪽 무릎에 상처가 하나 났고, 아직도 희미한 흉터가 남아 있다. 교통사고로 출동한 경찰관들은 우리를 근처에 있는 작은 집으로 태우고 가서 부모님에게 전화를 걸게 했고, 평상형 견인차가 망가진 내 차를 운반해 갔다.(그 사고의 주요 원인으로 추정되는 운전석 쪽 타이어가 반으로 깔끔하게 갈라져 있었다. 계속 충격에 휩싸여 있던 나는 경찰관에게 차는 앞유리를 새로 갈아 끼우고 지붕의 찌그러진 부분은 쳐서 펴기만 하면 된다고 거듭 말했다.)

나중에 나는 사고 후 내 차를 보관하고 있던 동네 견인업체에 저축금에서 몇백 달러를 찾아 지불했다. 그 일이 일어났을 때 아빠는 휴가를 받아 멀리 있었고, 일을 처리하는 데 며칠이 걸렸다. 그동안 견인업체 사람들은 미터기를 작동시켜서 내게 청구서를 보냈다. 하지만 내가 감당해야 했던 사고의 결과는 그게 다였다.

곧 나는 또 하나의 거대한 쉐보레—내가 폐차시킨 것보다 훨씬 더 큰, 1989년형 카프리스 클래식—를 끌고 다시 길에 나왔다. 에리카의 부모님은 나를 용서해 주었던 것 같고, 그 후 나는 대학에 들어갔다. 몇 년 동안은 운전을 별로 하지 않았다. 20대 초반에 몇 번 정도 운전할 때는, 커브를 돌거나 가파른 경사면을 오르던 중에 내가 자갈길 위에 있다는 사실을 깨닫고는 그 사고 순간의 감정과 기억이 맹렬하게 밀려온 적이 있었다. 그 둔중하고 사나운 흔들림, 바퀴를 돌렸을 때의 공포와 당혹감, 사고 후 앞유리와 교감을 나누던 차갑고도 차분한 순간들.

대학을 마칠 때쯤에는 그때의 장면이 떠오르는 일은 더 이상 일어나지 않았다. 수년 뒤에 알게 되었지만, 그것은 얼마간의 시간이 흐르면서 스스로 치유되는 트라우마의 아주 흔한 예였다.

· 2014년 6월 11일 — 알래스카 간선도로의 노스웨이 교차로 부근

이 사고는 내가 가장 똑똑히 기억하고 있는 사고다. 사고의 세부적인 모습 하나하나가 내 기억 속에 새겨져 있다. 멀리 지평선을 굽이쳐 흐르는 랭겔산맥의 풍경, 무서운 속도로 언덕을 내려와서 나를 향해 급커브를 돌던 유홀 트럭, 처음에는 몇 센티미터 간격을 두고 노란색 중앙선을 따라 미끄러지다가 점점 더 중앙선에 가까워지던 트럭 운전석 쪽 앞바퀴.

나는 트럭 운전자가 자신의 차가 내 차선을 침범하려는 것을 언제쯤 알아차리고 다시 방향을 잡을까 하고 생

각했던 기억이 난다. 그를 올려다보고는 그의 시선이 나나 도로가 아니라 멀리 있는 산을 향하고 있다는 것을 알게 된 순간을 기억한다. 그가 알아차리길 바라며 기다릴 시간 도, 경적을 울릴 시간도 없다는 것을 깨달았던 순간을 기억한다. 운전대를 최대한 오른쪽으로 돌리고, 브레이크 페달을 세게 밟았고, 충격이 올 것을 예상하며 몸에 힘이 들어갔고, 눈을 감으며 다시는 뜨지 못할 것이라고 생각했던 기억이 난다. '지금이구나.' 하고 예감했던 기억이 난다.

눈을 떴을 때, 내 지프차는 좁은 갓길에 멈춰 있었고, 백미러로 트럭이 뒤로 물러나고 있는 게 보였다. 내 차 사이드미러는 떨어져 나갔고, 앞유리는 산산조각이 났다. 다친 곳이 없는지 확인하기 위해 가슴과 머리와 허벅지를 묵묵히 만져 보면서 내가 예상했던 정면충돌은 피했음을 깨달았다. 다행히 트럭이 옆을 쳤고, 계기판에서 터져 나온 엔진 블록도 아슬아슬하게 피했다. 온몸에 금속이 박혀서 피를 흘리지도 않았다. 머릿속으로 내게 일어났을지도 모르는 짧은 미래의 모습이 밀려왔다. 누군가 조스 오브 라이프(차 안에 갇힌 사람을 꺼내는 데 쓰는 공구—옮긴이)를 써서 나를 끄집어내고, 헬기에 태워서 페어뱅크스 중환자실로 이송하는 장면, 튜브와 혈액주머니, 대륙 하나 거리만큼 떨어진 곳에서 전화를 받는 엄마 아빠.

백미러에는 여전히 트럭이 보였는데, 고속도로를 따

라 속도를 늦추고 내려가더니 멈춰 섰다. 나는 엄청난 힘이 솟구치는 것을 느꼈다. 안전띠를 풀고 부서진 차 문의 잔해를 밀치고 포장도로로 뛰어내렸다. 나는 언제나 투쟁보다는 도피를 택하는 사람이라고 생각했지만, 그때는 허공에 주먹을 흔들고 소리를 지르며 멀리 있는 트럭을 향해 도로를 내려갔다. 트럭 앞에 다다랐을 때 운전자가 차에서 내리고 있었다. 나이 든 남자였고 충격을 받은 표정으로 사과를 하려는 듯했다. 나는 소리를 지르면서 내 얼굴을 그의 얼굴 가까이 들이밀었다.

"이봐요, 도대체!"

"미안합니다…. 미안해요." 그가 간신히 말했다. "몸은 괜찮아요?"

"네, 근데 내 차가 엉망이 됐다고요!"

서서히 분노와 아드레날린이 잠잠해졌다. 그는 트럭을 둘러보았다. 내 차 앞유리를 박살 낸 커다란 운전석 쪽 사이드미러 말고는 망가진 곳이 없었다. 사고가 난 곳에서는 핸드폰이 터지지 않기 때문에 우리는 북쪽에 있는 알래스카의 작은 마을인 토크로 갔고, 주 경찰관에게 사고 신고를 했다. 나는 그곳 모텔에 투숙했고, 남자와 그의 가족은 다시 남쪽으로 가기 전에 내게 저녁을 사 주었다.("그러지 않으셔도 돼요." 나는 그가 계산서를 집어 들었을 때 자동적으로 말했다. "당연히 제가 해야죠."라고 그가 말했고, 우리 둘 다

간신히 웃었다.)

저녁을 먹은 후, 나는 샤워를 해야겠다고 생각했다. 옷을 벗자 작은 유리 파편들이 모텔 방 카펫 위로 떨어졌다. 알고 보니 온몸이 유리 파편으로 덮여 있었다. 앞유리의 파편들이 머리카락 사이사이에 붙어 있었고, 티셔츠에도 박혀 있었고, 쇄골에서도 반짝거리고 있었다. 오른쪽 팔뚝 안쪽의 부드러운 살갗과 왼쪽 팔뚝 바깥쪽의 그을리고 단단한 살갗에는 아주 작은 상처 자국이 있었다. 운전대를 오른쪽으로 세게 돌렸을 때 생긴 상처인 것 같았다. 불현듯 엄마와 이야기하고 싶은 마음이 간절해졌다. 나는 엄마 아빠에게 전화를 했고, 페이스북 친구들에게 사랑하는 사람을 안아 주라는 글을 올리고는 잠자리에 들었다.

죽을 뻔한 경험의 정말 이상한 점은, 그 이후에도 삶이 아무렇지도 않게 계속 이어진다는 것이다. 그 순간의 심각함을 상징하는 어떤 의식이나 의례도 없고, 대부분의 주변 사람들은 내게 무슨 일이 일어났는지 알지 못했다. 실제로 다친 곳도 없었기 때문에 나는 그 죽을 뻔했지만 무사했던 순간을 곱씹는 것조차 어리석게 느껴졌다. 그러나 충돌 전에 눈을 감으면서 인생의 마지막 순간을 맞고 있다고 내가 얼마나 확신했었는지. 그 기억만은 떨칠 수가 없다. 지금이 바로 그 순간이라고 생각했었다. 그때 죽음의 공포를 처음 경험한 것은 아니었지만, 그 전까지는 죽음이 임박했다는 확신을 가져 본 적이 없었다. 죽음의 순간을 아슬아슬하게 비껴가고 나서 나는 감사와 공포가 어지럽게 뒤섞인 상태를 경험하게 되었다.

영국 작가 매기 오패럴(Maggie O'Farrell)은 회고록 『나는, 나는, 나는(I Am, I Am, I Am)』에서 죽음의 가능성을 내포한 열일곱 번의 각기 다른 순간을 맞닥뜨린 경험을 묘사하고 있다.

죽을 고비를 넘긴 경험에는 특이하거나 특별한 것이 없다. 그런 경험들은 드물지 않다. 감히 말하면, 누구나 미처 깨닫지도 못한 사이에 한 번쯤은 그런 경험을 했을 것이다. 승합차가 당신의 자전거를 아슬아슬하게 스쳤을 수도 있고, 피곤한 의사가 복용량을 점검해야 한다는 것을 당신에게 약을 건네기 직전에 깨달았을 수도 있고, 잔뜩 술에 취한 운전기사가 마지못해 자동차 열쇠를 내주었을 수도 있다. 시계 알람을 듣지 못해 놓친 기차, 타지 못한 비행기, 흡입하지 않은 바이러스, 마주치지 않은 폭행범, 가지 않은 길 등. 우리는, 우리 모두는 도끼가 언제 떨어질지 모른 채 구멍을 빠져나가고, 불운을 비껴가고, 우리의 시간을 빌리고, 하루하루를 붙잡으면서 망각의 상태에서 떠돌고 있다.

계속해서 그녀는 이렇게 말한다. "만약 당신이 이 순간들을 인식한다면, 그 순간들은 당신을 변화시킬 것이다. 그 순간을 잊어버리거나 외면하거나 그냥 무시하려고 할 수도 있지만, 좋든 싫든 그 순간들은 당신에게 스며들게 될 것이다. 그것들은 당신 안에 거처를 정하여 심장 스텐트(혈관 폐색 등을 막기 위해 혈관에 영구적으로 삽입하는 장치−옮긴이)나 골절된 뼈를 고정하는 핀처럼, 당신 자신의 일부가 될 것이다."

　　나는 정말로 변화를 느꼈다. 뭔가 보아서는 안 되는 것, 비밀스럽고 부정한 어떤 것을 본 듯한 기분이 들었다. 마치 잠시 동안 나 자신의 대체 미래를 볼 수 있는 초자연적인 능력을 얻은 것 같았고, 그 미래는 끔찍했다. 내가 가지 않은 그 길, 사고 후 머릿속을 가득 채웠던 그 이미지들, 조스 오브 라이프, 헬기, 튜브와 혈액주머니에 대한 생각을 멈출 수가 없었다. 무엇보다 부모님 생각이 났다. 이른 죽음은 대개 남겨진 사람들에게 영향을 끼친다. 내가 자동차 파편으로 상처투성이가 되거나 피를 뒤집어쓰지 않았던 것은 그들을 생각해서라도 감사한 일이었다.

　　그해 여름, 나는 우스꽝스러울 정도로 작은 렌터카를 타고 브리티시컬럼비아주 북부의 바위투성이 시골길을 돌아다니며 2주를 보냈다. 오래전부터 계획한 취재 여행이었다. 원래는 지프를 타고 다닐 생각이었지만, 더 이상 지프는 없었다. 대신 거대한 목재 운반용 트럭 다음에 피아트 500을 빌렸고, 폭우와 짙은 구름 같은 산불 연기를 뚫고 차를 몰았다.

그 당시 나는 여전히 문제없이 운전을 잘했다. 내 공포는 아직 나를 위태롭게 하지 않았다. 그러나 나는 유홀 트럭과 부딪힌 사고로 인해 운전의 중요한 요소가 손상되었다는 것을 깨달았다. 바로 다른 운전자에 대한 신뢰였다. 전체 운전 시스템은 다른 차량에 대한 신뢰를 기반으로 한다. 빨간불일 때 멈추고, 회전하기 전에 신호를 보내고 그리고 제발이지 자기 차선은 지킬 것이라는 믿음 말이다. 한때는 그런 믿음을 가지고 다닐 수 있었던 곳, 다른 운전자들이 자기 몫을 해내리라고 태평스럽게 믿을 수 있었던 곳에서 이제 나는 의심이 가득했고 확신이 없었다. 나는 트라우마에 대해 아무것도 몰랐다. 그것이 편집증에 가까운 경계심과 조심성을 심어 줄 수 있다는 것도, 임상의들이 흔히 쓰는 표현을 빌리자면, "세상은 온통 위험한 곳이다."와 같은 잘못된 믿음을 갖게 할 수 있다는 것도 전혀 알지 못했다.

그런 것들을 몰랐지만, 이제 나는 그것들과 함께 살아가게 되었다. 나는 피아트를 노란색 중앙선에서 최대한 멀리 떨어뜨려 놓기 위해 거의 갓길에 닿을 만큼 가장자리에서 몰았다. 마주 오는 차들의 바퀴를 주시하면서 내 쪽으로 넘어올 기미가 없는지 살폈다. 긴장을 풀 수가 없었다. 나는 무서웠다.

• 2016년 1월 8일 — 화이트호스 변두리, 알래스카 간선도로

2016년 1월 1일은 엄마가 돌아가신 후 내가 새로운 출발을 하는 날이어야 했다. 나는 새해의 상징성에 이끌려 몇 달 일찍 그 날짜를 잡았다. 의료진이 엄마의 생명을 유지시키던 기계를 끄는 것을 지켜본 지 5개월 하고 일주일, 그리고 슬픔을 이겨 내고 움직여 보려는 필사적인 노력으로 유콘에서 캘리포니아주까지 차를 몰고 갔다 오느라 두 달 넘게 도로에서 보내다가 마침내 집에 돌아온 지 일주일 밖에 안 되었을 때였다. 이제부터는 온종일 넷플릭스를 보고 배달된 차우멘(국수에 잘게 다진 고기와 야채를 넣어 볶은 중국 요리-옮긴이) 접시를 쌓아 놓는 생활은 청산하리라 마음먹었다. 폐인이나 다름없는 생활은 이미 충분히 했다. 이제는 예전의 생활을 되찾을 시간이었다.

새해 첫날, 나는 유홀 트럭과 부딪힌 사고 이후 지프 차를 대신해 구입한 낡은 토요타 4러너에 짐을 싣고 북쪽으로 향했다. 노스클론다이크 고속도로를 달려서 조용한 도시인 도슨으로 갔다가 눈 덮인 뎀프스터 고속도로—북극권을 가로지르는 유일한 캐나다 도로—를 따라 올라가

매켄지강 삼각주에 있는 이누빅까지 갔다. 그 당시 이누빅은 그 끝없이 이어지는 도로망의 끝이었다. 그곳에서 차를 운전해서 눈 덮인 가파른 언덕을 내려가 그 큰 강의 표면이 얼어붙은 곳까지 이르렀고, 매켄지강 옆으로 난 넓은 얼음길을 따라 가다가 보퍼트해 해변에 있는 툭토약툭에 도착했다.

지난 8월 크루즈 여행 이후 처음으로 시도한 진짜 취재 여행이었다. 나는 캐나다 북극을 관통하는 전설적인 바닷길인 북서항로의 과거와 미래에 대한 책을 구상하고 있었다. 내 계획은 항로의 출구인 보퍼트해가 얼어붙어 장관을 이룬 모습을 보고, 낡은 목선들의 얼음과 어둠 속에 갇혀 있는 상상을 하고, 북극해 항로의 발달로 돌이킬 수 없을 정도로 변해 버린 공동체를 방문하는 것이었다.

날이 갈수록 기분이 좋아졌다. 예전의 내 모습을 거의 되찾은 느낌이었다. 나를 둘러싼 세상을 살펴보고 호기심이 생겨 다시 그곳으로 들어갔다. 북극의 겨울 아침의 혹독한 어둠 속에서 얼어붙은 보퍼트해 해변을 걷자니, 그 바다의 배에 갇힌 괴혈병 걸린 선원들의 존재가 느껴지는 것만 같았다. 나는 크리스마스 클리어런스 세일 기간에 밝은색 운동화 한 켤레를 샀다. 그것을 신고, 고민 따위는 달려서 털어 내는 그런 사람이 될 수 있기를 바라면서 해 질 녘에 빙판길을 따라 조깅을 했다. 아이팟에서 나오는 노랫소리가 귀에 울리고, 설상 스쿠터가 쌩하고 지나가고 있었다. 내가 영원히 슬픈 껍데기만 남은 사람으로 살아가게 되지는 않을 것이라는 믿음이 정말로 들기 시작했다. 괜찮아질 수 있을 것 같았다.

남쪽으로 돌아올 때는 매일 5~6시간만 운전하면 되는 간단하고 쉬운 코스를 택했다. 뎀프스터 고속도로의 좁은 커브 길을 따라 4러너를 조심조심 몰면서 내 양쪽으로 멀리 뻗어 있는 산맥을 바라보았다. 도로 가장자리의 긴 절벽밖에 없는 곳은 보지 않으려고 애썼지만, 고등학교 때 겪었던 사고가 다시 생각났다. 15년도 넘게 지났는데도 도랑에 처박히기 전 그 낡고 커다란 쉐보레가 자갈길 위에서 앞뒤로 흔들리다가 점점 넓어지는 호를 그리며 좌우로 미끄러지던, 속이 느글거리게 하는 그 느낌을 생생히 기억할 수 있었다. 테이프 데크에서 제니퍼 로페즈의 노래가 쥐어짜듯이 재생되고 있었고, 안전띠를 맨 채 거꾸로 매달려 부서진 앞유리에 마구 그려진 거미줄을 뚫어져라 바라보면서 어떤 기분을 느꼈는지 기억할 수 있었다.

뎀프스터 고속도로를 달리면서 나는 그런 기분은 두 번 다시 느끼고 싶지 않다고 생각했다.

1월 8일, 도슨을 출발해 집으로 가는 마지막 구간에 접어들었다. 화이트호스에 진입하기 1시간 전, 4륜구동을 해제했다. 도로에는 장애물이 없었고 건조해 보였다. 시내에 있는 내 아파트에서 12킬로미터 떨어진 곳에서, 나는 낯익은 알래스카 간선도로 2차선의 눈 덮인 아스팔트 위로 시선을 돌렸다. 내 차는 낡은 픽업트럭 뒤에서 제한속도가 시속 88킬로미터인 구간을 시속 69킬로미터로 달리고 있었다.

8일 동안 혹독할 정도로 인내하고 조심스럽게 운전한 터라 지칠 대로 지쳐 있었다. 얼른 집에 가고 싶었다. 옷을 갈아입고 샤워를 하고, 턱없이 값비싼 감자튀김이 포함되지 않은 식사를 하고 싶었다. 북아메리카 북극 전역의 레스토랑 테이블이나 커피 판매대 위 대형 용기에 들어 있는 분말 크림이 아니라 진짜 크림을 넣은 맛있는 커피 한 잔을 마시고 싶었다. 나는 다가오는 차량들을 확인하고, 운전대를 돌려 옆으로 빠져나가서 가속 페달을 밟았다. 그다음 순간, 일주일 내내 내가 두려워하던 것을 느꼈다. 타이어는 보이지 않는 얼음 위에서 마찰력을 잃고 있었다. 내 SUV는 차선을 부드럽게 바꾸지 못하고 돌기 시작했고 —한 바퀴, 아니 어쩌면 두 바퀴, 주위의 고속도로가 하얗게 흐려져서 몇 바퀴를 돌았는지도 알 수 없었다—반대편 차선을 가로질러 높이 쌓여 있는 눈 더미를 향해 돌진했다. '눈 더미를 들이받으면 멈추겠지.' 운전석에 무력하게 앉아서 이상할 정도로 차분한 상태로 이런 생각을 했던 기억이 난다.

차가 정상적으로 달리고 잘 제어되고 있을 때는, 2톤의 금속 덩어리가 도로에서 굴러가게 만드는 데 얼마나 큰 힘이 드는지 잊어버리기 쉽다. 회전하던 내 토요타 4러너가 눈 더미에 부딪혔고, 그 위로 미끄러져 굴렀고,—한 번? 혹은 두 번?—작은 언덕을 내려가 도랑에 처박혔다. 눈에 보이는 것보다 들리는 것이 더 많았다. 유리창이 산산조각 나는 소리, 차체가 얼어붙은 땅과 계속해서 충돌하면서 쿵하고 시끄럽게 울리는 소리, 차 안에서 소지품들이 이리저리 날아다니면서 뭔가에 부딪쳐 나는 작은 소리와 달그락거리는 소리 등.

4러너는 움직임을 멈추면서 옆으로 기울어졌고, 운전석 문은 바닥에 깔려 있고 조수석 문은 지붕이 있어야 할 공중에 가 있었다. 나는 오른쪽 엉덩이까지 손을 뻗어 안전띠를 푼 다음 차 안에서 조심스럽게 몸을 일으켰다. 운전석 유리창 파편이 신발 아래에서 자박자박 밟혔다. 앞유리는 통째로 뜯겨 나가 완전히 사라지고 없었다. 나는 몸을 숙이고 원래는 유리로 막혀 있었던 곳을 통해 걸어 나왔다.

밖에는 여섯 대가량의 차가 세워져 있었고, 여러 명의 흐릿한 형체가 나를 향해 도랑으로 서둘러 내려오고 있었다. 내 안경은 눈과 얼음으로 덮여 있었다. 나는 그것들을 떼어 내고 머리 위에 손을 댔는데, 유리 조각과 모래, 그리고 막 솟아오르는 커다란 혹이 만져졌다.

　　머리가 잘 돌아가지 않았다. 뭔가를 묻는 구경꾼들에게 답했고, 나중에는 구급대원들의 질문에 멈칫거리며 대답했다. 명확한 문장을 만드는 일이 마치 역기를 드는 것과 같았다. 나는 구급차를 타고 병원으로 이송되기 전에, 지갑과 핸드폰, 노트북을 내 차에서 가져다 달라고 간신히 부탁했다. 구급차가 출발하자 젊은 응급구조사가 내 혈압과 동공 검사를 하고는, 예방 조치로 목 보조기를 채웠다. 그러나 그녀는 걱정스러워 보이지는 않았다. 그리고 일단 충격과 아드레날린이 사그라들자, 나는 정말로 괜찮아졌다. 할리우드 영화에 나올 법한, 사고의 흔적을 보여주는 거위 알 크기의 혹이 머리에 난 게 다였다.

　　그렇지만 그 전복 사고는 나에 대한 징계로 느껴졌다. 이제 막 다시 일어서고 있었는데, 마치 온 우주가 "아, 아니. 아직 아니야."라고 말하며 나를 다시 쓰러뜨린 것만 같았다. 타이밍이 잔인하게 느껴졌다. 나는 정말로 조심했다! 일이 벌어지기 전, 마지막 몇 분까지도 얼마나 조심했는지 모른다. 그 도로 여행이 위험할 수 있다는 것은 알고 있었지만, 북극권을 가로질러 얼어붙은 바다까지 갔다가 돌아오는 데도 성공했는데, 어떻게 화이트호스 교외에서 사고가 날 수가 있지? 공평해 보이지 않았다. 내 운은 언제 바뀔까 하고 생각했던 기억이 난다.

• 2016년 4월 30일 — 포트넬슨 남쪽, 알래스카 간선 도로 •

4러너 사고가 있고 나서 3개월 동안 나는 차를 소유하지 않았다. 대부분 걸어 다녔고, 먼 곳을 갈 때는 친구 차를 빌렸고, 물리치료를 받으러 갈 때는 버스를 탔다. 그 사고로 목이 경직되었고, 근육과 신경을 푸는 데만 몇 주간의 노력이 필요했다. 겨울이 끝나고 다시 운전할 수 있게 되었을 때는 마냥 기뻤다. 사고로 목의 신경만 다친 게 아니라 다른 곳도 이상이 생긴 것은 아닐까 하는 의심이 들었다.

애리조나주에서 새 차가 기다리고 있었기 때문에 나는 굳이 새 차를 알아보지 않았다. 엄마와 새아빠는 지난 몇 년간 애리조나주 피닉스 변두리에 있는 방갈로에서 겨울을 보냈다. 엄마가 돌아가시고 가을이 되자 새아빠는 엄마가 아끼던 빨간색 스바루 해치백을 그곳에 갖다 놓고 방문하는 손님들이 쓸 수 있게 했다. 새아빠는 그 차를 차마 팔 수가 없어서 내게 주겠다고 했지만, 마침 그때는 내가 몰고 다니던 차가 있었기 때문에 일단은 스바루를 그곳에 둔 것이었다.

전복 사고 후 아직 화이트호스의 병원 침대에 누워 있었을 때, 나는 새아빠에게 전에 했던 제안이 여전히 유효한지 물어보려고 이메일을 보냈다. 4월 초, 나는 새 차를 가져오기 위해 비행기를 타고 남쪽으로 갔다.

나는 이제 내 차가 된 스바루를 운전해 다시 북쪽으로, 모압에서 보이시로, 시애틀에서 휘슬러로 느릿느릿 되돌아갔다. 덥고 건조한 시골 지역을 거쳐 가는 운전은 순조로웠다. 그런데 그달 말, 브리티시컬럼비아주 북부로 향하고 있을 무렵 불길한 예감이 들기 시작했다. 원래 나는 워싱턴주에서 알래스카로 가는 페리에 차를 실을까도 생각했었다. 그러면 3일간 해야 하는 그 여정 중 가장 장거리 운전을 하지 않아도 되었다. 그런데 갑자기 환율이 불리해지면서 페리 티켓 값이 캐나다 달러로 거의 1500달러에 육박했기 때문에 그 방법은 아예 제쳐 놓고 있었다.

그랬는데도 휘슬러를 떠나 다시 남쪽 국경 쪽으로 거의 방향을 틀 뻔했고, 망했다고 말하면서 차를 페리에 싣고 신용카드로 계산할 뻔했다. 나는 왠지 느낌이 좋지 않았고 그런 느낌을 떨칠 수가 없었다.

하루 반나절 후, 초저녁에 나는 그날 밤의 목적지인 포트넬슨에 접근하고 있었다. 거기서부터 하루 종일 운전해야 했고, 그러고 나면 집에 도착하게 될 것이었다. 불과 몇 시간 전에는 포트세인트존에서 차를 거의 세울 뻔했다. 좀처럼 암울한 느낌에서 빠져나올 수가 없었고, 도로에서 벗어나야 하는 게 아닐까 하고도 생각했다. 하지만 계속 가기로 마음먹었다. 나는 집에 가고 싶었다.

산에서는 날씨가 급격하게 변하기도 했다. 나는 로키 산맥의 최북단 가장자리에 있는 구릉지를 통과해 차를 몰고 있었는데, 두어 달 전 빙벽 등반을 하다가 공황을 겪었던 곳에서 그리 멀지 않은 곳이었다. 차를 모는 동안 마치 누군가가 수도꼭지를 만지작거리는 듯 갑자기 폭우가 짧게 쏟아졌다 그쳤다 했다. 그리고 어느 언덕 꼭대기를 넘어가고 있었을 때, 아래쪽 도로 표면에 뭔가가 있는 게 보였다.

과속하고 있던 것은 아니었지만 나는 조금 더 속도를 늦추며 눈을 가늘게 뜨고 앞유리 너머를 내다보았다. 앞쪽의 그 길이 왜 그렇게 이상하게 보였을까?

잠시 후, 나는 우박과 마주쳤다. 그것은 도처에 널려 있었는데, 떨어진 지 얼마 안 되었고, 약 180미터의 포장 도로를 두껍게 뒤덮고 있다가 시작 지점과 마찬가지로 끝나는 지점도 갑작스럽게 나타났다. 우박은 꼭 쇠구슬 같았다. 차라리 고등학교 때 접했던 새로 깔린 그 자갈길을 다시 만나는 편이 나을 것 같았다. 나는 타이어가 접지력을 잃었음을 느꼈다. 이제는 익숙한 바로 그 느낌이었다.

그러나 나는 그 첫 사고 이후 성장했고 많은 것을 배웠다. 처음에는 침착하게 속도를 줄여 차를 고속도로 중앙으로 곧장 몰았다. 시간이 길게 이어졌다. 운전대를 꽉 잡고 도로를 응시하며 이 빌어먹을 기계가 똑바로 방향을 잡기를 바랐다. 그러다가 가슴 깊은 곳에서 서서히 공포가 밀려오기 시작했다. 지프차에서는 두려움을 느낄 겨를이 없었고, 4러너에서는 두려워할 이유가 없다고 생각했었다.

차의 뒷부분이 처음에는 부드럽게 좌우로 미끄러지자, 두려움이 밖으로 터져 나왔다. 나는 앞유리에 대고 소리를 질렀다. "안 돼, 안 돼! 또 이러면 안 된다고!" 차는 왼쪽으로 흔들리더니 앞부분부터 도랑으로 미끄러졌고, 그 작은 골짜기 안쪽을 박았다. 그러고 나서 최악의 상황은 끝났다는 생각이 들었을 때, 차가 홱 뒤집히더니 지붕이 아래로 향했다. 나는 또다시 안전띠를 맨 채 거꾸로 매달리게 되었다.

또다시 나는 운전석 쪽 창문을 통해 손과 무릎으로 기어 나왔다. 이번에는 흙탕물이 가득 찬 도랑이었다. 또다시 거꾸로 뒤집힌 차량을 뒤져 핸드폰과 지갑을 찾았다. 결국 또 나는 구경꾼들에게 둘러싸이게 되었다. 차를 몰고 오던 첫 번째 구경꾼은, 도랑에 처박힌 내 차가 속도를 늦춰야 한다는 경고를 주었음에도 불구하고 우박 사이로 미끄러지며 다가왔고 하마터면 도로 밖으로 튕겨 나갈 뻔했다.

알래스카로 가는 중이던 한 무리의 계절노동자들이 내게 담요를 둘러 주었고, 그래놀라바 하나와 물 한 병, 마른 양말 몇 개를 주었다. 그중 한 명이 내게 "정말 차분해 보이네요."라고 말했는데, 나는 "절차를 알거든요."라고 대답하며 설명을 덧붙이려고 하지도 않았다. 그 지역에 사는 한 여성이 핸드폰이 터지는 앞쪽으로 차를 몰고 가서 경찰에 전화를 했다. 트럭에 여유 공간이 있었던 젊은 가족은 내 소지품과 캠핑용품을 실어 주고 나도 태워 주었다. 차에서 기어 나온 이후로 나는 거의 로봇처럼 침착한 상태였다. 기운 없이 단조로운 어조로 말했고 현실이 믿기지 않는 듯 멍한 상태로 있었다. 그런데 트럭 운전석 뒷좌석에서 젊은 엄마가 몸을 앞으로 기울여 "누군가가 당신을 지켜보고 있었어요."라고 말했을 때, 더는 침착할 수 없었다. 나는 숨을 쉴 수가 없었다. 눈이 커지고 가슴이 조여들고 목이 타는 듯했다. 울기 시작하면 아주 오래도록 멈추지 않을까 봐 두려웠다.

　　포트넬슨 병원의 간호사들은 내가 갈 곳이 없다는 것을 알고 있었을 텐데도 밤새도록 나를 감시했다. 그들은 나를 어린이 병동의 빈 병실에 옮겨 놓았고, 나는 비닐로 덮인 작은 매트리스 위에 몸을 웅크리고 누워서 포카혼타스와 101마리 달마티안 중 몇 마리가 실물 크기로 그려진 벽화가 나를 내려다보는 가운데, 어둠 속을 응시하다가 결국 잠이 들었다. 기분이 끔찍했다. 또다시 사고를 당한 것뿐만 아니라(도대체 나는 뭐가 문젤까?) 그 과정에서 빨간색 작은 스바루가 망가졌다는 게 너무 슬펐다. 사고 소식을 들은 친구가 내게 바로 문자 메시지를 보내 자기도 이해한다고 했다. 친구는 자신의 아버지가 돌아가시기 전에 주었던 물건을 깨뜨렸을 때, 마음이 무너져 내렸었다고 했다. 겪어 보지 않은 사람에게는 설명하기 힘든 일이지만, 나는 왠지 엄마를 배신한 것 같은 기분이었다. 엄마가 떠났는데도 여전히 나는 엄마를 실망시키고 있었다.

다음 날, 나는 그레이하운드 버스(미국의 고속·시외버스 회사로 미국과 캐나다를 운행한다-옮긴이)를 타고 집으로 돌아왔다. 몸도 좋지 않았고 창피했다. 나는 그 주에 기가 죽은 모습으로 다시 물리치료사를 찾아갔다. 목을 다시 한 번 풀어야 했다. 그러나 오래 지나지 않아 이번에는 더 많은 피해가 있었다는 것을 깨달았다. 사고가 나고 며칠 후에 나는 비바람을 뚫고 렌터카를 몰다가 도로변에 차를 세워 놓고 흐느끼며 숨을 골라야 했다. 젖은 도로에서 급커브를 돌 때마다 도랑 속으로 계속해서 구르는 내 모습이 그려졌다. 타이어가 접지력을 잃는 느낌을 떠올리면서, 그것이 다시 현실이 되는 상상을 했고 공포에 질렸다.

몇 주 뒤 새로 장만한 중고차를 타고 카누 여행 출발 지점으로 차를 몰았을 때도 그 문제는 똑같이 반복되었다. 포장도로에 물기가 없고 곧게 뻗어 있고 평평하면 괜찮았지만, 커브 길이나 경사로가 나오거나 도로 위에 조금이라도 물기가 있으면 도랑으로 처박히는 장면이 떠올랐다. 머릿속에서 그림이 그려졌다. 상상이 아니라, 나는 이미 알고 있었다. 어떤 소리가 들리는지, 어떤 느낌인지.

겨울이 오면서 상황은 더 나빠지기만 했다. 나는 너무 조심스러워했다. 눈이 쌓여 있거나 얼음이 언 길에서 엄청나게 천천히 운전하는 바람에 다른 운전자들이 나를 둘러 갔다. 그럴 때마다 그들은 어김없이 내게 욕을 했다. 친구들은 내가 사고를 겪고도 살아남은 것을 보니 무적임에 틀림없다고 농담을 했다. 그러나 나는 내 모든 운을 다 써 버렸다고 확신했다. 또 다른 사고의 가능성에 집착했고, 그때는 살아남지 못할 것이라고 확신했다.

내 친구 에릭은 나를 위로하려고 애쓰면서, 운전은 대부분의 사람들이 일상에서 하는 가장 안전하지 않은 일이지만 우리 대부분은 그 위험을 수월하게 잊고 있다고 말했다. 그는 내가 그저 안전에 대한 환상이 벗겨진 것뿐이고, 이제는 위험을 늘 현실적이고 가깝게 느끼게 된 것이라고 말했다.

하지만 그것뿐만이 아니었다. 중앙선을 미끄러져 넘어온 유홀 트럭은 다른 운전자들에 대한 신뢰를 약화시켰지만, 잇따라 일어난 두 번의 전복 사고는 나 자신에 대한 신뢰를 급격히 약화시켰다.

내가 그 단어를 사용할 권리가 있다는 것을 받아들이

는 데는 오랜 시간이 걸렸다. 어쨌거나 나는 그 사고들을 겪고도 거의 다치지 않았다. 그렇지 않은가? 그럼에도 그 사건들이 내게 남긴 것이 있었다. 바로 트라우마였다.

1872년, 찰스 다윈(Charles Darwin)은 『종의 기원(On The Origin of Species)』과 『인간의 유래(The Descent of Man)』의 후속편인 『인간과 동물의 감정표현(The Expression of the Emotions in Man and Animals)』을 출간했다. 그 책에서 다윈은 인간의 고조되는 공포를 보여 주는 물리적 방식을 묘사했다. 인간은 "극도로 고통스러운 공포 상태"에 도달했을 때, "몸의 모든 근육이 경직되거나 경련을 일으킬 수 있다. 손은 꽉 쥐거나 벌려지기를 반복한다. 씰룩거리는 증상이 나타나기도 한다. 어떤 무서운 위험을 피하려는 듯 팔을 앞으로 내밀거나 머리 위로 마구 휘저을 수도 있다. […] 또 어떤 경우에는 황급히 도피하려는 경향이 갑작스럽고 걷잡을 수 없이 나타나기도 한다. 그리고 이런 반응은 대단히 강력해서 용감무쌍한 병사들도 갑작스러운 공황에 빠질 수도 있다."

이 묘사에는 어딘가 낯익은 것, 1세기가 지난 후에야 임상적 관심과 인식이 확산된 질환을 암시하는 것이 있다. 제1차 세계 대전의 진흙탕 같은 학살 때, 영국인들은 그런 상태를 '포탄 쇼크(Shell Shock. 전쟁 상황에 오랫동안 노출되거나 장기적인 전투에 참가한 것이 원인이 되어 생긴 정신병적 전쟁 신경증-옮긴이)'라고 불렀다. 나는 고등학교 역사 수업 시간에 덜컥거리는 흑백 영상을 본 기억이 난다. 화면 속 젊은 남자들은 미친 듯이 경련을 일으켰고, 눈동자가 제멋대로 돌아갔다. 참호전의 혹독한 공포로 자기 신체에 대한 통제력을 완전히 잃은 상태에 빠진 것 같았다. 초기에 이 병사들은 치료와 연금을 받을 수 있었지만, 진단 사례가 점점 더 늘자 놀란 군 장교들은 그 문제를 무마하려고 했다.

베셀 반 데어 콜크는 『몸은 기억한다』에서 이렇게 썼다. "군인들의 고통을 심각하게 받아들이는 것과 독일군을 상대로 승리를 거두는 데 집중하는 것 사이에서 고심하던 영국 작전 참모부는 1917년 6월 일반명령 2384호를 내렸는데, '어떤 경우에도 '포탄 쇼크'라는 표현이 구두로 사용되거나, 연대 보고서나 기타 사상자 보고서, 병원 서류나 기타 의료문서 등에 기록되는 일은 없을 것이다.'라는 내용이 들어 있었다. 정신과적 문제가 있는 모든 병사들은 'NYDN(Not Yet Diagnosed, Nervous. 미진단, 신경과민-옮긴이)'이라는 단 하나의 무덤덤한 진단을 받게 되었다." 그 절제된 표현은, 그렇게까지 피해가 크지 않았다면 웃긴 것으로 여겨졌을 것이다.

제2차 세계 대전에서 다시 발생하기 전까지, 이 질환을 치료하는 방법에 대한 의학적 연구도 좌절되거나 억제

되었다. 그리고 이런 양상은 적어도 베트남 전쟁 당시의 미국에서 다시 반복되었다. 당시 젊은 정신과 의사였던 반 데어 콜크는, 동남아시아에서 돌아온 후 고통에 시달리는 베트남 참전용사들을 치료하려고 했을 때, 그 질환에 관한 어떤 자료—교재, 프로토콜 등—도 없다는 것을 알고 낙담했다. 그는 다음과 같이 쓰고 있다.

> 재향 군인국 초창기 시절, 우리는 참전용사들에게 알코올 중독, 약물 남용, 우울증, 기분 장애, 심지어 조현병 등 온갖 종류의 진단명을 붙였고, 교과서에 있는 모든 치료를 시도했다. 그러나 우리의 모든 노력에도 실질적인 성과는 거의 거두지 못하고 있는 것이 분명해졌다. 우리가 처방한 강력한 약 때문에 그들은 거의 제 기능을 할 수 없을 정도로 혼미한 상태에 빠지는 일이 빈번했다. 그들에게 충격적인 사건의 정확한 세부 사항에 대해 이야기하도록 격려하는 과정에서 문제 해결에 도움을 주기는커녕 오히려 무심코 전면적인 플래시백을 촉발하는 경우도 많았다. 우리가 도움을 주지 못할 뿐만 아니라 때로는 상황을 악화시키고 있었기 때문에 그들 중 다수가 치료를 중단하기도 했다.

공포증과 불안에 대한 노출 요법을 심화시키고 공식

화하는 데 앞장섰던 조지프 월프의 제자 에드나 포아도 그와 같은 공허함을 느꼈다고 회상했다. "PTSD에 대한 어떤 연구도 찾을 수 없었어요." 그녀는 내게 말했다.

1980년, PTSD는 『정신질환 진단 및 통계 편람 (*Diagnostic and Statistical Manual of Mental Disorders*)』에 처음으로 등재되었다. 이를 통해 적어도 그 문제가 공식적으로 인정받게 되었다. 그 후 트라우마 치료는 혁명적인 발전을 거쳤는데, 부분적으로는 걸프전과 9·11 테러 이후 이라크와 아프가니스탄에서 끝없이 이어지는 전쟁으로 인해 참전용사들이 대거 유입된 것이 발전의 요인이었다. 또한 PTSD에 대한 임상의들의 이해도가 높아지면서, 그 질환의 충격적인 범위에 대한 우리의 인식도 높아졌다. 이제 우리는 전쟁을 겪은 군인과 민간인뿐 아니라 자신의 본거지를 떠난 적이 없는 드론 조정자들, 순찰 경찰관부터 호화로운 산악 휴양지에서 활동하는 수색 구조 자원봉사자에 이르는 긴급 구조원들, 자동차 사고나 폭행 생존자들 그리고 덜 분명한 형태의 충격적 사건을 경험한 사람들 모두가 PTSD에 시달릴 수 있다는 것을 알고 있다. 매년 약 800만 명의 미국인들이 PTSD를 겪는 것으로 추산된다.

제1차 세계 대전 중에 독일인들은 포탄 쇼크를 앓고 있는 병사들을 전기 경련 요법으로 치료했다. 제2차 세계 대전에서는 최면술이 인기 있는 선택지가 되었다. 그 후 수십 년 동안 PTSD 치료는 대체적으로 다른 불안 관련 장애 치료법의 큰 흐름을 따랐고, 공포증과 PTSD의 치료 방법이 겹치는 경우가 많았다.

그중 한 예가, 고소공포증을 완화하기 위해 내가 직접 시도했던 방법인 노출 치료다. 1980년대 초, PTSD라는 진단명이 아직 생소했던 시절, 포아는 공포증과 강박장애를 위해 개발한 노출 치료법이 PTSD에도 효과가 있을지 알고 싶었다.

"음, 이건 불안장애고, 노출 치료법을 PTSD에 적용하지 못할 이유가 없다고 생각했어요." 그녀가 말했다.

강간이나 폭탄에 사람을 다시 노출시킬 수는 없다. 그래서 포아는 외상 기억 자체에 대한 상상적 노출과, 외상의 힘을 영구화시킬 수 있는 환자의 회피 행동 등 이차적 영향에 대한 실제적인 생체 내 노출을 시행하는 프로그램을 마련했다. 상상적 노출은 치료사와의 치료 시간에 실시하고, 생체 내 노출은 과제로 내주는데, 외상을 상기시키는 장소나 안전하지만 위험한 곳으로 인식되는 장소에 가게 하는 식이다. 폭행을 겪고 나서 밤에 시내 거리를 걷거나, 집단 총격 사건을 경험한 후 다시 쇼핑몰에 가는 것이 될 수도 있다. 회피는 영구화되는 경우가 많아서 '두려움에 맞서기'라는 오랫동안 이어져 온 방법은 여전히 여러 치료법의 핵심이다.

1990년대 내내 포아의 연구팀은 다른 치료사들에게 포아가 장기 노출(Prolonged Exposure, PE) 치료라고 부른 치료법을 어떻게 시행하고 그 결과를 어떻게 관찰하는지를 가르쳤다. 그들은 PE가 거의 80퍼센트의 환자에게 효과가 있다는 사실을 알았다. 40~50퍼센트는 근본적으로 증상이 없어졌고, 20~30퍼센트는 여전히 일부 증상은 재발했지만 상당한 호전을 보였다. "우리가 100퍼센트 성공한 것은 아니지만, 성공률이 100퍼센트인 치료법은 어디에도 없죠." 그녀가 말했다.

한편, 포아가 필라델피아에서 활동하면서 트라우마 환자들에게 공포증 치료법을 적용하고 있는 동안, 또 다른 새로운 PTSD 치료법—안구 운동 민감 소실 및 재처리(Eye Movement Desensitization and Reprocessing, EMDR)—이 캘리포니아주 북부에서 개발되고 있었다. 나는 운전을 방해하는 두려운 기억과 공황을 그만 끝내고 싶어 이 치료법을 시도하게 되었다.

EMDR의 기본 아이디어는, 아주 간단하게 축약해서 설명하면, 환자가 훈련된 치료사와 함께 외상 기억을 떠올리면서 리듬에 맞춰 눈동자를 좌우로 움직이면 이런 안구 운동의 어떤 것—실제적인 메커니즘은 완전히 밝혀지지 않은 상태다—이 외상 기억을 처리하는 데 도움을 준다는 것이다. 그 기억은 마치 제대로 정리되지 않은 서류와 같아서 우리 마음속에 있는 캐비닛 서랍에서 튀어나와 서랍을 닫을 수 없게 하고 우리의 삶도 방해한다. 이론적으로 EMDR은 그 기억들을 더 이상 우리에게 해를 끼칠 수 없는 곳으로 치워 준다.

공상 과학 소설처럼 들리지 않는가? 이 치료법이 개발 혹은 발견되고 나서 몇 년 동안 많은 과학자들 역시 회의적이었다. 그러나 지난 30여 년 동안 EMDR은 여러 임상 시험에서 효과가 입증되었다. 나는 그 방법을 시도해 볼 용의가 있었다.

이 치료법은 1987년 캘리포니아주 로스가토스에서 탄생했다. 암 진단을 받은 후 8년 동안 EMDR의 창시자 프랜신 샤피로(Francine Shapiro)는 아플 때나 건강할 때 우리의 몸과 뇌의 연관성을 이해하려고 노력해 왔다. 샤피로는 『EMDR: 불안, 스트레스, 트라우마 극복을 위한 획기적인 치료법(EMDR: The Breakthrough Therapy for Overcoming Anxiety, Stress, and Trauma)』에서 이렇게 쓰고 있다. "그 노력의 과정에서 나는 전국을 돌아다니면서 여러 워크숍과 세미나, 훈련 프로그램에 참여했다. 그 여정을 거치면서 무수한 형태의 심리 치료를 접하게 되었다."

어느 화창한 봄날이었다. 샤피로는 기지개를 켜며 잠시 휴식을 취했다. 이윽고 그녀는 사무실을 나와 작은 호숫가 주변을 산책했다. 오리들이 헤엄을 치고, 소풍 나온 사람들은 잔디밭에 누워 한가로운 시간을 즐기고 있었다. 걷는 동안 그녀의 뇌는 무언가를 걱정하며 거듭해서 떠올리고 있었다. 몇 년이 지난 후 쓴 글에서 샤피로는 그것이 정확히 무엇이었는지는 기억이 안 나고, 단지 "머릿속에서 계속해서 (소화하지도 못하고) 곱씹게 되는 그런 끈질긴 부정적인 생각들 중 하나"라고만 했다. 그게 뭔지 다들 알고 있을 것이다. 절대 잊을 수 없을 것 같은, 부당한 취급을 당한 일에 대한 기억 혹은 더 나쁜 경우로는, 자신이 누군가에게 부당한 행동을 한 일에 대한 기억 같은 것들이다. 그런 이상하고 집요한 생각이나 기억의 조각들은 떨쳐지지 않고 밤잠을 설치게 하거나 하루를 망치게도 한다.

갑자기 샤피로는 그 부정적인 생각이 머릿속에서 사라졌음을 깨달았다. 그녀는 그 생각을 다시 소환했지만, 이제는 그것이 부정적인 힘을 잃었다는 사실을 알았다. 어떤 감정도 일으키지 않는 것 같았다.

수년간의 연구로 연관성을 찾는 일에 익숙했던 샤피로는 자신의 정신이 그 생각의 힘을 약화시켰을 때 몸에서 어떤 일이 일어나고 있었는지를 재현하려고 노력했다. 그녀는 자신이 걸으면서 그 생각을 곱씹는 동안 눈을 리드미컬하게 좌우로 움직였다는 사실을 깨달았다. 그 둘이 관련이 있을 수도 있다는 것에 흥미를 느낀 그녀는 다시 한 번 해 보았다. 그녀는 불안을 불러일으키는 끈질기고 부정적인 또 다른 생각을 떠올렸고, 그런 다음 재빨리 눈을 좌우로 움직였다.

샤피로는 이렇게 썼다. "그 생각도 사라졌다. 그리고 다시 그 생각을 떠올렸을 때는 거기에 실린 부정적인 감정은 사라지고 없었다."

그다음 몇 달 동안 샤피로는 자기 자신과 친구들 그리고 마지막에는 70명의 자원 봉사자들을 대상으로 연습과 실험을 계속했다. 그녀는 사람들에게 괴로운 기억에 대해 말하게 하고, 그 이야기를 하는 동안 일련의 안구 운동을 하도록 지도했다. 그녀는 피험자의 눈앞 30센티미터 떨어진 곳에서 규칙적인 박자에 맞춰 손가락 두 개를 흔들어서 좌우 안구 운동을 하도록 유도하는 등 자신의 방법을 정교하게 다듬었다. 각각의 실험 후 피험자들에게 기분이 어땠는지 물었고, 다음 훈련을 하는 동안에는 그 기분에 집중하라고 요구하면서 실험을 점점 더 심화시켰다.

1987년 말, 샤피로는 그 치료에 대한 첫 번째 공식적인 연구를 설계했다. 정신적 외상을 겪은 한 그룹의 피험자들을 대상으로 자신의 초기 EMDR 방법인 유도 안구 운동을 실시했다. 통제 집단을 만들기 위해 EMDR 치료의 언어적 구성 요소, 즉 환자 자신의 이야기를 들려주기, 환자의 감정에 대한 샤피로의 후속 질문, 그런 감정에 집중해 달라는 요청 등을 모두 동원해 두 번째 피험자 그룹에게도 실시했다. 그녀는 안구 운동의 효과만을 따로 떼어 볼 수 있도록 안구 운동을 제외한 다른 모든 조건은 동일하게 유지했다.("불행히도, 대화 요법의 PTSD 치료 효과는 설탕 알약과 같은 것으로 나타났다."라고 그녀는 자신의 책에서 언급했다. 따라서 통제 집단에게 대화 요법을 위약으로 사용한 것은 적절해 보였다.)

1989년 샤피로는 자신의 연구 결과를 『외상 스트레스 저널(*Journal of Traumatic Stress*)』과 『행동 치료 및 실험 정신의학 저널(*Journal of Behavior Therapy and Experimental Psychiatry*)』에 발표했다. 그녀는 단 한 차례의 EMDR 치료만으로 피험자의 100퍼센트가 가장 피해가 심각한 증상—플래시백, 악몽, 공황—이 줄어들거나 사라졌다는 사실을 발견했다. 샤피로는 논문에 "증거를 살펴보면 단 한 차례의 EMDR 치료만으로 충격적인 사건에 대한 기억을 둔감하게 만들고 개별 상황에 대한 피험자의 인지적 평가를 바꾸는 데 효과가 있음을 분명히 알 수 있다."라고 썼다. 다시 말해 치료법은 효과가 있었고, 그 효과가 대단히 크다는 것이다. 샤피로는 3개월간의 확인을 통해 효과가 안정적으로 유지되고 있음을 알았다. EMDR이 성공을 거둔 것이다.

그러나 새로운 방법은 곧바로 받아들여지지는 않았다. 1993년 샤피로의 원래 연구가 실렸던 『외상 스트레스 저널』은 샤피로의 훈련을 받은 두 명의 임상의가 쓴 논평을 발표했다. 논평자들은 그 방법을 활용했지만 자신의 환자에게는 거의 또는 전혀 효과가 없었다고 하면서 새로운 치료법에 대해 대체로 비판적이었다. 그들은 특히 EMDR이 간단해 보이는 점에 우려를 표했다. 또한 치료사와 환자의 친밀한 관계가 부족하다는 점 그리고 사람들이 힘든 치료를 기피하고 그 대신 쉬운 해결책에 넘어간다는 점에 대해서도 염려했다. 그들은 다음과 같이 썼다. "우리는 EMDR을 수용 또는 활용 혹은 지지하는 일에 극도로 신중을 기할 것을 권고한다. [⋯] 과대 선전과 너도나도 앞다퉈 그 방법을 기적의 치료법으로 받아들이려는 분위기는 불안하다."

정신과 의사 겸 트라우마 전문가인 베셀 반 데어 콜크는 최종적으로는 EMDR을 열성적으로 활용했지만, 다른 많은 사람들과 마찬가지로 처음에는 회의적이었다. 그는 자신의 임상진료에 EMDR을 채택한 지 20년 만에 다음과 같이 썼다. "당시 나는 EMDR이 환자의 눈앞에서 손가락을 꼼지락거리는 새로 유행하는 치료법이라는 이야기만 들었다. 나와 내 동료들에게, 그것은 늘 정신의학계를 괴롭혀 온 또 다른 일시적 열풍처럼 들렸다."

1999년 『미국 심리학지』는 샤피로의 방법을 채택한 임상의가 쓴 EMDR 관련 책에 대한 한 신랄한 리뷰를 발표했다. 「플라세보의 힘(The Power of Placebos)」이라는 제목 아래, 브루스 브리지먼(Bruce Bridgeman)은 EMDR이 "사이비 치료법의 모든 특징을 가지고 있다."라고 논평했다. "기적적인 주장을 하고, 뒷받침하는 증거는 빈약하다. 간단한 방법이지만, 창시자의 세미나나 소수의 승인된 프로그램에서만 배울 수 있다. 정신의 구조에 관한 독특하고 색다른 몇몇 가정에 기초한다." 브리지먼은 그 책의 주장에 대해 "비범하다.", "놀랍다." 따위의 단어를 쓰면서 잔뜩 빈정대는 태도로 반응했다. 그는 샤피로의 원래 연구가 "대부분의 임상 연구보다 낫다."라고 인정했다. 그러나 그는 더 큰 표본을 대상으로 한 더 많은 실험을 요구했다. 이후 그의 소원은 이루어졌다. 1990년대를 거쳐 2000년대까지 임상 시험과 동료 심사 논문이 쌓여 갔다. 오늘날 EMDR은 널리 수용되는 임상 치료법이다.

그러나 한 가지 큰 문제가 여전히 풀리지 않았다. EMDR이 효과가 있는 것은 분명해 보이지만 어떤 원리로 그런 걸까? 아무도 그 치료의 효과를 가져오는 뇌의 실제 물리적 메커니즘에 대해 확실히 알지 못한다. 이것은 연구자들이 아직도 풀려고 애쓰고 있는 미스터리다.

2018년 6월, 나는 화이트호스 시내에 있는 치료사 진료실로 걸어 들어갔다. 햇볕이 쨍쨍했던 것을 기억한다.

시내에서 차를 몰 때 포장도로는 건조했다. 내 몸은 두려움에서 자유로웠다. 나는 EMDR을 통해 그런 상태를 유지하는 법을 배울 수 있기를 바랐다.

나는 항상 내가 '치료 타입'은 아니라고 여겨 왔다. 내가 알기로, 심리 치료는 부유한 사람들, 고통이 심한 사람들 아니면 할리우드 로맨틱 코미디에 나오는 뉴요커들이나 받는 것이었다. 부모님은 헤어지고 나서 나를 아동 심리 치료사에게 보냈었지만, 그때 내가 진료실에서 느낀 것은 지루함뿐이었다. 이혼이 내 잘못이 아니라는 치료사의 거듭된 주장에, 지루함과 함께 가벼운 경멸감도 느꼈던 것 같다. 나는 그게 내 잘못일지도 모른다고 걱정한 적이 없었다. 나와 치료사 사이에 있었던 상호작용에서 그나마 가장 흥미로웠던 점은 그녀가 커다란 전기 연필깎이로 연필을 깎을 수 있게 해 준 것뿐이었다.

그 후 20대 때 상담사와 정확히 두 번 이야기를 나눈 적이 있었는데, 두 번 모두 실패한 관계에 대한 것이었다. 처음 상담은 도움이 되었고 내가 필요한 것을 얻었기 때문에 다시 찾아가지는 않았다. 몇 년이 지난 후 받은 두 번째 상담은 아무런 의미가 없다고 느껴서 굳이 다시 찾아가지도 않았다.

그러고 나서 엄마가 돌아가신 후 이따금 찾아갔던 슬픔 상담사가 있었다. 그녀는 조용한 진료실에서 클리넥스

티슈 상자를 들고 있었다. 유익한 경험이었지만, 그녀는 내 머릿속의 망가진 어떤 부분을 고치려고 노력한 것 같지는 않다. 그녀는 내 이야기에 공감해 주면서 경청했고, 내 감정을 검증해 주는 역할을 했다.

그렇지만, 마지막 사고 후 2년이 넘게 지났음에도 나 혼자만의 노력으로는 조금도 나아지지 않았다. 오히려 더 나빠지고 있었다. 포트넬슨 병원에서 하룻밤을 보내고 몇 달 뒤인 2016년 9월, 나는 오클라호마주 주간 고속도로에서 렌터카를 몰고 가다가 갑작스러운 폭풍우를 만나는 바람에 차를 세우고 울면서 과호흡을 했다. 몇 주 후 토요일 아침에는 요가를 하러 가기 위해 눈이 가볍게 흩날려 미끄러워진 도로에서 운전을 했다. 나는 빨간불을 보고 브레이크를 밟았다. 천천히 가고 있었고 시간적으로도 공간적으로도 충분히 여유 있었으며 미끄러질 때도 부드럽게 미끄러지다가 멈추었지만, 내 몸은 완전히 공포 반응을 일으켰다. 타이어가 접지력을 잃었다는 느낌만으로도 그런 반응이 일어났다. 심장이 갈비뼈에 부딪힐 듯 쿵쾅거렸고, 갑자기 가슴이 꽉 조여 오는 바람에 숨을 헐떡였다. 초록불로 바뀌었을 때, 억지로 천천히 긴 호흡을 여러 번 하고 나서야 다시 출발할 수 있었다.

그해 겨울 내 친구 마우라는 나와 함께 장거리 여행을 하기 위해 일주일간의 휴가를 냈고, 거의 혼자 운전을 했다. 나는 일을 하러 다녀야 했고, 혼자서는 이 문제를 해결할 수 없을 것이라고 확신했다. 다음 해 여름, 나는 또다시 친구에게 운전대를 넘겨주었는데, 그때 우리는 알래스카 해안에서 폭우를 뚫고 차를 몰아야 했다. 고속도로에 파여 있는 두 줄의 타이어 홈에 고인 물을 보고 나는 공황 직전까지 갔다. 도저히 혼자서는 그 문제를 감당할 수 없었다.

마지막 사고가 나고서 2년 가까이 지난 2018년 3월, 나는 식료품점에서 한 친구와 마주쳤다. 집까지 걸어 와야 했던 내게, 친구가 태워 주겠다고 했다. 싸늘한 오후였고, 그녀는 빠른 속도로 차를 몰았다. 미끄러지듯 아슬아슬하게 모퉁이를 돌자 뒷좌석에 앉은 친구의 10대 아이는 좋아했다. 나는 애써 침착하려고 했다. 나는 그녀가 그냥 장난을 치는 것이고, 어떤 실제적인 위험은 없다는 것을 알고 있었다. 그러나 가슴이 또다시 조여 오면서 폐에서 공기를 짜내는 듯했다. 어지럽고 무서웠다. 나는 문고리를 잡고 꽉 붙들었다. 어떻게든 잠자코 버텨 보려고 했지만, 별안간 조수석에서 숨을 헐떡이고 몸을 떨면서 울고 말았다.

더 이상은 버틸 수 없었다. 그 일이 있기 전까지는 운전석에만 앉지 않으면 괜찮았었다. 내 친구들은 안전하게 운전할 것이라고 믿었다. 파괴된 것은 나 자신에 대한 신뢰뿐이었다. 그런데 이제 승객으로서의 신뢰마저 잃어 가고 있다고? 이건 너무했다. 나는 충격적인 기억을 잠재울 최선의 치료 방법을 알아보기 시작했다.

나는 자동차 사고의 기억을 극복하지 못하는 스스로를 한심하게 여겼다. 어쨌거나 나는 그 사고들을 겪고도 전혀 다치지 않았거나 비교적 가벼운 부상만 입었을 뿐 멀쩡히 돌아왔다. 그러나 교통사고는 트라우마의 흔한 원인이 맞았다. 실제로 자신의 사고를 '정신적 충격'이라고 표현하는 열 명 중 한 명은 심각한 PTSD로 진행하게 된다. 내가 바보같이 굴었던 게 아닌 것이다. 내 문제는 현실이었고, 나는 결코 혼자가 아니었다.

정신건강 분야에 종사하는 두어 명의 친구들에게서 조언을 들은 후, 나는 화이트호스를 중심으로 진료하는 EMDR 전문 치료사와 약속을 잡았다. 그 방법은 이상하게 들리기는 했지만, 그 방법의 육체성, 즉 온전히 정신에만 의존하는 것이 아니고 치료 과정에 내 몸이 관여한다는 점, 내 눈이 어떤 일을 한다는 점이 마음에 들었다. 감정적인 문제만큼이나 육체적인 문제로서 내가 경험했던 것에 대한 육체적인 치료법인 것이다. 운전에 대한 공포 반응은 너무나 강력하고 본격적이어서 내가 통제할 수 있는 범위를 넘어서 있었다. 어떻게 대화를 통해 그런 감정을 느끼지 않게 할 수 있는지 상상이 되지 않았다. 나는 좀 더 구체적인 변화가 필요했다.

내 치료사인 스베냐는 초기 면접 시간부터 가졌다. 그녀는 내게 생활, 이력, 지원망에 대해 물어보았다. 전반적인 내 상태가 어떤지 그리고 내가 EMDR 과정을 거치는 동안 어떤 종류의 회복력을 갖추게 될지 치료사로서 감을 잡을 필요가 있었기 때문이다.

두 번째 시간은 내 회복력과 감정적 자원을 증가시키는 데 집중했다. 스베냐는 EMDR의 기초와 탄생 과정을 소개한 다음, 내게 선택권을 주겠다고 말했다. 원래 EMDR에서는 임상의가 환자의 눈앞에서 손가락을 메트로놈처럼 앞뒤로 흔들면서 좌우 안구 운동을 유도하는 역할을 했다. 그러나 요즘에는 많은 치료사들이 환자의 귀에 리듬감 있게 삐 소리를 내는 헤드폰이나 박자에 맞춰 윙 하고 진동하는 이어폰과 비슷한 휴대용 팟 세트를 사용한다. 나는 팟 세트를 선택했다. 스베냐는 내가 느끼기에 편안하거나 적합해 보이는 설정을 찾을 때까지 속도와 강도를 달리하며 시험해 볼 수 있게 했다. 그런 다음 우리는 팟을 이용해 내 안구의 움직임을 유도하는 일련의 훈련을 했다. 스베냐는 나와 내 감정적 자원 사이에 "더 깊은 신경적 연결고리"를 만들기 위한 것이라고 말했다.

먼저 우리는 나를 위한 일종의 '행복한 곳'을 지정했다. 현실에 있는 곳이든 상상 속 장소든, 안전하고 평온한 곳. 스베냐의 말을 빌리면 "나쁜 일이 일어난 적 없고, 일어날 수도 없는" 곳을 말한다. 나는 눈을 감고 팟을 잡았다. 팟은 박자를 맞춰 윙윙거렸고, 그 소리의 리듬에 맞추기 위해 눈꺼풀 뒤에서 내 눈이 좌우로 움직이는 것을 느꼈다. 나는 나하니 국립 공원에 있는 페어리메도를 선택했다. 그곳에서 일주일 동안 캠핑을 한 적이 있는데, 내가 보기에는 지상 낙원에 가까운 곳이었다. 나는 그곳에 다시 갔다고 몇 분간 상상했다. 푸른 초원을 흐르는 맑은 개울, 서로에게 휘파람을 부는 마멋(다람쥣과 마멋속의 포유류를 통틀어 이르는 말-옮긴이)들, 산 위에서 움직이는 들쑥날쑥한 구름, 해리슨스미스산에서 떨어져 내려오는 바위…. 모든 것이 눈에 보이는 듯 생생했다. 나는 팟이 리듬에 맞춰 진동하는 동안 눈을 감고 눈알을 좌우로 움직이면 쉽고 빠르게 강력한 꿈을 꾸는 듯한 상태로 빠져들 수 있다는 것을 알았다.

스베냐는 몸에서 어떤 느낌이 났는지, 따뜻하거나 얼얼한 느낌이 들지는 않았는지 물었다. 나는 어깨가 편안해지는 것을 느낄 수 있었다고 말했다. 그녀는 내 감정에 대해서도 물었다. 나는 마음이 평온했다. 그러고 나서 다시 같은 과정을 반복했고, 그녀는 내 감정과 반응을 차근차근 알게 해 주었다.

우리는 그녀가 "자원 공급"이라고 부르는 그 과정을

세 번 더 거쳤다. 행복한 곳 다음에는 팟이 윙윙거리는 동안 내 인생에서 '보살펴 주는 사람'을 생각했다. 스베냐와 나는 진행 중인 내 슬픔을 고려할 때 엄마를 이용하는 것은 도움이 되지 않을 정도로 복잡할 수도 있다는 데 동의했다. 자원은 무조건적으로 긍정적인 생각을 제공하는 것이어야 했다. 그래서 엄마 대신에 내가 열여덟 살 때 돌아가신 아빠의 어머니, 할머니를 떠올렸다. 나는 할머니가 교외 방갈로의 부엌 창가에 서서 담배를 물고 창문 방충망 쪽으로 몸을 기울이고 있는 모습을 머릿속에 그렸다. 할머니의 입가와 눈가 주름, 투명한 플라스틱으로 된 안경, 할머니 집 거실에 있던 체스터필드 소파의 색깔, 할머니를 안았을 때 느껴지던 빅스 베이포럽(바르는 기침 감기 연고-옮긴이) 냄새와 여윈 몸. 팟이 내 손바닥에서 윙윙거렸다. 눈알이 눈꺼풀 뒤에서 이리저리로 굴러다녔다. 사랑받는 기분이었다. 나는 안정감을 느꼈다.

보살펴 주는 사람 다음에는 '보호자' 차례였다. 마지막에는 '지혜의 원천'을 골랐다. 이 과정의 목적은 거슬리고 부정적이고 충격적인 기억이나 감정과 싸워야 할 때가 왔을 때 내가 의지할 지원군을 만드는 것이었다.

드디어 세 번째 시간에는 본격적인 EMDR을 시작했다. 이번에는 팟을 이용해 좋은 기억뿐만 아니라 나쁜 기억도 열어 주게 된다. 나는 진료실에 있는 작은 소파에 앉아 어디서부터 시작해야 할지 스베냐와 이야기를 나누었다. 내게는 선택할 만한 몇 가지 사건이 있었다. 그날 아침, 페이스북의 '과거의 오늘' 기능이 그날이 지프 사고 4주년이라는 사실을 알려주었기 때문에 나는 그 사건을 다시 골똘히 생각하면서 죽음의 문턱에 와 있다고 느꼈던 기분을 되살려 보기도 했다. 하지만 우리는 여러 이야기 끝에, 사실은 가장 최근에 일어난, 엄마의 유품인 스바루가 전복된 사고가 최악의 사건이었음을 분명히 알 수 있었다. 전에 어떤 피해를 입었든, 그 마지막 사고로 인해 모든 문제가 악화되었던 것이다. 그것은 가장 복잡하면서 부정적인 감정을 일으키는 사건이었다. 내가 운전을 하다가 차를 세우고 울기 직전에는 항상 그 사건이 떠올랐다. 그래서 우리는 거기서 시작하기로 결정했다.

나는 다시 작은 팟을 손에 쥐었고, 우리는 몇 분 동안 설정을 바꿔 보면서 리듬과 강도를 내게 딱 맞게 조정했다. 너무 빠르지도 너무 느리지도 않아야 했고, 거슬릴 만큼 세지도 않지만 진동이 느껴지지 않을 정도로 약하지도 않아야 했다. 여하튼 나는 완벽하다고 느껴지는 시점을 찾아냈다.

그러고 나서 시작했다. 나는 눈을 감았고, 스베냐는 내가 사고 이야기를 처음부터 끝까지 하게 했다. 그동안 내 손에 쥐어진 팟은 진동을 울렸고, 내 눈은 눈꺼풀 뒤에서 좌우로 움직였다. 그녀는 메모를 했다.

　나는 그날의 기억을 할 수 있는 한 선명하게 불러냈다. 그날 오후, 포트세인트존의 팀 홀튼스(캐나다의 프랜차이즈 커피 전문점─옮긴이)를 떠나는 게 꺼려졌던 기억이 났다. 떨쳐지지 않던 안 좋은 기분, 어쨌든 밀고 나가기로 한 결정. 긴 저녁 어두워지는 하늘, 그 큰 언덕을 넘어오고 있던 차, 도로 위 두껍게 쌓인 뭔가가 처음에는 우박인지 몰라서 눈을 가늘게 뜨고 있는 나…. 그러고 나서 좌우로 미끄러지는 차, "또 이러면 안 된다고!" 외치는 나 그리고 거의 습관적으로 도랑에서 뒤집히는 차.

　나는 알래스카로 가는 계절노동자들, 나를 차에 태워 준 가족 등 내게 친절하게 도움을 베풀어 준 사람들에 대해서도 이야기했다. 꿈같이 느껴지던 병원에서의 시간─밤새도록 벽에서 나를 내려다보고 있던 디즈니 만화 캐릭터들─과 그다음 날 아침에 병원에서 나를 데리고 나와 집으로 가는 버스에 태워 준 어떤 가족 이야기도 했다. 나는 그 사건과 관련된, 있는 그대로의 사실에 집중하려고 했고, 병실에서 느꼈던 암울한 감정에 대해서는 이야기하지 않았다. 엄마의 차를 망가뜨린 것에 대한 죄책감과 수치심, 지중해를 여행 중인 아빠와 연락이 닿지 않는다는 것을 깨닫고 느낀 끔찍한 외로움, 어쩌면 나는 구제할 수 없는 정말이지 끔찍하게 형편없는 운전자고, 신뢰할 수 없고 위험해서 죽을 때까지 계속 사고를 낼지도 모른다는 두려움. 그 혼란스러운 감정에 대해 더 설명했어야 하지 않을까 싶었지만, 스베냐는 더 파고들 것이 있는 것 같으면 나중에 다시 돌아오면 된다고 말했다.

내가 이야기를 끝내자 스베냐는 내 몸에 어떤 반응이 있었는지 확인해 보라고 했다. 긴장감이나 고통을 느꼈을까? 나는 이야기를 하면서 점점 슬프고 우울해지는 것을 느꼈었다. 곧 눈물이 쏟아질 듯 눈이 따끔거리고 입술이 아래로 쳐지며 어깨가 긴장되는 것을 느낄 수 있었다.(안토니오 다마지오가 다시 한 번 옳았다. 내 기분을 말해 주는 것은 내 몸에서 나타나는 신체적 반응이었다.) 스베냐는 내가 다시 팟을 잡고 그 느낌들에 집중하게 했다. 나는 그렇게 했다. 어린이 병동의 비닐로 덮인 침대에서 보낸 그 암울한 밤, 죄책감과 수치심과 의심, 모든 것이 너무나 끔찍하고 불가능하게 느껴지고 내가 통제하지 못할 것 같았던 그 기분을 떠올리면서 나는 금방이라도 울음이 터져 나올 듯했다. 너무나 생생해서, 포카혼타스의 비판적인 시선 아래 비참한 기분으로 잠 못 이루던 그때로 다시 돌아간 기분이었다.

우리는 여러 차례에 걸쳐 나쁜 기분에 집중했고, 그때마다 나는 눈을 감고 손에서 느껴지는 팟의 리듬에 몸을 맡겼다. 마치 뭔가에 홀린 듯 몸의 긴장과 통증이 이리저리 옮겨 다니는 것을 느꼈다. 어깨와 목의 조임으로 시작해 가슴 조임으로 옮겨 갔고, 점점 강도가 세지다가 결국에는 가슴의 통증과 호흡곤란, 약간의 메스꺼움까지 느껴졌다. 그다음에는 손목과 손으로 가서 주먹이 쥐어졌다. 스베냐는 내게 손이 자유로울 수 있도록 팟을 손에 잡고 있지 말고 허벅지 아래에 두라고 했다. 팟의 진동이 햄스트링에 느껴지는 상태로 다시 진행했다. 손이 저절로 오므라드는 것 같았고, 고통이 팔뚝의 힘줄로 퍼져 나갔다. 우리 둘 다 그 모습이 죽을힘을 다해 운전대를 꽉 잡고 있던 누군가와 닮았다는 것을 알아차렸다.

스베냐는 이 모든 것이 정상적이고 예상한 반응이라고 말했다. 트라우마는 생각이나 감정뿐만 아니라 몸에 남아 있을 수 있는데, 이제는 그것이 풀려나 여기저기로 튀어나오고 있다고도 했다. 몇 년 전이라면 눈알을 굴리고 들었을 법한 이야기지만, 그때 나는 내 몸이 어떤 이질적인 힘에 지배당하고 있는 듯한 기분을 느꼈다. 아주 이상한 경험이었다.(오클라호마시티 폭탄테러의 생존자로 트라우마를 개선하기 위해 EMDR을 받은 적이 있는 어떤 사람은 EMDR을 "폭탄을 제외하고 내가 경험한 것 중 가장 이상한 것"이라고 말했다. 나는 폭탄을 맞은 적은 없지만 그 말에는 공감할 수 있다.)

다음으로 스베냐는 그 사고와 관련해 긍정적인 진술을 해 보라고 했다. 진동하는 팟의 도움을 받아 내 뇌 속에 접합할 수 있는 이야기, "나는 옳은 일을 했어." 같은 말이었다. 그러나 나 자신에 대한 믿음이 너무 흔들린 상태여서, 그런 확언은 진실되게 느껴지지 않았다.

"그걸 믿어야 하는 건가요?" 나는 물었다. 불행하게도 그래야 했다.

대화를 나눈 끝에 우리는 "그것은 기이한 상황이었다."라고 결론을 내렸는데, 나는 이것만은 진짜라고 느꼈다. 더불어 "내 잘못은 아니었다.(아마도?)", "나는 운전을 잘한다.(음….)" 그리고 "나는 좋은 것을 누릴 자격이 있다.(이건 나도 믿었다.)"로 마무리 지었다. 우리는 그런 생각들에 대해 숙고해 보는 시간을 가졌고, 그러고 나서 내 자원을 가져왔다. 내 행복한 곳의 평화와 고요, 할머니가 주는 따뜻함과 안정감.

금방이라도 울 듯한 표정으로 일그러지던 얼굴이 평온을 되찾았다. 모든 부정적인 감정에 집중했던 시간 중에 생긴 쓰라림이 가슴에서 사라졌다. 어깨의 긴장이 풀렸다. 몸이 안정되면서 슬픔이 걷혔다. 기분이 좋아졌다.

2주 후, 나는 스베냐의 진료실에 다시 갔다. 지난번과 마찬가지로 그녀는 나를 소파에 편안하게 앉게 했고, 내가 선호하는 속도와 강도로 팟의 진동을 조정했고, 그런 다음 나는 4러너 사고 이야기를 했다.

나는 팟을 손에 쥔 채 눈알이 좌우로 움직이는 것을 느끼면서 그 여행에 대해 그리고 사고 자체와 후유증에 대해 기억나는 것을 이야기했다. 진동, 눈의 움직임, 꿈을 꾸는 듯한 명상 상태, 그런 것들은 모두 똑같았다. 그러나 지난번과 달리, 사고 자체에 대한 이야기를 하는데도 마음이 동요되지 않았다. 나는 4러너가 고속도로에서 회전하는 동안 운전석에 앉아 있던 내가 다 괜찮을 거라고 확신하면서 얼마나 침착했는지를 설명하려고 했다. 그 기억이 떠오르자, 회전하는 차에 앉아서 내가 얼마나 터무니없이 잘못 생각하고 있었는지 어이가 없어서 하마터면 웃을 뻔했다.

사고는 혼란 그 자체였다. 사고 직후 나는 충격에 빠져 있었고, 안경은 얼음으로 덮이고 머리에는 혹이 부풀어 오르고 있었다. 부정적인 감정은 구급차에 오르고 나서 한참 뒤에야 찾아왔다. 친구 라이언이 내가 있는 응급실 구석의 커튼을 열고 데리러 오기 전까지는 속상한 마음도 없었다. 환자복을 입은 채 앉아서 나는 그를 올려다보았고, "라이언! 내 차!" 하고 울기 시작했다.

그러나 며칠 혹은 몇 주 동안 나를 음울하고 무감각하게 만들었던 스바루 사고와는 달리, 4러너 사고는 감정적으로 거의 나를 건드리지 않았다. 목이 뻐근하다는 것을 알았을 때 어떤 두려움과 걱정을 느꼈던 기억은 난다. 하지만 그게 다였다.

스베냐의 진료실에서 그 이야기를 나누는 동안 나는 대체로 상태가 괜찮았고, 지난번에 느꼈던 극적인 고통과

울분은 전혀 경험하지 않았다. 다만 가슴이 조여드는 느낌은 있었는데, 특히 병원에 잠시 머무르는 동안 한바탕 정신없이 울었던 일에 대해 이야기할 때 그랬다. 진동을 한 차례 느끼면서 내 가슴속 그 느낌에 집중했고, 그 느낌은 점차 사라졌다.

스베냐는 사고 당시 나 자신의 침착함이 그 사고의 충격으로부터 내 정신을 보호해 주었다고 말했다. 내가 두려워하지 않았기 때문에 사고의 기억이 같은 식으로 달라붙지 않았다는 것이다. 그 말을 들었을 때 불현듯 나는 뭔가를 깨달았다. 당연히 그렇다! 그 생각은 완벽하게 직관적으로 이해되었다. 두려움과 고통에 대한 우리의 느낌은 사건 그 자체만큼이나 이후 트라우마의 원인이 될 수 있다. 나는 사람들이 같은 급조폭발물 폭발, 같은 대량 총격 사건 등 같은 사건을 겪은 후에 각자가 경험하는 트라우마가 어떻게 다를 수 있는지 생각해 보았다. 안토니오 다마지오가 말한 신체 지도에, 즉 '나는 고통스럽다.', '나는 두렵다.', '나는 안전하지 않다.'와 같이 우리 뇌에 전달되는 메시지에 많은 것이 달려 있는 것 같다.

베셀 반 데어 콜크는 "피할 수 없는 충격"이라는 현상을 묘사했다. 누군가가 위험하거나 위협적인 상황에 처해 있고, 탈출구나 자신을 보호하기 위해 취할 수 있는 수단이 없을 때, 그들의 트라우마는 악화되거나 심각해진다.

그들의 무력감이 마음속 사건의 후유증을 더욱 악화시키는 것이다. 파블로프의 개들, 익사할 뻔한 개들이 기억나는가? 반 데어 콜크는 "홍수가 일어나는 동안 우리에 갇힌 개들은 몸을 움직일 수 없었지만, 그들의 몸은 생명을 위협하는 위험이 닥치면 도망치도록 프로그램되어 있었다."라고 쓰고 있다. 당시 파블로프는 개들이 갇혀 있었다는 사실이 부분적으로는 훗날 개들을 쇠약하게 만든 공포의 이유이기도 하다는 이론을 제시했다.

나는 스바루 사고에 대한 기억, 도랑을 향해 미끄러져 가는 동안 아무런 소용 없이 소리를 질렀던 일을 되짚어 보았다. 나는 4러너에도 갇혀 있었지만, 갇혀 있다고 여기지 않았다. 내가 예상해야 할 것을 알고 있다고 생각했기 때문에 자신감이 있었고 제어할 수 있다고 느꼈다. 물론 그 생각은 잘못된 것이었지만, 내 태평스러운 자신감이 결국 나를 보호해 주었다.

그 깨달음 덕분에 스베냐와 나는 4러너 사고를 상당히 빠르게 거쳐 갈 수 있었다. 그다음으로 우리는 지프차 사고로 넘어갔고, 상황은 또다시 어두워졌다. 그러나 4러너 이야기를 할 때 그랬던 것처럼, 나는 지프차 이야기를 하면서 농담을 하고 웃을 수 있었다. 우스웠던 부분이 생각났다. 내 차를 친 남자가 내가 좋아하는 알래스카 식당에서 넙치 버거를 사 준 일, 내 몸 곳곳에서 유리 파편을 우스꽝스러울 만큼 이상하게 발견한 일 등. 그러나 그날 밤 토크의 모텔에서 외롭고 어색한 기분이 들었던 것, 죽음을 면했다고 느꼈지만 그것이 정확히 무엇을 의미하는지 알지 못했던 것, 엄마 아빠가 너무나 보고 싶었던 것, 구조된후 새로운 삶을 최대한 잘 살아야겠다고 간절한 열망을 느꼈던 것도 기억났다. 그리고 충돌 전에 눈을 감았던 기억의 강렬함은 피할 수가 없었다. 지금이구나.

스베냐는 내가 한 말 중 한 가지에 관심을 보였다. 지프차 사고 이후 내가 더 이상 다른 운전자들을 믿지 않는다는 점이었다. 나는 늘 경계를 늦추지 않는다고, 다른 차의 타이어와 노란 중앙선을 지켜보면서 그 차들이 중앙선을 넘어와 나를 치지 않을지 살펴본다고 말했다. 자동차 운전과 관련한―사실은 사회의―모든 시스템은 다른 모든 사람들도 이 시스템을 따를 것이라는 맹목적인 신뢰에 의존한다. 지프차 사고에서 그 신뢰는 완전히 깨졌다. 그러나 스베냐는 내 경계심을 새로운 관점으로 보게 하려고 노력했다. 그녀는 적절한 범위 내에서의 어느 정도의 주의와 대비는 나를 더 나은 운전자로 만들어 준다고 짚어 냈다. 맞는 말 아닌가? 나는 그녀에게 내 친구들 중 몇 명이 그 사고 후 내 '닌자 기술(뛰어난 신체 능력을 갖춘 닌자에 빗대어, 초능력에 가까운 높은 수준의 능력이나 기술을 표현할 때 쓰는 말―옮긴이)'에 대해 어떤 식으로 농담을 했는지, 내 반응 속도에 대해, 다가오는 죽음의 길을 성공적으로 빠져나간 일에 대해 어떻게 칭찬했는지 말해 주었다. 스베냐는 그 이야기를 마음에 들어 했고, 내가 진동이 울리는 팟을 손에 쥔 채 다른 훈련을 하는 동안 우리가 검토할 몇 개의 확언들을 생각해 냈다. "나는 나 자신을 구했다." 나는 그녀가 시키는 대로 눈꺼풀 뒤로 눈알을 양옆으로 움직이면서 이렇게 말했다. 또 이렇게도 말했다. "내게는 닌자 기술이 있다."

바보같이 느껴지기는 했지만, 스바루 사고에 대한 확언과는 달리, 이런 말들은 진실처럼 느껴졌다. 그녀는 내가 경험한 신뢰의 파괴가 나를 더 나은 운전자로 만들어 줄 것이라고 다시 한 번 강조했고, 나는 내 안에서 일어나고 있는 뭔가 뚜렷한 변화를 감지할 수 있었다. 마치 톱니바퀴가 돌아가다가 제자리를 찾은 듯한 기분이었다.

스베냐의 진료를 받은 다음 날, 나는 차를 타고 클론다이크 고속도로를 달려 북쪽으로 향했다. 나는 716킬로미터에 달하는 장거리 카약 경주인 유콘강 퀘스트에서 자원봉사를 하고 있었고, 앞으로 며칠 동안 도로를 타고 따라다닐 예정이었다.

거의 즉각적으로 뭔가가 변했다는 것을 알 수 있었다. 내 두려움과 불안은 더 이상 속도계의 바늘과 함께 올라가지 않았다. 나 자신의 죽음을 반복해서 상상하지 않앉고, 살짝 조심스럽기는 했지만 정상적인 고속도로 주행 속도로 운전할 수 있었다. 이제 더 이상 커브를 돌 때마다 차가 굴러서 도랑으로 처박히는 상상을 하지 않았다. 도로가 건조하고 날씨가 좋았던 것도 맞지만, 그래도! 스바루 사고를 당하기 전보다 기분이 더 좋았고, 더 차분했다. 풍경을 바라보거나 팟캐스트를 들으면서 긴장을 풀었다. 즐거웠다.

날이 갈수록 상태가 점점 좋아졌다. 처음에는 커브를 돌 때마다 소름끼치는 공포가 밀려오리라 예상하며 긴장했지만, 공포는 찾아오지 않았다.(반 데어 콜크는 트라우마를 경험한 사람들은 트라우마로 인한 행동의 일상적 패턴이 다시 돌아올 것이라고 예상하면서 "공포 자체에 대한 공포를 키우기도" 한다고 쓰고 있다. 나도 그럴 것이라고 강하게 예상했지만, 내가 두려워하던 패턴은 다시는 힘을 발휘하지 않았다.) 나는 다른 차량들을 지나쳐 갈 때 불안감을 느끼기도 했다. 2차선 도로의 커브와 오르막 사이의 짧은 구간에서 커다란 레저용 차량을 둘러 가기 위해 가속해야 하는 경우가 있었다. 하지만 그 일을 해낼 때마다 자신감이 상승했다. 심지어 짧게 몰아치는 폭풍우, 쏟아지는 우박을 뚫고 차를 몰았고, 대체로 침착한 상태를 유지했다. 비가 내린 구역을 지날 때마다 자동 주행 속도 유지 장치를 켜고 속도를 약간 늦추었지만, 두려움을 느끼거나 크게 당황하지는 않았다.

지난 2년 동안 자동적으로 일어났던 반사 행동이 수술을 통해 내 몸에서 잘려 나간 것만 같았다.

나는 나쁜 기억의 침입으로부터 해방되었고, 그 결과 그 기억들이 가져다 준 '예기적 고통'에서도 해방되었다. 끈질기게 남아 있던 트라우마가 해결된 것이다.

트라우마가 구체적일수록 제거하기 쉽고, 그 피해가 개인의 삶 속에 더 폭넓게 퍼져 있을수록 제거하기가 어렵다는 사실을 나중에 알게 되었다.(이것은 트라우마를 치료하기 위해 선택하는 방법과는 무관하게 사실이다.) 내가 겪은 사고는 별개의 사건들이었고, 두려운 기억은 운전할 때만—그것도 젖은 도로나 얼음이나 눈으로 덮인 길을 운전할 때만—촉발되었다. 즉 내 트라우마는 좁은 영역에 한정되어 있었기에 나와 스베냐는 그 트라우마를 우리에 몰아넣고, 나를 괴롭히던 기억들을 긁어모아서 그것들이 있어야 할 자리에 멀찌감치 쌓아 둘 수가 있었던 것이다. 어떤 트라우마는 우리의 생활 구석구석에 은밀하게 엮여 있고, 먹고 자고 데이트하고 쇼핑하고 영화를 보는 모든 일상에 파고들어 있어서 엉킨 것을 풀기가 훨씬 더 어려울 수도 있다. 내 경우는 운이 좋게도 트라우마가 대단히 좁은 범위에 한정되어 있었다.

트라우마가 치유되고서 몇 달 동안, 나는 도저히 그

사실을 믿을 수가 없었다. 지금도 가끔 그 오래된 예상이 찾아오기도 한다. 빙판길에서 커브를 돌 때면 내 안에서 공포가 고개를 들고 일어나 나를 장악할 수도 있다고 마음의 준비를 한다. 하지만 절대로 그런 일은 일어나지 않는다.

가능하지 않을 것 같았지만, 나는 치유되었다.

7장

〰〰〰〰〰〰〰〰〰〰〰

공포 치료법

　소녀는 열한 살이었다. 어머니와 함께 침실에 있었고, 어머니는 소녀의 드레스를 바느질하고 있었다. 쥐 한 마리가 나타나서 침실 바닥을 가로질러 뛰어가다가 소녀의 맨발을 스쳤을 때, 소녀는 처음에는 동요하지 않았다. 소녀는 쥐를 두려워한 적이 없었다. 그러나 소녀의 어머니가 보인 반응은 공황 그 자체였고, 별안간 공포로 떠는 어머니의 모습을 목격한 소녀는 충격을 받고 괴로움을 느꼈다.

　자라면서 소녀는 침실에서 쥐를 만난 그날이 쥐에 대한 공포를 새롭게 알게 된 날일 것이라고 여겼다. 세월이 흐르면서 공포는 더욱 심해졌다. 그녀는 스무 살이 되고 서른 살이 되었다. 그녀는 쥐덫과 쥐약을 놓는 등 쥐들이 집 안에 들어오지 못하게 하는 데 강박적으로 신경을 쏟았다. 과거에 쥐를 본 적이 있는 장소는 피하려고 노력했다. 밤이 되면 침대 옆에 긴 장화 한 켤레를 두었고, 쥐가 옆으로 기어올라 장화 속으로 들어가지 못하도록 위를 덮어 두었으며, 밤중에 일어날 일이 있으면 장화를 신고는 자기가 돌아오는 것을 쥐들에게 알리려고 집 안을 쿵쿵거리며 다녔다. 남편이 출장 갈 일이 생기면 다른 곳—어딘가 안전한 곳, 쥐가 없는 곳—에 머물 준비를 했다. 그녀 어머니의 두려움은 그녀 자신의 것이 되어 있었다.

30대에 그녀는 인지 치료를 받았다. 40대에 접어들어서는 EMDR을 시도했다. 그럼에도 쥐공포증으로 알려진 쥐에 대한 두려움은 끈질기게 남아서 그녀를 괴롭혔다.

EMDR 치료를 받고 3년 후, 그 여성은 암스테르담에 있는 메럴 킨트(Merel Kindt) 박사와 그녀의 동료들에게 접촉해 도와줄 수 있는지 문의했다. 그들은 한번 시도해 보기로 했다.

킨트의 연구팀은 그 여성을 데려와 단 한 차례의 치료를 실시했다. 2분 15초 동안 쥐에 노출시켰고, 알약 한 알을 먹게 했다. 그게 전부였다. 치료를 받은 지 한 달도 안되어 그녀는 밤에 일어나 어두컴컴한 집 안을 맨발로 다닐 수 있게 되었다. 석 달도 안 되어 쥐를 손으로 잡을 수 있게 되었고, 심지어 자신의 맨발 위로 쥐가 뛰어가도록 놔두기도 했다. 그녀의 공포증은 완치되었다. 그녀는 자유였다.

학술지 『학습과 기억(Learning & Memory)』의 2017년 논문에 나온 이 이야기는 설득력 있는 공상 과학 소설로 만들기에도 너무 억지스럽고 단순해 보인다. 하지만 사실이다. 킨트 박사의 연구팀은 한 여성의 30년간 지속된 생쥐에 대한 공포를 단 하나의 알약, 고혈압, 편두통, 수행불안 치료에 흔히 쓰이는 베타차단제인 프로프라놀롤 40밀리그램으로 치료했다. 또한 그 여성의 쥐공포증이 사라진 것이 아주 드문 사례도 아니었다. 킨트는 거미공포증, 뱀공포증 등 다양한 특정 공포증이 있는 사람들에게 명백한 기적을 행하고 있다.

나는 수년간 내 고소공포증을 부정하며 지내다 이따금 공황에 빠지는 일을 겪었고, 내 공포를 확인하고 그것을 이겨 내려는 노력을 했으며, 내가 직접 노출 치료를 엉성하게나마 시도하기도 했다. 그런 시간들을 거친 끝에 결국 고소공포증과 휴전 협상하는 것으로, 즉 절충안을 수용하는 것으로 만족했다. 그러나 메럴 킨트의 알약에 대한 이야기를 들었을 때 나는 궁금해졌다. 과연 내가 진정으로 치유될 수 있을까?

어렸을 때 나는 가끔 콘크리트를 바른 지 얼마 되지 않은 보도를 지나가고는 했다. 새로 바른 구간마다 축축하고 매끄러운 표면 위로 비닐 한 장이 깔려 있었는데, 나는 언제나 모서리 부분을 들어 올리고 나뭇가지 끝으로 내 이름의 머리글자를 새기고 싶은 유혹에 빠졌다. 나는 수년간 다른 보도에서 콘크리트가 굳기 전에 대담하게 행동을 취한 아이들의 소행으로 짐작되는 흔적을 보아 왔다.

우리 가족이 오타와로 이사 가기 위해 새스커툰을 떠나기 직전, 나는 우리 집에서 멀지 않은 곳에서 콘크리트를 바른 지 얼마 안 된 보도 구간을 보았다. 그때 특히 강한 유혹을 받았던 기억이 난다. 집에 작별인사를 하면서 내 흔적을 남기고 싶었다. 내가 실제로 실행했는지 안 했는지 기억나지는 않지만, 아마 하지 않았을 것이다. 어쨌거나 나는 조심스럽고 내성적인 아이였다. 들켜서 곤란한 일이 생길까 봐 지레 겁을 먹는.

예전에는 우리의 공포 기억은 보도 포장면과 같다는 것이 과학계의 정설이었다. 일단 형성되면, 공포 기억은 단기 저장소에서 장기 저장소로 옮겨가고, 고정되고, 단단하게 굳는다. 그것들은 시간이 지나면서 퇴화될 수는 있지만, 기본적인 성질은 변하지 않는다. 하지만 특정 조건 하에서는 다시 열릴 수 있고, 다시 유연해지거나 바뀔 수 있다는 것이 밝혀졌다. 그 발견은 결국 메럴 킨트 치료법의 토대를 형성하게 된다.

1990년대 후반 카림 네이더(Karim Nader)는 뉴욕대학교의 신경과학 박사 후 연구자로, 주로 공포를 연구하는 (그 이름도 유명한 록 밴드 '편도체'의) 조지프 르두 밑에서 활동했다. 네이더는 새로 형성된 우리의 기억이 '강화(consolidation)'라고 알려진 과정을 거치기 전, 즉 안정적이고 장기적인 기억 저장소로 옮겨가기 전, 초기에는 유연한 시기를 거친다는 것을 이미 알고 있었다. 또한 그는 많은 연구들에 따르면 강화 과정을 방해할 수 있는 잠깐의 기회가 있다는 것도 알고 있었다. 예를 들면 공포 조건 형성 직후에 약물을 주입하거나 전기 경련 요법을 적용하면 조건 형성 과정을 방해할 수 있지만, 몇 시간이나 며칠 후에는 같은 치료법이 아무런 효과가 없다. 그는 훗날 『네이처(Nature)』에 기고한 글에서 "가장 흔히 이용되는 약물 조작 중 하나는 RNA(리보핵산)가 단백질로 바뀌는 것을 막는 약물을 투여하는 것이다."라고 썼다. 단백질 합성을 중단시키는 것이 기억 강화 과정을 방해하는 역할을 하는 것으로 보인다. 그 말은 즉 우리의 공포 기억이 내면화되는 것을 막을 수 있는 방법이 있음을 의미한다.

네이더는 또한 약물 주입이나 전기 경련 요법과 같은 동일한 개입이 장기 저장소에서 기억을 불러올 때 적용된다면 제한된 형태의 기억 상실을 유발할 수 있다는 연구 결과를 본 적이 있었다. 이용하려고 하는 정보의 원본이 지워지는 것이었다. 그는 기억이 단백질 합성을 통해 강화

되었듯이, 기억 인출에도 인출된 기억이 본래의 상태를 유지하게 하려면 단백질 합성을 수반하는 유사한 재강화 과정이 필요할 수 있다는 이론을 제시했다. 그는 우리의 공포 기억을 수정할 수 있는 기회가 있을 것이라고 생각했다. 단단해진 보도 조각이 다시 촉촉해지는 시점이 있을지도 몰랐다.

그는 자신의 이론을 쥐에게 시험해 보기로 결심했다. 고전적인 공포 조건 형성으로 시작했다. 쥐들의 발에 잠깐의 충격을 가하고, 그와 동시에 청각적 자극인 하나의 음을 들려주었다. 다음 날 쥐들은 그 음에 노출되었고, 곧바로 편도체에 주사를 맞았다. 한 그룹은 단백질 합성을 막는다고 알려진 약물인 아니소마이신을 맞았고, 다른 그룹은 중성의 불활성 물질인 ACSF(인공 뇌척수액)를 맞았다.

처음에 충격 없이 음을 들려주었을 때 두 그룹은 동일하게 얼어붙는 행동, 즉 충격을 예상하는 공포 반응을 보였다. 그러나 24시간 후에 네이더와 그의 동료들이 쥐들을 다시 실험했을 때, 아니소마이신 그룹의 공포 반응은 현저히 줄어들었다. 조건 형성이 적어도 부분적으로는 풀린 것 같았다.

그러나 조건 형성의 기억이 적극적으로 인출되지 않으면 효과가 없었다. 공포 조건 형성을 거친 한 대조군에게는 음을 들려주지 않고 아니소마이신을 주입했는데, 그 쥐들은 주사제의 영향을 받지 않았고, 조건 형성은 온전하게 유지되었다. 네이더는 그 결과가 단백질 합성이 초기 기억 강화뿐 아니라 기억 활성화 후의 재강화에도 필요하다는 것을 보여 준다고 생각했다.

후속 실험에서 네이더의 연구팀은 자극을 준 후 6시간 이상 주사를 지연시키면 효과가 없다는 사실을 발견했다. 인출된 공포 기억을 바꿀 수 있는 제한된 기회가 있는 것이다. 다음으로 그들은 공포 조건 형성이 끝나고 24시간만 기다렸다가 음을 들려주고 주사를 놓는 것이 아니라, 이번에는 14일을 기다린 다음에 똑같이 했다. 여전히 아니소마이신은 효과가 있었다. 적어도 쥐들의 경우, 공포 기억은 인지적 훈련이나 행동적 훈련을 통해 극복하는 방법밖에 없다는 생각이 틀렸다는 증거가 나온 것이다. 그 나쁜 기억은 근본적으로 바뀔 수 있었다.

신경과학자가 아닌 임상심리학자로 훈련을 받은 메럴 킨트는 즉각적으로 네이더가 한 연구의 응용 가능성을 알아보았다. 내가 처음 전화 인터뷰를 했을 때 그녀는 이렇게 말했다. "그 논문을 처음 읽었을 때, 임상심리학과 심리 치료를 위한 정말로 굉장한 뉴스라고 생각했어요." 만약 그 과정을 인간에게 적용할 수 있다면, 온갖 다양한 방식으로 두려운 기억으로 인해 고통받는 사람들에게 갖는 의미는 엄청날 것이었다.

그런데 한 가지 문제가 있었다. 아니소마이신은 독성이 있어서 인간을 대상으로 하는 연구에서는 사용할 수 없었다. 그래서 킨트는 비슷한 성질을 가지고 있는 것으로 보이고 일반적으로 인간에게 무해한 베타차단제인 프로프라놀롤을 이용해서 네이더가 발견한 사실을 실험해 보기로 했다. 그녀는 이미 다른 연구자들이 초기 강화 과정에서 기억을 바꾸기 위해 프로프라놀롤을 사용한 적이 있다는 것을 알고 있었다. 그것은 확실한 선택이었다.

킨트와 그녀의 동료들은 세심하게 통제된 연구를 시작했다. 그들은 2009년 『네이처 뉴로사이언스(*Nature Neuroscience*)』에 실린 짧은 글에서 "우리는 재강화 과정을 방해하면 공포 반응이 약해질 수 있고, 공포 기억의 재강화를 방해하면 공포가 되살아나는 것을 막을 수 있다는 가설을 실험했다."라고 썼다.

연구팀은 고전적인 공포 조건 형성 기법을 사용하여 연구 참가자들에게 전에는 없었던 고조된 공포감을 형성했다. 이 연구에서는 시끄러운 소음을 사용했고, 피험자의 오른쪽 눈에 있는 근육을 관찰함으로써 그 소음이 놀람 반사에 미치는 영향을 측정했다. 다음 날, 그들은 무작위로 선택된 한 그룹에게 프로프라놀롤을 투여했다. 네이더의 연구팀이 가능하다는 것을 보여 준 것처럼, 공포의 기억을 여는 것을 목표로 전날의 사건에 대한 피험자들의 기억을 다시 활성화시켰다. 다른 그룹에게는 재활성화 전에 위약을 주었고, 세 번째 그룹은 아무런 기억 재활성화 없이 프로프라놀롤만 투여했다.(나중에 킨트는 실험 계획안을 변경해 첫 번째와 두 번째 그룹에게 재활성화 후 약물을 투여했다.)

결과는 고무적이었다. 그들은 "위약을 투여한 그룹과 대조적으로 프로프라놀롤을 투여한 그룹은 48시간 뒤 놀람 반응이 현저히 감소했다."라고 썼다.

그들은 이어서 "프로프라놀롤은 공포 기억의 발현을 강력하게 줄였다."라면서 "조건화된 공포 반응이 줄어들기만 한 게 아니라 아예 없어지기도 했다."라고 밝혔다. 위약 그룹에서는 이와 같은 호전이 전혀 나타나지 않았다. 기억 재활성화 없이 프로프라놀롤만 투여한 그룹도 마찬가지로 "정상적인 공포 반응"을 보였다.

킨트와 그녀의 동료들은 보고서에서 그들의 실험이 공포 조건 형성의 기억과 그로 인해 습득된 공포의 기억은 그대로 남긴다는 사실을 강조했다. 그러나 그들은 "그 정보는 더 이상 감정적인 영향을 주지 않았다."라고 썼다. 킨트의 연구는 종종 전 여자친구의 기억을 지우는 치료를 받는 남자의 이야기를 그린 영화 〈이터널 선샤인(Eternal Sunshine Of The Spotless Mind)〉과 비교되기도 한다. 그러나 그 실험에서 한 일은 기억을 지우는 것이 아니다. 그보다는 그 기억들이 더 이상 공포 반응을 유발할 수 없도록 기억에 매인 밧줄을 푼 것에 가깝다. 그렇게 해서 배와 부두의 연결이 끊어지고, 기관차가 열차에서 떨어지게 된다. 이론상으로 그 결과는 내가 EMDR을 통해 얻었던 것과 똑같다. 과거 자동차 사고에 대한 기억을 현재의 운전에 대한 내 반응과 분리시키고, 그 기억을 지우지 않고도 두려움으로부터 나를 해방시켜 주는 것이다.

알약 하나에 담긴 자유란 강력한 아이디어였지만, 곧 성공에 이르렀다고 볼 수는 없었다. 그다음 단계는, 바로 전날 실험실에서 만들어진 공포 반응보다는 좀 더 강력하고 오래 지속된 공포로 그 방법을 시험하는 것이었다. 킨트와 그녀의 동료 마리커 수터르(Marieke Soeter)는 또 다른 실험을 설계했고, 2015년 그 결과를 발표했다.

이번 실험의 대상은 (표준화된 심리 질문지 결과에 따라 판정된) 거미공포증이 있는 45명의 사람들이었다. 이번에도 피험자를 세 그룹으로 나누었다. 한 그룹은 기억 재활성화와 함께 프로프라놀롤을, 다른 한 그룹은 기억 재활성화와 함께 위약을, 그리고 마지막 그룹은 기억 재활성화 없이 프로프라놀롤을 투여받았다.

참가자들은 이미 거미를 두려워하고 있었기 때문에 이번에는 1단계인 공포 조건 형성 과정이 필요 없었다. 하지만 연구팀은 약간의 기초 작업을 했다. 치료를 받기 전각 피험자들을 방에 들어가게 했는데, 그 방의 끝에 있는 탁자 위에는 새끼 타란툴라(독거미의 일종-옮긴이)가 들어 있는 항아리가 놓여 있었다. 피험자들은 항아리에 다가가서 8단계로 구성된 표준화 행동평가 검사를 3분 이내로, 할 수 있는 한 최대한 높은 단계까지 완료하라는 요청을 받았다. 그들은 언제든 검사를 중단할 수 있었다.

먼저 그들은 뚜껑이 덮인 그 항아리 앞에서 20센티미터 떨어진 곳에 앉아야 했다. 그런 다음 항아리 옆면에 손바닥을 10초 동안 올려놓게 했다.(거미에 대한 공포가 있다면 이쯤 되면 이미 겁에 질릴 것이다.) 다음으로 뚜껑을 열고 할 수 있다면 열려 있는 항아리를 10초간 잡도록 했다. 이런 식으로 단계가 계속 높아져서 8단계까지 가게 되는데, 마지막 과제는 거미가 맨손 위로 기어 다니게 하는 것이었다. 만약 이 단계에 도달한 참가자가 있다면 그들은 실험에서 제외되었다.(그럴 만도 하다! 내가 특별히 거미를 무서워한다고 생각하지는 않지만, 나 역시 그건 힘들 것 같다.)

나흘 후는 치료의 시간이었다. 기억 재활성화가 예정되어 있는 두 그룹에게는 처음 검사에서 얼마나 완수했든지 간에, 이 과정을 완료하기 위해서는 오늘 거미를 만져야 할 것이라고 알려 주었다. 그들은 열린 우리 안의 타란툴라로부터 70센티미터 떨어진 곳에 서 있으라는 지시를 받았다. 2분 동안 그들은 그 자리에 그대로 있으면서—아마도 심장이 쿵쾅거리고, 동공이 확장되고, 그 밖의 다른 증상들이 나타났을 것이다―공포와 불안 수준, 그리고 거미를 만지는 일에서 가장 무서운 점이 무엇인지에 대한 일련의 질문들을 받았다. 그 시간 내내, 그들은 거미를 만지라는 요청을 곧 받을 것이라는 막연한 믿음에 사로잡혀 있었다. 이것은 피험자들의 공포 기억을 촉발시키고 재활성화하려는 킨트의 노력이었다. 딱 필요한 만큼만 기억이 유연해지는 지점으로 그들을 데려 오기 위한 섬세한 작업이었던 것이다.

그 2분이 지났을 때, 피험자들은 끝내 거미를 만지라는 요청을 받지 않았고, 다시 바깥으로 안내되었다. 그러고 나서 그들은 알약을 받았다. 40밀리그램의 프로프라놀롤 아니면 위약 둘 중 하나였다. 나흘 뒤 참가자들은 거미 공포증 질문지를 작성했고, 8단계 행동평가 검사를 다시 받아 할 수 있는 단계까지 완료했다.

변화는 극명했다. 기억 재활성화 과정과 프로프라놀롤 알약 복용을 모두 거친 그룹의 모든 구성원들은 8단계 검사에서 치료 전보다 더 많은 과제를 수행할 수 있었다. 심지어 8단계에 도달하여 손으로 타란툴라를 만진 사람들도 많았다. 반면 기억 재활성화와 위약 복용을 거치거나 프로프라놀롤 알약 복용만을 거친 그룹은 간신히 항아리를 만질 수 있는 단계까지가 최선이었다. 이후 3개월, 1년에 걸친 추적 연구에서도 완전한 치료를 받은 그룹은 퇴행 없이 안정적인 상태를 유지했다. 그들은 여전히 항아리를 만질 수 있었다.

킨트와 내가 처음 전화 통화를 했을 때는 거미공포증 연구가 발표되고 3년이 조금 넘었을 때였고, 나는 그녀의 연구의 최근 상황을 알지 못했다. 킨트가 새로운 주제를 연구하고 있는 것은 아닌지, 내가 적합한 지원자가 될 수 있을지 확신할 수 없었다. 하지만 그 당시 우리의 대화가 거의 끝나갈 무렵, 킨트는 그때까지 다루었던 공포증 리스트를 줄줄 읊었다. 거미공포증, 뱀공포증, 좀벌레공포증, 개공포증, 폐소공포증 그리고 고소공포증.

"제가 바로 그런 상태예요." 내가 말했다.

"치료받고 싶으세요?" 그녀가 살짝 웃으며 내게 물었다. 나도 그녀에게 농담 반 진담 반으로 한번 받아 보고 싶다고 말했다.

나는 운이 좋았다. 그녀는 불과 몇 달 전에 킨트 클리닉을 개업한 상태였다. 그녀는 이제 진행 중인 연구 과정에서뿐만 아니라 정규 진료 환자를 대상으로도 치료를 하고 있었다. 내가 수용 기준을 충족한다면 시간당 100유로로 나도 그 치료를 받을 수 있었다.

며칠 후 온라인 질문지를 작성했다. 내 두려움에 대

한 질문에 답하고 '어떻게 해서라도 그런 상황에 맞닥뜨리는 것을 피하려 한다.' 등의 진술이 나와 일치하는 정도를 매기는 것이었다. 나는 의사를 찾아가 혈압을 재고 내가 복용해야 할 프로프라놀롤의 복용량을 승인해 달라고 했다. 그 약은 혈압 억제제라서 이미 혈압이 너무 낮은 사람에게는 안전하지 않을 수 있었다.

질문 중 하나는 가족력에 관한 것이었다. '가족 중 60세 이전에 심장마비나 관련 원인으로 사망한 사람이 있는가?' 나는 어머니가 60세에 뇌졸중을 겪었고, 외할아버지가 54세에 대동맥류로 돌아가셨다는 사실을 밝혔고, 화면에 뜬 양식에 답변을 입력하면서 엄마의 인생이 얼마나 불공평했는지를 보여 주는, 있는 그대로의 사실에 다시 한 번 놀랐다.

하지만 그 슬픈 역사와는 상관없이, 클리닉에서는 나를 치료해 주기로 했다. 나는 암스테르담행 항공권을 예약했고 너무 큰 기대는 갖지 않으려고 노력했다. 지금까지 보여 준 킨트의 치료 효과는 강력했다. 그러나 치료의 성패는 전적으로 재활성화 부분—보도 콘크리트가 다시 촉촉해지는 부분—에 달려 있는 듯했다. 그 치료에서 가장 어려운 과제는 공포 기억을 인출해서 쉽게 변할 수 있는 상태로 만드는 것이었다.

"우리는 왜 기억을 가지고 있을까요?" 대화를 나누며

킨트는 이렇게 질문을 던지고는, 자신의 질문에 스스로 답했다. 그녀는 기억의 본질적인 목적은 우리가 환경에 효율적으로 적응할 수 있게 돕는 것, 위협에 대해 배우고 난 뒤 한 번 접한 위협이 나타날 때마다 다시 배울 필요가 없도록 정보를 보유하게 하는 것이라고 말했다. 그 목적은 왜 공포 기억이 일반적으로 고정적이고 오래 지속되는지를 설명하는 데 도움이 된다. 공포 기억은 앞으로 일어날 수 있는 일에 대한 경고로서 필요한 것이다. 그것들이 다시 변화를 일으키고 바뀔 수 있게 되는 경우는 오직 그것들을 다시 열 충분한 이유가 있을 때다.

킨트는 그런 일이 일어나기 위해서는 "배워야 할 새로운 뭔가가 있어야 하며, 그렇지 않으면 기억 흔적은 수동적으로 인출된 상태에 있을 뿐 열리지는 않는다."고 설명했다. 반면 치료에서 노출되는 위협이 너무나 새롭다면 뇌는 낡은 기억을 수정하기보다는 전혀 새로운 기억, 새로운 학습의 조각을 만들어 낼 것이다. 그녀는 예를 들어 설명했다. 만약 거미를 무서워하는 사람을 30분, 1시간, 또는 몇 시간 동안 거미에 노출시킨다면, 처음에 밀려들던 공포는 결국 서서히 사라지거나 적어도 강도가 약해질 것이다. "이 경우에는 이미 새로운 기억이 형성된 것"이라고 그녀는 설명했다. 그 이후 프로프라놀롤은 더 강력했던 원래의 기억이 아니라 새롭게 형성된 약한 공포 기억에 영향을 미칠 것이다.

그 사람은 아마 다음번에 거미에 노출될 때 처음부터 다시 시작해야 할 것이다. 킨트의 목표는 공포 반응의 출현을 아예 막는 것이었고, 그러기 위해서는 적절한 정도로 사람들을 자극해야 했다. 나는 인간 두뇌의 명민하고 한없이 창조적인 작업을 차가운 기술의 기능에 비유하는 것을 결코 좋아하지는 않지만, 이런 비유는 적절한 것 같다. 킨트가 환자들을 위해 해야 할 일은, 컴퓨터가 새 문서를 작성하게 하는 것이 아니라 읽기 전용 모드가 아닌 편집 모드로 주어진 기억 파일을 여는 것이었다. 그것은 실을 꿰기 어려운 바늘이었다.

"기초 과학을 임상진료로 옮겨 오는 일에서 어려운 점은 뇌에서 일어나는 일을 직접 볼 수 없다는 것"이라고 그녀는 내게 말했다. 그녀가 환자를 치료하고 있는 동안 어느 특정 시점에 어떤 일이 일어나고 있는지 확실히 알 방법은 없다. 수동적인 인출이고 아무 일도 일어나지 않고 있는지, 재강화가 일어나고 있는지 아니면 이미 너무 오래되어서 공포 기억 자체를 바꿀 수 있는 기회가 지나가 버렸는지 알 수가 없는 것이다. 그 대신 킨트는 부분적으로는 직관에 의존하면서 또는 환자에게 질문을 하면서 그 과정에 대한 환자의 반응을 관찰하며 진행해야 한다. 그녀의 판단이 적중할 때 약이 효과를 나타내는 것으로 보인다.

하지만 재활성화는 여전히 불확실한 과정이다.

암스테르담으로 가는 비행기에서 나는 고소공포증이 사라지면 내 삶은 어떤 모습이 될지, 어떤 느낌일지 상상해 보려고 했지만 잘 그려지지 않았다. 그리고 치료가 효과가 없을 수도 있기 때문에 애를 써서 생각하고 싶지도 않았다. 공포에서 벗어난 삶의 모습을 떠올리고, 그 모습과 사랑에 빠지고 나서 그것을 떠나보내고 싶지 않았다.

나는 EMDR 경험을 통해 용기를 얻었다. 두려움과의 관계에서 변화가, 그것도 극적인 변화가 실제로 가능했다. 그 화창한 여름날 스베냐의 진료실에 들어서기 전에 내가 상상했던 것보다 더 큰 가능성이 있었다. 그러나 자동차 사고에서 생긴 내 외상 기억은 언제나 일종의 침범, 내 마음에 침입한 어떤 것, 외부로부터 내 삶에 꺾쇠로 박아 놓은 뭔가로 느껴졌다. 내가 운전 중에 경험한 공포 반응은 강력하고 제어하기 힘들었지만, 언제나 이질적인 것처럼 느껴졌다. 나는 사고가 있기 전에 내가 얼마나 운전을 즐겼는지 너무나 뚜렷하게 기억할 수 있었다. 그 나쁜 감정은 이질적인 기생동물 같았다. 결국에는 쫓아낼 수 있다고 보는 것이 타당했다.

하지만 높은 곳에 대한 두려움은 달랐다. 그것은 내 일부였다. 아이였던 내가 피어슨 공항의 에스컬레이터에서 굴렀던 그날 이후 내 삶 속으로 엮였고, 어쩌면 그 이전부터 그랬을지도 모른다. 그것을 간직하고 싶다거나 감정적으로 애착을 느꼈다는 의미가 아니다. 나는 그저 그 두려움이 어떻게 내게서 잘려 나갈 수 있을지 전혀 짐작할 수 없었다.

나는 내가 치유되어서 높은 곳에 대한 공포가 다가올 공포에 대한 예감이 아니라 한낱 기억에 지나지 않게 되는 상상을 했다. 그 공포가 두려웠던 과거 속으로 멀어져서, 트라우마가 나를 사로잡고 있는 동안 운전에 대한 내 좋은 기억들이 그랬던 것처럼 새로운 내가 만질 수 없는 것이 되는 상상을 했다. 내 삶은 미약하지만 의미 있는 방향으로 달라지리라 생각했다. 더 이상 하이킹을 가기 전에 지형에 대해 이리저리 알아보고, 적당한 곳인지 확인하고, 제자리에 얼어붙어서 공포로 인한 수치심과 무력감에 시달리며 흐느낄 가능성을 가늠해 보지 않아도 될 것이다. 나는 더 대담하고 더 나은 내가 될 수 있을 것이다.

암스테르담으로 가기 며칠 전, 킨트의 동료 마르티어 크루서(Maartje Kroese)와 페이스 타임을 통해 진행한 초기 면접에서 나는 어떤 치료 결과가 나오기를 바라냐는 질문을 받았다. 나는 내가 높은 곳에 노출되는 것을 즐기는 사람이 될 것이라고 생각하지는 않지만—예를 들어 보통의 스카이다이버나 노련한 암벽 등반가가 되는 모습은 상상이 되지 않았다—치료를 받고 나면, 완벽하게 정상적인 상황임에도 내 머릿속에서 들고일어나 '넌 죽게 될 거야!'라고 소리치는 목소리가 잠잠해지기를 바란다고 말했다. 나를 가장 괴롭히는 것은 과도하게 크고 비이성적인 내 반응이었다. 어떤 두려움, 어떤 불편함은 감수하고 살 수도 있다. 예를 들어 노출된 비탈길을 하이킹하는 동안 '여기서 넘어지면 좀 아플 거고, 약간의 찰과상을 입을 수도 있을 거야.' 정도로 생각할 수 있다면 그것만으로도 치료를 받으러 갈 가치가 있을 것이다.

면접에 앞서, 나는 내 고소공포증에 대해 쓴 글을 크루서에게 보냈었다. 45분간 대화하는 동안, 우리는 내 공포-공황 이력에서 특히 불쾌했던 몇 개의 사건을 살펴보았다. 에스컬레이터, 피렌체의 두오모 대성당 꼭대기에 대해 이야기했다. 유주얼에서 내려온 일에 대해서도 이야기했다. 우리는 무엇이 나를 회피하지 않게 만들었는지—왜 내가 두려움을 촉발시킬 위험이 있는 상황에 나를 계속 노출시켰는지—에 대해 이야기했고, 두려움이 촉발되었을 때 내 몸이 어떤 느낌이었는지 이야기했다.

크루서와 킨트는 내 공포 반응을 변화시킬 수 있는 방향으로 활성화시키기 위해 내 두려움이 정확히 어떻게 작용하는지를 이해할 필요가 있었다. 모든 성패는 거기에 달려 있었다. 크루서는 내게 과거의 공포-공황을 1~100까지의 척도로 매기게 했다. 그녀는 치료 중에 내 공포 수준을 80~90까지 끌어올릴 계획이라고 말했다.

우리는 통제된 환경에서 그들이 사용할 방법에 대해서도 이야기를 조금 나누었다. 어쨌거나 네덜란드는 아찔한 지형으로 유명한 곳은 아니라서 산꼭대기에 올라 노출되는 것은 불가능해 보였다. 사다리, 실내 암벽 등반장, 오래된 교회의 가파르고 좁은 계단 등이 잠깐씩 언급되었다. 크루서는 내게 방법에 대해서는 너무 깊이 생각하지 말라고 했다. 방법을 찾는 일은 자기들에게 맡기라고 말했다. 나는 그것에 대해 생각하지 않으려고 애썼다.

비행기를 타고 밴쿠버에서 토론토로, 다시 암스테르담의 스히폴 국제공항까지 가면서 나는 치료가 효과가 있을지 생각하지 않으려고 했을 뿐만 아니라, 그들이 내게 무엇을 할 계획인지도 궁금해하지 않으려고 노력했다.

아일랜드 상공 어딘가에서 동쪽 지평선이 막 밝아 오기 시작한 새벽녘에 나는 뭔가를 깨달았다. 표준시간대를 횡단한 탓에 짧아진 밤을 지나고 있는, 토론토에서 암스테르담으로 향하는 이 비행기는, 내가 시애틀에서 대륙을 가로질러 엄마가 있는 병원 침대로 달려갔던 그 끔찍한 밤 이후 처음으로 탄 야간 항공편이었다. 창 쪽 좌석에 비좁게 앉아서 얇은 항공사 담요를 목까지 끌어당기고 있자니, 안 좋은 기억들이 저장고에서 풀려나올 때 그러하 듯 2015년 그날 밤의 기억이 물밀듯 밀려왔다. 이마를 플라스틱 창문에 딱 붙인 채, 옆자리 승객에게 눈물을 흘리는 모습을 감추려고 얼마나 노력했던가. 얼마나 나 자신에게 진실을 반복해서 읊조렸던가. 엄마는 죽어 가고 있다고. 다시는 엄마와 이야기를 나눌 수 없을 것이라고. 엄마는 이미 돌아가셨다고.

다음 날 오전 11시가 막 되려는 때, 킨트와 크루서를 만났다. 암스테르담은 비가 오고 날씨가 우중충했고 바람이 많이 불었다. 집이 있는 화이트호스는, 그리고 내 몸과 마음은 새벽 2시였지만, 비행기에서 내린 후 클리닉 근처에 빌린 조용한 원룸에서 8시간을 꽉 채워 잤더니 기분이 괜찮았다. 잠자리에 들기 전에는 시차로 인한 피로감에 몸이 말이 아닌 상태였고, 치료에 대한 불안과 걱정이 무척 많았다. 효과가 있을까? 만약 효과가 있을 만큼 내가 충분히 겁을 먹지 않는다면 얼마나 참담할까? 내 인생에서 두려움이 나를 완전히 엄습하기를 바라는 그 순간에, 두려움이 작동을 거부한다면?

그러나 그날 아침은 마음이 편안했다. 내가 할 수 있는 일은 임상의들을 믿고 무슨 일이 일어나는지 지켜보는 것뿐이었다.

나는 캐나다 다큐멘터리 제작진이 내가 치료받는 모

습을 촬영하는 것에 동의했다. 그들은 두려움의 과학에 대한 텔레비전 특별 프로그램 제작차 암스테르담에 가서 킨트의 환자 몇 명을 촬영할 계획이었는데, 우연히도 내가 그곳에 있을 때 오게 된 것이었다. 그들은 나를 클리닉 건물 앞에서 만났고, 문으로 접근하는 내 모습을 여러 번 찍었다. 나는 천천히 걸었고 중경을 응시했다. 그렇게 여러 번 반복하면서 뜻밖에도 마음이 진정되었다. 앞으로 다가올 일을 잊게 해 준 유익한 산만함이었다.

나는 클리닉 안에서 킨트를 처음 만났다. 카메라가 돌아가는 동안 우리는 자리에 앉아 간단한 면담을 했다. 내 두려움이 촉발되는 특정한 방식에 대해 이야기했고, 공포가 활성화될 때 내 몸 어디에서 느껴지는지에 대해서도 이야기했다. 그녀는 내 혈압을 쟀고, 0~100 사이에서 두려움의 정도를 매긴다면 어느 정도냐고 물었다. 나는 유주얼에서 있었던 사건에 대해 이야기하면서 가슴속에서 오래전 공황의 흔적이 올라오는 것을 느끼고 있는 상태였다. 나는 이미 30이라고 말했다.

그러고 나서 킨트는 나를 위해 마련한 계획을 공개했다. 우리는 소방서로 향했다. 나는 사다리차의 바구니를 타고 하늘로 올라가게 될 예정이었다. 그 계획을 듣고 내가 어떤 반응을 보였을까? 나는 웃음을 터뜨렸고, 곧 그녀에게 "정말 끔찍하네요."라고 말했다.

우리 모두는 암스테르담 외곽으로 가기 위해 다큐멘터리 제작진의 미니밴에 몸을 실었다. 처음에 나는 차 안에서 나누는 대화에 동참했지만 곧 입을 다물었고 창밖 너머 평탄한 녹색 들판만 응시했다. 나는 긴장했다. 앞으로 일어날 일이 두려웠지만, 더 두려운 것은 내가 충분히 겁을 먹지 않으면 어쩌나 하는 것이었다.

나는 3년 넘게—유주얼 등반 이후—본격적인 공황을 겪지 않았고, 여전히 공포 반응에서 벗어나지는 못했지만 어느 정도는 그 반응을 억제하고 조절하는 데 너무 능숙해 있지 않을까 걱정이 되었다. 킨트는 최대한 힘을 빼라고, 공포 반응이 일어나 나를 제압하도록 방어 기제를 억제할 수 있게 노력하라고 말했다. 나는 그렇게 할 수 있기를 바랐다.

다른 사람들이 안마당으로 들어가 준비를 하는 동안 나는 소방서 밖에서 기다렸다. 울타리 바로 너머 교외 연못에서 오리들이 헤엄치고 있었다. 나는 피렌체에서 느꼈던 그 기분, 두오모 대성당의 테라코타 타일 위로 내가 미끄러지는 이미지가 머릿속에서 떠올라 꼼짝도 할 수 없었던 기분이나, 온타리오호에 떠 있는 대형 범선의 돛대 중간에 매달려 흔들리고 얼어붙은 채 아래쪽 갑판에 떨어져 부서지는 내 몸의 이미지만 떠오르던 때를 생각하려고 노력했다. 그 공포의 기억이 나를 관통해서 흐르게 하려고 애를 썼다.

드디어 때가 되었다. 킨트는 나를 사다리차의 바구니—사실은 작은 울타리가 둘러진 단상에 더 가까웠다—로 안내했고, 들어가서 안전 난간대 안쪽 출입구 옆 구석에 서게 했다. 안전 난간대는 내게 공포감을 더 줄 필요가 있을 때 내 취약성을 증가시키기 위해 열 수도 있었다. 조종을 하기 위해 키가 크고 얼굴이 동그란 소방관이 나와 함께 바구니에 탔고, 또 다른 소방관이 사다리차의 운전석에 앉았다. 둘 다 나와 눈이 마주치고는 미소를 지었는데, 나는 특이한 경험의 순위를 매기면 그들에게 이게 몇 번째에 해당될지 궁금했다. 아마 모든 점을 다 고려해 볼 때는 꽤 낮지 않을까 싶었다. 킨트가 내 어깨 뒤에 섰고, 카메라맨도 그 비좁은 곳에 우리와 함께 올라타서 소방관의 거대한 몸집 주변을 응시했다. 이게 우리 넷을 다 지탱할 수 있을까? 하고 나는 생각했다. 그러고 나서 우리는 공중으로 올라가기 시작했다.

나는 본능적으로 손을 뻗어 난간을 잡았다. 킨트는 난간에서 손을 떼게 했다. 나는 호주머니에 손을 쑤셔 넣었다. 그녀는 그것도 못하게 했다. '안전 행동'은 금지되었다. 이제 내 발만이 단상과 나를 연결시켜 주고 있었고, 단상은 바람에 움직이고 흔들거렸다. "맙소사." 내가 말했다. "이런 젠장." 우리는 더 높이 올라갔다. 나는 지평선까지 뻗어 있는 평탄한 경치를 내다보면서 마음을 진정시키기보다는, 점점 더 멀어져 가는 안마당을 억지로 내려다보았다. 소방관이 천천히 원을 그리며 바구니를 돌리자 안마당이 내 아래에서 빙빙 돌았다. 속이 메스껍고 어지럽고 무서웠다. 나는 킨트에게 60이라고 말했다.

우리는 더 높이 올라가서 사다리가 다다를 수 있는 최고점까지 도달했다. 소방서보다 훨씬 더 높은 곳에, 어느 방향에 있든 눈에 보이는 그 무엇보다도 더 높은 곳에서 있었다. 바람이 불어 머리카락이 눈을 찔렀고, 단상이 좌우로 흔들렸다. 나는 신음소리를 냈다. 죽을 것 같은 기분은 아니었지만 결코 행복하지는 않았다. 충분하지 않을까? 나는 킨트에게 지금은 확실히 70은 된 것 같다고 말했다. 시간이 흘렀다. 얼마나 흘렀는지는 모른다. 아마도 길어야 1~2분 정도였을 것 같은데, 훨씬 더 길게 느껴졌다. 나는 신음하면서 머리카락이 어지러이 흩날리는 상황에서 카메라맨이 내 얼굴을 줌 렌즈로 클로즈업해서 잡고 있는 것을 어렴풋이 의식하고 있었다. 킨트는 가까이 서서 내 눈을 들여다보면서 내 공포의 정도를 가늠해 보려고 했다.

"여기 있는 게 조금은 더 편해졌나요?" 그녀가 물었다. 나는 조금씩 익숙해지고 있다고, 바람이 세차게 불지 않고 단상이 흔들리지 않을 때는 그렇다고 말했다. 그것은 아래로 내려가 좋은 결과가 나오기를 기도할 때가 되었다는 신호였다.

땅 위로 내려온 나는 다리가 후들거렸다. 천천히 바구니에서 내려와 쓰러질 듯한 기분으로 안마당 위에 섰다. 가슴이 조여 오고, 숨이 찼다. 나는 숨을 크게 들이마셨다. 킨트는 물 한 병과 알약 하나를 가져다주었다. 프로프라놀롤이었다. 나는 그것을 삼키고 나서 밴으로 가 몸을 떨며 기다렸고, 그 사이에 촬영팀은 추가 영상을 찍었다. 크루서는 내게 와서 내가 방금 한 일에 대해 더 이상 생각하지 말라고 했다. 우리는 밴의 난방을 최대로 틀어 놓은 상태에서 대화했다.

예상보다 빨리, 나는 완전히 진정되었다. 몸도 다시 정상으로 돌아왔다. 심장 박동이 점차 느려지면서 안정을 찾았고, 다리와 가슴의 떨림도 사라졌다. 약의 효과라고 크루서가 말했다.

클리닉으로 돌아온 뒤, 나는 조용한 방에서 두어 시간 동안 책을 읽었다. 킨트와 다큐멘터리 제작진은 다른 환자가 닭에 대한 두려움과 맞서게 될 농장으로 떠났다. 크루서는 다시 내 혈압을 재고 나서 하룻밤 푹 자고 일어날 때까지 무슨 일이 있었는지 생각하거나 이야기하거나 쓰지 말라고 당부하면서 나를 숙소로 보냈다. 나는 최선을 다하겠다고 말했다.

다음 날 오후, 나는 다시 클리닉으로 갔고, 촬영팀의 미니밴을 타고 소방서로 갔다. 전날 일찍 잠자리에 들었지만 4~5시간 뒤에 잠에서 깼다. 어쨌거나 화이트호스 시간으로는 한낮이었다. 나는 기억 재강화가 일어날 수 있을 만큼 충분한 렘수면 주기를 거쳤기를 바랐다.

나는 긴장하기는 했지만, 긴장된 두려움이 아니라 긴장된 흥분을 느꼈다. 다가오는 일에 대한 어떤 섬뜩한 두려움은 없는지 내 내면을 샅샅이 살펴보았으나 아무것도 찾아내지 못했다.

오전 내내, 나는 변화의 징후를 찾으려고 애썼다. 원룸으로 올라가는 가파른 계단에서 덜 긴장했거나 자신감이 더 생겼을까? 그런 것 같기도 하다고 생각했다. 그런데 그 전에는 계단이 정말 무서웠었나? 정확히 알 수 없었다.

나는 킨트와 촬영팀과 함께 다시 단상에 올랐다. 나는 두렵지 않았다. 어제와는 다른 소방관이 조종하고 있었다. 가슴이 울렁거렸지만, 이번에도 그 느낌은 달랐다. 마치 뭔가를 기다리며 설레는 두근거림, 짝사랑하는 상대와의 데이트 전에 혹은 어렵게 딴 학위 증서를 받으러 단상으로 성큼성큼 걸어 나가기 전에 느끼는 그런 흥분이었다.

사람들로 꽉 찬 바구니가 하늘로 올라가기 시작했다. 나는 두렵지 않았다. 아래쪽에서 멀어지는 안마당을 내려다보았지만, 메스껍고 현기증 나게 하는 전날의 그 공포가 전혀 느껴지지 않았다. 나는 괜찮았다! 나는 싱긋이 웃다가 나중에는 큰 소리로 웃기 시작했다.

우리는 더 높이 올라갔다. 바람이 바구니를 좌우로 흔들었지만, 나는 웃었다. 나는 땅바닥을 내려다보았다가 지평선을 내다보았다가 다시 땅바닥을 내려다보았다. 내 유일한 걱정은 안경이 얼굴에서 떨어져서 아래쪽 포장면으로 추락할지도 모른다는 것이었다. 나는 내 내면을 샅샅이 살폈다. 두려움은 어디에 있을까? 지금쯤 부풀어 올라 내 몸을 점령했어야 했다. 내가 방심하면 덤벼들 준비를 하면서 어딘가에 숨어 있을까? 하지만 그것을 찾을 수 없었다.

킨트가 내게 몇 가지 질문을 했다. 카메라맨도 렌즈를 내 얼굴에 바짝 갖다 대면서 끼어들었다. 나는 그들이 무엇을 물었는지, 내가 어떻게 대답했는지 기억나지 않는다. 예상치 못하고 갑작스럽게 내 두려움이 사라진 바람에 느낀 현기증만 기억난다.

다시 지상에 가까워지자 나는 내가 너무 웃고 있다고 농담을 했다. 카메라에 황변된 내 치아가 잡힐 것이라고, 별안간 허영심과 자의식을 느끼면서 말했다. 어제는 너무 무서워서 외모에 신경을 쓰지 못했다는 것을 깨달았다. 두려움이 사라진 내 머릿속에는 훨씬 더 많은 공간이 있었다.

그런 식으로 생각하니 불안감이 치솟는 것을 오히려 반겨야 하는 게 아닌가 하는 생각을 할 뻔했다.

땅 위에 돌아온 뒤에도 나는 계속 웃고 싶었고, 웃음을 멈출 수가 없었다. 다큐멘터리 감독은 이번에는 우리가 공중으로 떠오르는 장면을 카메라맨이 바닥에서 찍을 수 있도록 킨트와 내가 다시 올라가도 괜찮겠냐고 물었다. "물론이죠!" 나는 내게 두려움이 없다는 사실을 만끽하며 자신만만하게 말했다. 나는 다시 올라갈 수 있었다. 무엇이든 할 수 있었다.

킨트와 나는 뒷걸음질로 다시 바구니 안으로 들어갔고 공중으로 떠올랐다. 여전히 두려움은 찾아오지 않았다. 이번에는 훨씬 더 높이 올라갔고—아마 바구니에 탄 사람들의 무게가 줄어서 그런 게 아닐까 싶다—바람은 더욱 거세진 것 같았다. 나는 핸드폰이 손에서 날아갈까 조마조마해하며 재빨리 킨트와 셀카를 찍었다. 이따금씩 내가 해낼 수 있다는 것을 스스로 증명하기 위해 지상을 내려다보았지만, 이번에는 대체로 경치를 즐기려고 노력했다. 하지만 곧 정신이 산만해졌다. 소방관은 바람과 높이, 촬영팀이 영상을 찍는 데 걸리는 시간 등에 대해 걱정을 하는 눈치였고, 나는 아릿한 공포가 처음으로 다시 슬금슬금 올라오는 것을 느꼈다. 걱정이 되기 시작했다. 우리의 안전이 아니라 내 치료에 대해서 말이다. 이런 부담에도 내가 견딜 수 있을까? 어느새 득의양양함은 물이 빠지듯 사라졌고, 나는 3월의 차가운 바람에 몸을 떨었다. 킨트에게 "이제 그만하고 싶어요."라고 말했다.

땅으로 내려 왔을 때 나는 심란했다. 전날처럼 겁에 질린 것은 아니었지만, 마음이 불편하고 기분이 가라앉아 있었다.

단상에서 내려오자 카메라맨과 감독이 우리를 맞았다. "어땠어요?" 그들이 물었다. 나는 아주 좋지는 않았다는 식의 대답을 했다. 그들은 후속 영상을 찍기 위해 카메라를 돌렸고, 나는 그들에게 잠시 마음을 가라앉힐 시간이 필요하다고 말했다. 그들은 내 앞에 서서 계속 촬영을 했고 끊임없이 내게 질문을 던졌다. "잠깐만 기다리면 다시 기분이 좋아질 거예요." 내가 말했고, 감독은 촬영을 위해 내 기분이 좋아질 필요는 없다고 말했다. 그들은 그저 내 치료 과정에서 일어나고 있는 일들의 실제 모습을 담고 싶을 뿐이라고 했다.

분노나 울분으로 목이 조여 오고 눈물이 차오르는데, 꾹 참으려고 노력하면 할수록 감정이 터져 나올 것 같은 그 미칠 듯한 기분을 당신은 알 것이다. 나는 화가 났다. 나는 혼란스럽고 추워서 떨고 있었다. 그저 심호흡을 하고 마음을 가다듬을 시간을 갖고 싶었던 것뿐이다! 왜 내 이야기를 들을 생각을 하지 않지? 나는 최대한 분명하게 내 의사를 전달했다. 나는 궁지에 몰리고 무시당하고 적대적인 취급을 받고 있다고 느꼈다. 무엇보다도 부정적인 감정이 폭발해서 치료에 문제가 생길까 봐 두려웠다. 내 실제 모습을 담고 싶다고? 내 실제 모습은 의기양양하고 자유롭고 즐거운 것이었다. 지금 내가 느끼고 있는 감정은 그들의 필요와 요구를 수용하려고 노력하다 보니 나타난 결과였다.

결국 나는 이렇게 말했다. "추워 죽을 것 같아서 아무 생각도 안 나고 지금 당장은 못 하겠어요." 그러고는 카메라 밖으로 나가 버렸다.

나는 클리닉으로 돌아가는 미니밴 안에서 거의 말을 하지 않았다. 처음으로 성공적으로 바구니를 탔다는 순수한 기쁨을 되살려 보려고 했지만, 불안과 분노가 그 기억을 압도한 것 같았다. 수십 년간의 공포와 수치를 극복하고 승리의 기쁨을 누려야 하는 순간을 망친 것 같았다. 방으로 돌아와 침대 위에 쓰러져 흐느껴 울었다. 혼자서만 있게 될 때까지 참았던 슬픔과 분노가 한꺼번에 터져 나왔다.

어느 정도 진정이 되고서 나는 스베냐와 내 자원을 떠올려 보았다. 나는 페어리메도에 있는 자연 그대로의 바위 표면, 들쑥날쑥한 구름들, 푸른 초원과 굽이쳐 흐르는 차가운 개울을 떠올렸다. 할머니의 모습, 주름진 눈과 뺨,

빅스 베이포럽 냄새와 여윈 몸이 느껴지던 포옹을 생각했다. 기분이 좀 풀렸다.

혹시 몰라서 킨트와 크루서에게 이메일을 보냈다. 바구니를 나온 직후 내가 화를 낸 바람에 치료에 문제가 생기지는 않을지 물었다. 나는 내 두려움을 이해하려고 노력하면서, 감정과 기억이 얼마나 강력하게 우리를 지배하는지 존중해야 함을 충분히 배웠다.

그들은 그렇게 되지는 않을 것이라고 말했다. 변화는 이미 일어났다고 했다. 덧붙여 킨트는, 어떤 두려움은 자연스럽고 좋은 것이라고 상기시켜 주었다. 합리적인, 전혀 비이성적이지 않은 반응도 있다. 그녀는 내게 두 번째로 바구니를 타는 동안에는 자신도 두려움을 느꼈다고 말했다. 우리 둘이 보기에 소방관도 분명히 긴장한 것 같았다. 바람이 너무 많이 불었고, 우리는 너무 높이 올라갔다. 그런 상황에서는 누구라도 기분이 좋지 않은 게 당연했다. 그리고 내가 기억해야 할 것이 또 있었다. 내가 첫 성공의 기쁨을 누리지 못한 것은 맞지만, 전날처럼 공포를 느끼지는 않았다는 점이다. 온몸에서 느껴지는 걷잡을 수 없는 공포는 전혀 느낄 수 없었다.

나는 나 자신의 반응에 대해 다시 배워야 한다는 것을 깨달았다. 너무도 오랫동안 나는 내 공포 반응을 억제하고 무시하는 데 힘써 왔다. 나는 그 반응이 비이성적이라고, 믿어서는 안 된다고 스스로를 세뇌시켜 왔다. 이제는, 만약 내가 진정으로 치유되었다면, 나는 다시 그런 반응을 신뢰하는 법을 배워야 할 차례였다.

8장

~~~~~~~~~~~~~~~~~~~~~~~~~~

두려움이 없는
사람들

알렉스 호놀드(Alex Honnold)는 요세미티 계곡 600미터 높이에 매달려 있었다. 그는 거대한 화강암벽에 박힌 작은 점처럼 보였다.

2008년 9월 6일이었다. 호놀드는 하프돔(미국 캘리포니아주의 요세미티 국립 공원에 있는 화강암 돔—옮긴이)을 오르는 레귤러 노스웨스트 페이스 루트에서 프리솔로(인공적인 보조수단을 사용하지 않고 사람의 육체적 능력만으로 암벽을 오르는 일—옮긴이)에 도전하고 있었다. 이 루트가 처음 개척된 1957년, 최초로 등정에 성공한 산악인 로열 로빈스(Royal Robbins)와 그의 팀은 로프, 볼트, 하켄(암벽 등반에 쓰이는 쇠못—옮긴이) 등을 이용해 5일간 고투한 끝에 정상에 올랐다. 51년 후,

호놀드는 로프나 어떤 안전 장비도 없이 홀로 불과 몇 시간 만에 같은 루트로 올라가려고 하고 있었다. 이 상징적인 등반을 시작으로 그는 밧줄 없이 대암벽 등반을 여러 차례 해냈고—오스카상을 수상한 영화 〈프리솔로(Free Solo)〉에 나오는 엘카피탄 등반은 그것의 절정을 보여 준다—그로 인해 역사에 길이 남을 암벽 등반가이자 유명한 아웃도어 스포츠 선수 중 한 명이 된다.

호놀드는 그날 아침 하프돔에서 반바지, 긴팔 티셔츠, 암벽화, 허리의 초크백(암벽을 탈 때 미끄럼을 방지하기 위해 손에 뿌리는 탄산마그네슘 가루인 초크를 담아 두는 가방-옮긴이)만 착용하고 출발했다. 한쪽 주머니 속에 에너지바 몇 개, 다른 쪽 주머니에는 작은 물병 하나를 넣었다.

그는 계속해서 오르고 오르고 또 올랐다. 물을 마시고 에너지바를 먹고 초크백에 손을 넣었다. 도중에 어디선가에서 티셔츠를 벗어 버렸다. 수백 미터나 되는 높이에 이르는 동안, 그는 공포감 혹은 공포-불안 스펙트럼의 어디쯤에 있는 감정을 몇 번인가 느꼈다. "이런 제길!" 그는 300미터쯤 올라간 한 지점에서 자신이 정해진 루트를 무심코 벗어나서 가고 있다는 사실을 깨닫고는 생각했다. "이건 하드코어다." 하지만 그는 훗날 회고록 『프리솔로(*Alone on the Wall*)』에서 이렇게 썼다. "내가 느낀 것은 진정한 공황은 아니었다. 그저 불편한 불안감일 뿐이었다."

그는 정신을 집중해서 기운을 차리고 그 궁지에서 빠져나오는 길을 찾았다. 그러고 나서 수백 미터 더 올라간 후 정상에서 불과 수십 미터 떨어진 곳에서 마지막으로 만나는 까다로운 지점인 슬랩 클라이밍(약 50~70도가량 경사진 바위를 손과 발의 마찰력으로 오르는 일—옮긴이) 구간에 도달했다. 여기서 그는 멈추고 말았다.

몇 년 후 그는 이렇게 썼다. "잠시 의심의 순간이 있었다. 아니, 어쩌면 공황 상태였을지도 모른다. 어느 쪽이었는지 분간하기가 어려웠다."

바위에 매달린 채 거기서 잠시 숨을 고르면서 그는 두 손을 번갈아 가며 "애처로운 잔물결 모양" 손잡이를 잡았다. 한 손으로 잡는 동안 다른 손은 쉬게 했다. 그의 발 역시 제대로 디딜 곳이 없었다. 고무창 신발을 비스듬히 기울여 화강암벽에 대고 세게 문질러 생기는 마찰력을 이용해 밀착력을 얻는 스미어링(smearing)이라는 기술을 이용했다. 그는 바로 위 정상에서 관광객들이 웃고 잡담하는 소리를 들을 수 있었다. 그의 종아리는 몸을 지탱하기 위해 가해진 압력 때문에 불에 덴 것 같았다. 몇 분이 지나갔다. 그는 빨리 움직여야만 했다.

마침내 그는 우뚝 서서 팔을 뻗어서 한없이 약해 보이는 그다음 손잡이를 움켜잡았다. 그의 발은 버텼다. 그의 두 손도 버텼다. 그는 끝까지 버텨 냈고, 잠시 후 암벽의

꼭대기 위로 올라와 백여 명의 관광객 무리 속에 섞였다. 그는 셔츠를 벗은 채 숨을 헐떡이고 있는, 완전히 익명의 관광객이었다. 정상에 있는 어느 누구도 그가 방금 무슨 일을 해냈는지 알지 못했다.

훗날 호놀드는 회고록에서 2시간 50분 만에 등반을 완료했지만, 자신의 등반에 만족하지 못했다고 언급했다. 그는 슬픈 얼굴의 이모티콘과 함께 이렇게 썼다. "슬랩이 깔끔하지 못했음. 더 잘 할 수 있겠지?"

나는 몇 년 동안 알렉스 호놀드의 행적을 지켜보았고, 그가 매력적인 사람이라는 것을 알게 되었지만 그에게 공감을 느낀 적은 많지 않았다. 우리는, 가볍게 말하자면, 그와는 아주 다른 사람들이다. 하지만 하프돔에서의 짧은 교착 상태와 그것이 전체 등반에 어떤 영향을 끼쳤는지에 대한 그의 설명을 다시 읽으면서, 나는 여름 동안 DIY 노출 치료를 통해 고소공포증을 해소하려고 했던 나 자신의 노력을 돌이켜 보았다. 내 뇌가 평정을 유지하도록 훈련시킬 수 없다면 루트를 완주했다 해도 두려움을 치료하거나 극복한 것이 아니었다.

호놀드는 두려움에 관해서는 자신이 정말로 상당히 평범한 사람이라고 주장하는 것을 좋아한다. 그는 『프리솔로』에서 "나도 다음 사람들과 똑같이 두려움을 느낀다."

라고 썼다. "근처에 나를 잡아먹으려는 악어가 있다면 상당히 불편할 것이다." 그러나 "상당히 불편할 것"이라는 표현은 대부분의 사람들이 그 상황에 사용할 법하다기보다는 한층 가벼운 표현이다.

그는 "위험성에 대한 질문을 항상 받는다."라고도 썼다. "사람들이 흔히 묻는 질문은 '두려움을 느끼는가? 무섭다고 느껴 본 적이 있는가? 죽을 뻔한 위기를 넘긴 가장 심각한 순간은 언제였는가?'다. 그런 질문에 반복해서 대답하는 것도 정말 지겹다."

그럴 만도 하다. 하지만 그런 질문들을 이해할 수 있다. 우리들, 즉 일반인들의 시각에서 호놀드의 직업적인 삶을 볼 때, 그가 두려움과 맺는 관계는 대부분 사람들의 관계와는 완전히 달라 보인다. 확실히 나와는 다르다. 작은 실수 하나로도 갑작스러운 죽음을 야기할 수 있는 상황에서 정확한 등반 동작을 몇 시간에 걸쳐 계속해서 실행하는 그의 능력은 이해하기조차 어렵다. 우리가 그런 상황에 처해 있다면 느꼈을 떨림과 땀, 쿵쾅거리는 심장과 기도 수축에 그는 면역이 된 것 같다.

하지만 그가 평범해 보이는 반응을 보이는 분야도 있다. 나처럼, 그리고 무지카파로디 박사와 땀에 젖은 그녀의 모든 피험자들처럼, 호놀드는 스카이다이빙을 시도한 적이 있었다. 언젠가는 베이스 점핑—절벽이나 높은 구조

물에서 낙하산을 타고 내려오는 스포츠—에 도전하게 될지도 모른다고 생각하면서 호놀드는 2010년 처음으로 비행기에서 뛰어내렸는데, 이것은 그가 그 스포츠를 포기하기 전에 실행한 몇 안 되는 스카이다이빙 중 하나가 되었다. 나는 그가 "그 과정 하나하나가 너무 싫었다."라고 썼을 때 인정과 확인을 받았다는 만족스러운 감정을 느꼈다.

"덜컹거리는 비행기를 타고 올라가는 동안 비좁은 공간에 다른 스카이다이버들과 정어리처럼 부대끼고 앉아서 배기가스를 들이마시고 있자니 약간의 멀미가 났다."라고 그는 썼다. "그리고 비행기에서 떨어지는 것은 그저 무섭기만 했다."

알렉스 호놀드. 그는 우리랑 똑같은 사람이다!

아니면 말고. 몇 년 전, 호놀드는 작가 J.B. 매키넌(J.B. MacKinnon)의 설득으로 신경과학자 제인 조지프(Jane Joseph)가 자신의 뇌를 연구할 수 있도록 fMRI를 찍었다. 들리는 소문에 따르면, 호놀드의 공개 행사에서 사인을 받기 위해 줄을 서서 기다리고 있던 한 신경생물학자가 자기 옆 사람에게 몸을 기울여 "저 사람은 편도체가 활성화되지 않는대요."라고 속삭였다고 한다. 조지프는 그 탁상공론식 진단이 맞는지 알아볼 계획을 세웠다.

과학 잡지 『노틸러스(*Nautilus*)』에 실린 매키넌의 글 「세계 최고 솔로 등반가의 이상한 뇌(The Strange Brain of the World's Greatest Solo Climber)」는 그다음에 무슨 일이 일어났는지 보여 준다.

> 호놀드의 뇌를 스캔한 초기 해부학적 영상이 MRI 기사 제임스 펄(James Purl)의 컴퓨터에 나타난다. "편도체 쪽으로 내려가 주시겠어요? 그것을 확인해야 해요." 조지프가 말한다. […] 펄은 화면을 아래로 죽 내린다. 잉크 반점 같아 보이는 호놀드의 뇌가 보이다가 어느 순간 불쑥 한 쌍의 아몬드 모양의 결절이 습지 밖으로 나타난다. "있긴 있네요!" 조지프가 말하자 펄은 웃는다. 호놀드가 어떻게 밧줄 없이 죽음의 구간을 오를 수 있는지 그 이유가 무엇이든, 그의 편도체가 있어야 할 공간이 비어 있기 때문은 아니다. 조지프는 한눈에 보아도 그 기관이 완벽하게 건강한 것 같다고 말한다.

하지만 조지프의 연구는 아직 끝난 것이 아니었다. 호놀드는 슬라이드 뷰어를 통해 보는 사람에게 공포나 괴로움, 혐오감이나 경각심을 유발하도록 제작된 일련의 이미지들을 보도록 지시받았다. 피투성이 시체들, 배설물…. 그리고 등반 이미지가 있었다.

호놀드의 뇌 활동을 보여 주는 발광 스크린에서 편도체에 빛이 나지 않았다. 이는 공포 반응을 촉발시키고 있지 않다는 것을 보여 준다. "아마도 그의 편도체는 활성화된 상태가 아닐 겁니다. 그는 이런 자극에 내부 반응을 보이지 않고 있습니다." 조지프가 말했다. "하지만 그가 아주 잘 연마된 조절 체계를 갖추고 있어서 '좋아, 나는 이 모든 것을 느끼고 있어. 내 편도체가 경보를 울릴 거야.'라고 말할 수 있지만, 그의 전두엽이 그를 진정시킬 수 있을 정도로 강력한 경우일 수도 있습니다."

그녀는 대조군에 해당하는 사람의 뇌도 스캔했다. 호놀드와 비슷한 연령의 또 다른 암벽 등반가로 그 역시 '강한 자극을 추구하는 사람'으로 분류될 만한 사람이었다. 호놀드와 마찬가지로 그는 관찰자가 보기에, 그리고 그 자신의 설명에 따르면, 이미지들을 보는 동안 대체로 영향을 받지 않는 듯했다. 그러나 그의 뇌 스캔은 다른 이야기를 들려주었다. 그는 의식적으로 동요하지 않았고 혹은 동요했다고 스스로 인정하지 않았지만, 그의 편도체는 활성화되어 있었다.

이것을 어떻게 해석해야 할까? 호놀드의 편도체는 엄밀히 따지면 기능한다. 그러나 그는 편도체 활성화 역치(반응을 일으키기 위해 필요한 최소한의 자극의 세기를 나타내는 수치─옮긴이)가 대부분의 사람들보다 더 높은 듯하다. 이는 아마도 선천성과 후천성이 함께 작용한 것으로 보인다.─그의 반응은 날 때부터 차이가 났는데, 수년간의 훈련과 단련,

고위험 상황에 대한 노출을 통해 더욱 연마되어 두려움을 모르는 강인한 정신력을 갖추게 된 것이다. 두려움과 그의 관계, 잠재적인 위협에 대한 그의 반응은 일반적인 사람과는 확실히 달라 보인다—또한 그와 마찬가지로 위험을 추구하는 그의 동료들의 반응과도 다른 듯하다.

호놀드는 회고록에서 그의 편도체가 제대로 작동하지 않는 게 틀림없다고 생각한, 사인을 받으러 온 그 과학자에 대한 이야기를 들려준 후 "위험은 나를 두렵게 한다."라고 썼다. "하지만 물어보는 수많은 사람들에게 말했듯이, 내게 어떤 재능이 있다면 그것은 최대한 정신을 집중해서 실수의 여지를 없앨 수 있는 능력이다. 심각한 궁지에 처했을 때—2008년 하프돔의 생크 갓 레지(Thank God Ledge)에서 오도 가도 못하는 상황에 빠졌던 것처럼—숨을 깊이 들이쉬고 마음을 진정시키는 법을 왜인지는 몰라도 나는 알고 있다." 나는 내가 노출 치료를 하는 동안 계속 찾아다녔던 것이 바로 그런 종류의 침착함이었음을 깨달았다.

나는 암벽 등반이 소파에 앉아 있거나 평탄한 길을 걷는 일과 같이 예삿일처럼 느껴지는 경지에 도달하기를 기대했던 적은 없었다. 내 주변 환경과 그것들로 인한 위험을 의식하지 못하게 되기를 바란 적도 없었다. 그러나 그것들에 초연할 수 있기를, 그것들이 있어도 숨을 쉴 수 있기를, 공포가 가슴속에서 부풀어 올라 나를 덮치는 상황을 막을 수 있기를 원했다.

　나는 그런 능력, 그런 저항력은 일종의 대담성이라고 생각하는데, 호놀드가 지닌 극한의 대담성은 전 세계 사람들을 매료시켰다. 하지만 또 다른 종류의 대담성도 있다. 호놀드와는 달리, 편도체가 정말로 완전히 작동을 하지 않을 때 나타나는 대담성이다. 미국 중서부 어딘가에, 영화 제작진과 잡지 사진가들도 알지 못하는 어느 곳에 두려움 없는 삶에 놀랍도록 가까운 상태로 살아가고 있는 한 여성이 있다. 그녀는 신경과학자들과 공포 연구자들에게 환자 S.M.(Patient S.M.)으로 잘 알려져 있다.

　1960년대 중반 어느 날, 소리를 지르지도 울지도 않는 여자아이가 태어났다. 그 아이는 훌쩍거리는 것조차 하지 않았다. 아이는 감정이 부족해서 침묵한 게 아니었다. 아이의 성대 주위 조직이 이상할 만큼 두꺼웠고, 그로 인해 어떤 소리도 내기 어려웠기 때문이다.

　아이는 피부에도 병변이 있었는데, 성대의 문제와 그 병변으로 인해 결국 엄청나게 희귀한 유전질환인 우르바흐-비테 증후군(Urbach-Wiethe disease)으로 진단받게 된다.

　이 증후군은 두 가지 측면에서 사람을 공격한다. 하

나는 피부와 목구멍 조직, 또 하나는 뇌다. 우르바흐-비테 증후군 환자들은 성대 주위 조직이 두꺼워서 특유의 거칠고 긁는 듯한 목소리를 낸다. 또한 이 질병은 일반적으로 팔다리에 피부 병변을 일으키고, 광범위한 흉터를 생기게 한다. 신경학적 측면에서 우르바흐-비테 증후군은 그것이 침투하는 뇌 구조에 석회화를 일으키며, 때때로 대단히 넓은 면적에 걸쳐 손상을 입히는 탓에 뇌 구조가 망가져서 사실상 작동하지 않게 되기도 한다. 전 세계 인구의 몇백 명만이 이 병을 앓고 있는 것으로 확인되었다.

한 신경과학자의 말에 따르면, 많은 뇌질환들은 '소름 끼칠 정도로 특정한 병변'으로 우리의 뇌를 공격해서 우리가 완전히 이해하지 못하는 이유로 특정한 뇌 구조만 손상시킨다. 단순 헤르페스 뇌염은 그 한 예다. 시상하부에 영향을 미치는 광견병은 또 다른 예다. 우르바흐-비테 증후군의 경우에는 편도체를 특별히 선호하는 것으로 보인다.

그래서 그 여자아이는 이상하게 들리는 목소리와 밀랍같이 보이는, 흉터가 있는 피부를 가지고 자랐다. 예상 가능하듯 아이는 다른 아이들의 놀림을 받았고, 결국 자신이 못생겼다고 생각하고 소외감을 느꼈다. 그러다가 열 살쯤 되었을 때 병이 아이의 뇌 속으로 슬금슬금 들어오기 시작했다.

어느 날, 그녀가 아직 어린아이였고 질병이 그녀의 뉴런에 영향을 미치기 전에, 그녀는 아버지와 함께 숲으로 하이킹을 갔다. 여자아이는 덤불이 듬성듬성 있는 숲을 걷다가 떨어진 나뭇가지와 잎사귀에 부분적으로 가려져 있던 커다란 구덩이에 빠져 몇 미터 아래로 떨어지고 말았다. 구덩이는 새끼 뱀들의 보금자리였다. 뱀들이 그녀 주변을 기어오르고 뛰어 오르고 다리 위로 미끄러지자, 여자아이는 비명을 지르며 아버지에게 도움을 청했다. 그녀는 그때 느낀 공포를 수십 년이 지나서도 생생하게 기억했다. 하지만 그 경험은 아마 그녀가 그런 두려움을 느낀 최후의 기억일 것이다.

세월이 흘렀다. 스위스의 한 의사가 그녀의 DNA 염기서열을 밝혔다. 그 후 그녀는 성대 주위의 과다한 조직을 벗겨 내고 위험할 수 있는 기도폐색을 예방하기 위해 정기적으로 레이저 수술을 받았다. 그녀가 열여덟 살이 되었다. 첫 성관계를 가진 후 임신을 했고, 남자는 아기의 존재를 알게 되자 그녀를 떠났다.

그녀는 20대에 접어들어 새로운 남자와 폭력적인 관계를 맺고, 그 남자와의 사이에서 두 명의 자녀를 가졌다. 둘째와 셋째 아이의 아버지는 그녀가 마지막 아이를 임신하고 있는 동안 그녀를 떠났고, 몇 년 후 세 아이를 키우던 미혼모였던 그녀는 결혼을 했다. 결혼한 지 1년도 채 되지 않아 그녀가 남편의 불륜 사실을 알고 부딪치게 되면서 파경을 맞았다. 둘의 싸움은 남편이 목을 졸라 그녀가 의식을 잃는 것으로 끝이 났다. 그녀가 깨어났을 때, 남편은 떠나고 없었다.

울지 않는 아기, 웃긴 목소리를 가진 소녀는 이제 50대 여성이 되었다. 그녀가 살아온 시간에는 이와 같은 암울한 사실들이 가득하다. 폭행을 당하고 누군가가 그녀 머리에 총을 겨누었던 적도 있었다. 그녀는 많은 사람들이 평생 동안 겪지 않을 끔찍하고 폭력적인 사건들을 경험했다. 하지만 만약 당신이 그녀를 만나 그 경험들을 듣게 될 기회를 얻는다면 그녀는 조금도 두려워하는 기색 없이 침착하게 이야기를 할 것이다.

훗날 환자 S.M.으로 알려지게 될 이 여성은 스무 살때 처음으로 뇌 스캔을 받았다. 그녀가 첫 스캔을 받은 1986년 이후 우리의 기술은 크게 발전했지만, 그 당시에도 그녀의 손상 정도는 충격적으로 보였다. 뇌 물질로 이루어진 어두운 덩어리 속에 흐릿한 콩 모양의 조각 두 개가 좌반구와 우반구에 똑같은 모양으로 자리 잡고 있었고, 두 개의 편도체가 있어야 할 자리는 비어 있었다. 그녀의 질병이 활동을 시작한 지 10년 만에 그 구조를 완전히 파괴해 버렸지만, 그것 외의 다른 부분은 전혀 건드리지 않은 상태였다. 메스를 좋아한 과거의 정신외과 의사들이 보았다면 부러워하거나 감탄했을지도 모를 '소름 끼칠 정도로 특정한' 적출이었다.

『편도체 없이 살기(*Living Without an Amygdala*)』라는 책의 첫 번째 장「환자 S.M.의 세상 생존 이야기(A Tale of Survival from the World of Patient S.M.)」에서 신경과학자 저스틴 파인스타인(Justin Feinstein), 랠프 아돌프스(Ralph Adolphs), 대니얼 트래널(Daniel Tranel)은 S.M.의 병변을 우르바흐-비테 증후군으로 인한 "현재까지 보고된 가장 완전한 편도체 손상"이라고 기술한다. 손상은 "이전에 보았던 것들과는 완전히 다른" 상태였다.

그 첫 번째 뇌 스캔은 한 신경과 의사가 S.M.을 아이오와대학교 병원에 진료의뢰를 한 후에 진행된 것이었다. 그 병원에서 안토니오 다마지오와 아내 한나 다마지오(Hanna Damasio)가 뇌 병변이 있는 신경질환자들의 등록을 막 시작한 상황이었고, S.M.은 마흔여섯 번째 환자로 등록부에 올랐다. 그녀는 자신을 대상으로 연구하는 데 관심이 있는 연구자들에게 참여 의사를 표했고, 많은 연구자들이 그 제안을 받아들였다.

"그녀는 일종의 스타 환자였습니다. 그녀를 대상으로 한 『네이처』논문 수를 보면 그렇습니다." 아돌프스는 전화 통화에서 S.M.이 영감을 준 수많은 연구를 기억하며 웃으며 말했다.(S.M.에 관한 연구를 통해 수십 건의 동료 검토 논

두려움에 대하여

272

문이 나왔고, 그 논문들은 1만 3000회 이상 인용되었다.) 아돌프스는 1993년 안토니오 다마지오 밑에서 공부하는 박사 후 연구자로 아이오와에 왔고, 그곳에서 한 4년간의 연구가 그의 경력을 바꾸었다.

아돌프스는 말했다. "그것은 정말 우연한 발견이었어요." 그는 초기에는 인지 신경과학을 연구했었다. 그리고 아이오와에 왔을 때 다마지오의 등록부가 쓰이기만을 기다렸고, 그는 기회를 덥석 물었다. "환자 S.M.처럼 감정과 관련해 흥미로운 분열이 있는 사람을 연구하게 된 것은 정말 어쩌다 보니 일어난 일이었어요. 그리고 이를 계기로 사회 및 정서 신경과학 분야에서의 경력이 새롭게 시작된 것이죠."

다마지오의 등록부에 오른 환자들처럼 뇌 병변을 가진 환자에 대한 연구가 귀중한 이유는 뭔가의 부재를 통해 그것이 있을 때 하는 역할을 알 수 있기 때문이다.(올리버 색스(Oliver Sacks)는 "신경학에서 가장 좋아하는 단어는 '결핍'"이라고 쓴 적이 있다.)

자동차 엔진을 생각해 보라. 차가 잘 굴러가고 엔진이 멀쩡하다면 외부적으로 볼 때 그것이 어떻게 작동하는지 추론하기에는 한계가 있다. 그러나 부품 하나를 제거하고 그 제거가 전체 작동에 미치는 영향을 주의 깊게 관찰하면 (그런 다음 한 번에 하나씩 여러 다른 단일 부품을 제거하고 나서 주의 깊게 관찰하는 과정을 반복한다면) 결국에는 작동 원리를 더 잘 이해할 수 있게 된다. S.M.의 경우, 그녀의 편도체 결핍은 뇌 구조가 전신에서 어떤 역할을 하는지, 그리고 더 넓게 보면 두려움을 느낀다는 것이 무엇을 의미하는지 우리에게 많은 것을 가르쳐 주었다.

재빠르게 공포, 혹은 공포의 부족이 S.M.에 대한 연구의 초점이 되었다. 사람들은 그녀가 타인의 얼굴에서 공포를 인식하는 능력을 시험했다.(그녀는 슬픔이나 분노는 감지할 수 있었지만 공포는 알아보지 못했다.) 또한 그녀가 두려움이나 위험을 암시하는 신체 단서들을 알아차리지 못한다는 사실을 연구했다. 그녀의 생리적 공포 반응—예를 들어 1세기 전 리틀 앨버트를 공포에 떨게 했던 것과 같은 큰 소음에 대한 그녀의 반응—도 시험했다. 그녀의 의사결정, 위험 감수와 보상의 관계도 세심히 살폈다. 그들은 S.M.에게 편도체가 없다는 사실을 통해 그 차의 엔진에서 편도체가 정확히 어떤 역할을 하는지 알아내기 위해 최선을 다했다.

그러다가 2003년, 아이오와대학교의 연구진은 그녀를 연구하기 시작하고 거의 20년이 지난 시점에 접근법을 넓혀 보기로 했다. 그들은 한 가지 중심 목표가 있는 다년간의 연구를 시작했다. 두려움이 없어 보이는 그들의 연구 대상이 겁을 먹게 할 수 있는지 알아보는 것이었다.

좀 더 구체적으로 설명하면, 그들은 공포의 경험에서 편도체가 하는 역할을 이해하고 싶었다. 그 구조가 공포와 관련된 기능에 관여한다는 사실은 일련의 연구를 통해 밝혀진 상태였다. 이미 우리는 그것이 공포 조건 형성과 생리적 공포 반응 촉발에 역할을 한다는 것을 알고 있다. 호흡이 짧아지고 혹시 있을지 모르는 위험에 주의를 집중하게 되는 현상이 편도체와 관련이 있다는 사실도 안다. 우리는 편도체가 그런 모든 일에 역할을 한다고 알고 있다. 그러나 공포의 느낌 그 자체는 어떨까?

그들은 보통 사람들에게는 어느 정도의 두려움을 유발할 수 있는 일련의 자극에 S.M.을 노출시키기 시작했다. 그들은 두 가지 측면에서 그녀의 반응을 판단했다. 첫째로 전형적인 공포 행동(예를 들어 깜짝 놀라서 뒤로 펄쩍 물러나거나 비명을 지르는 것)을 보이는지 관찰했고, 두 번째로 각각의 테스트가 진행되는 동안 자신의 느낌을 보고하게 했다. 그들은 그런 자극들이 자신들의 연구 대상에게 두려움을 유발할 수 없으리라는 것을 이미 예견했지만, 그렇다 하더라도 그녀의 무덤덤한 태도는 그들을 놀라게 했다.

그들은 뱀과 거미부터 시작했다. 그처럼 기어 다니는 동물들이 가까이 있으면 공포증이 전혀 없다 해도 대부분의 사람들은 최소한 약간은 불편해한다. 이런 종류의 생물들에 대한 어느 정도의 불편감은 뿌리가 깊은 감정으로, 수백만 년 동안 지속된 진화의 결과다. S.M.은 연구진에게 어릴 적의 하이킹과 구덩이, 자신이 비명을 지르는 동안 사방으로 기어 다닌 새끼 뱀들에 대한 이야기를 들려준 적이 있었다. 그녀는 수년 동안 연구진에게 자신이 뱀을 '혐오'하고 뱀을 피하기 위해 최선을 다했다고 반복해서 말했었다. 지금은 두려움이 없는 것처럼 보이지만, 어린 시절 그 끔찍한 순간에 구덩이 속에서 느낀 공포의 기억은 그녀에게 고스란히 남아 있었다.

그래서 파인스타인, 아돌프스 그리고 나머지 사람들이 그녀를 이국적인 애완동물 가게로 데리고 갔을 때, 그들은 그녀가 뱀 코너를 피할 것이라고 예상했다. 그녀가 다른 동물들은 무척 좋아했기 때문에 그들은 S.M.이 햄스터와 강아지들에게 관심을 집중할 것이고, 만약 우연히 뱀 근처에 간다면 긴장하거나 두려운 행동을 잠깐이라도 볼 수도 있으리라고 생각했다.

그들의 예상은 틀렸다. S.M.과 연구진이 가게 안으로 들어갔을 때, 그녀는 곧장 뱀이 있는 곳으로 향했고, 넋을 빼고 유리 속의 뱀들을 뚫어지게 바라보았다. 그녀가 관심 있어 하자 가게 직원은 더 작고 독이 없는 품종을 꺼내서 그녀가 잡을 수 있게 했다. S.M.은 뱀이 자신의 손을 감싸도록 두었다. 그녀는 뱀의 비늘을 어루만지고, 낼름거리는 혀를 만졌다. "너무 멋져요." 그녀가 말했다. 그런 후 그녀는 더 크고 위험한 뱀을 잡아 볼 수는 없는지 열다섯 번을 물어보았다.(가게 직원들은 매번 안 된다고 했다.) 애완동물 가게라는 한정된 공간 안에 있었기 때문에 안전하다고 느낀 것도 아니었다. 나중에 S.M.의 가족 중 한 명은 연구진에게 그녀가 야생에서 마주친 뱀을 만지려고 한 적이 있다고 말했다.

뱀에 대한 그녀의 두려움에 관한 이야기는 이쯤에서 마무리하기로 하자.

그 가게에 있던 타란툴라를 보고 보인 반응도 같았다. 그녀는 연구진에게 자신은 거미를 피한다고 말했었지만, 가게에서 그녀는 그 털 많고 위협적인 존재를 만지게 해 달라고 간청했다.

다음으로 연구진은 S.M.을 데리고 켄터키주 루이빌에 있는 웨이벌리힐스 요양원을 방문했다. 한때 수십 명의 결핵환자들이 머물렀던 그곳은 지금은 세계에서 가장 무서운 건물 중 하나로 알려져 있다. 매년 핼러윈 데이가 되면 요양원은 거대한 유령의 집으로 변모한다. 공들여 꾸며진 그 집에는 희미한 조명이 켜지고 괴물, 유령, 살인자로 분장한 배우들로 채워진다. S.M.과 연구진은 유령의 집이 한창일 때 방문했다.

그들 일행은 같은 시간대에 방문 중이던 다른 다섯 명의 여성들과 팀을 이루었다. 그 여성들은 S.M.의 대담함에 혼란스러웠을 것이다. 처음부터 그녀는 앞서 나갔고, "이쪽이에요, 여러분!" 같은 말을 외치며 일행을 건물 안 더 깊숙한 곳으로 인도했다. 배우들은 자신이 맡은 역할을 잘 해냈다. 분장한 괴물들과 피투성이의 살인자들이 어둠 속에서 튀쳐나오자, 같이 있던 다른 사람들은 비명을 지르고 펄쩍 뛰었다. 하지만 S.M.은 아니었다. 그녀는 미소를 짓고 심지어 소리 내어 웃었다. 한번은 손을 뻗어 괴물 가면을 쓴 배우의 얼굴을 찌르려고도 했고(그녀는 나중에 호기심이 일어 그랬다고 말했다.) 오히려 변장한 배우를 겁주기도 했다.

지금쯤이면 놀랍지도 않겠지만, 연구진이 S.M.에게 보여 준 무서운 영화의 장면들 역시 그녀에게 아무런 두려움을 유발하지 못했다. 다만 슬픈 순간에는 슬픔을, 역겨운 장면에는 혐오감을 보여 주는 등 다른 장면에는 일반적으로 예상할 수 있는 방식으로 반응했다. 전체 연구를 상세히 기술한 2011년 논문에서 파인스타인, 아돌프스, 다마지오, 트래널은 이렇게 썼다. "S.M.은 어떤 경우에도 두려움을 나타내 보이지 않았다."

그러나 2년 후, 파인스타인 교수는 환자 S.M.이 두려움을 느끼게 만드는 방법을 드디어 찾아냈다.

감정을 연구하는 과학자들은 소위 말하는 '외수용성'

공포와 '내수용성' 공포, 즉 외부로부터 우리에게 닥쳐오는 공포와 내부에서 나와서 영향을 미치는 공포를 구별한다. 존재하지 않는 듯해 보이는 S.M.의 공포 반응을 유발하기 위해 연구진이 해 왔던 모든 것은 외수용성 감각, 즉 시각이나 청각 등의 외부 감각적 자극을 통한 방법이었다. 하지만 이제, 파인스타인과 그의 동료들은 다른 접근법을 취해 보기로 했다.

이전의 연구에 따르면, 이산화탄소 흡입은 인간에게 공포를 유발하고 심지어 공황 발작을 일으킬 수도 있다. 그리고 생쥐를 대상으로 한 실험에서의 경우 편도체가 이산화탄소 감지에 관여한다고 밝혀졌다. 파인스타인은 만약 S.M.으로부터 공포를 유발하기 위해 일반적으로 흔히 사용되는 이산화탄소 흡입 실험에 노출시킨다면, 대부분의 다른 사람들에 비해 이산화탄소가 유발하는 공포가 낮은 수준을 보일 것이라는 가설을 세웠다.

실험 당일 연구진은 S.M.을 안락의자에 눕히고, 그녀의 코와 입에 플라스틱 마스크를 씌웠다. 그런 다음 그녀는 마스크를 통해 숨을 크게 들이마시면서 35퍼센트의 이산화탄소가 섞인 공기를 흡입했다. 이는 우리가 보통 호흡하는 공기 중의 정상 이산화탄소 양의 875배였다.

이런 실험은 검증된 방법이며, 그 효과는 보통 1분 이내에 소멸된다. 우리 몸에 이산화탄소가 들어오면 중추신경계와 말초신경계 둘 다에 경보가 울린다. 이산화탄소가 가득한 공기를 단 한 번 호흡한 것이 실제로 피험자의 산소 수치에 영향을 미치지는 않지만, 그것은 공기가 필요하다는 착각—연구자들이 '공기 기아'라고 부르는 상태—을 불러일으킨다. 실험 참가자의 4분의 1은 극심한 공포감을 경험하기도 하고, 일부 경우에는 전면적인 공황 발작까지 일어나기도 한다.

파인스타인을 비롯한 연구자들은 S.M.이 무반응에 가까운 반응을 보일 것으로 예상했으나 결과는 그렇지 않았다. 이산화탄소 흡입 직후 그녀는 거칠게 숨을 쉬기 시작했다. 호흡이 빨라졌고, 흡입 후 8초 만에 오른손을 흔들며 공기 마스크를 향해 손짓했다. 그녀의 발가락은 둥그렇게 말리고 손가락은 구부러졌으며 몸은 긴장되어 굳어졌다. 그녀는 실험 시작 14초 만에 입을 가린 플라스틱 마스크를 통해 "살려줘요!"라고 외쳤고, 연구진 중 한 명이 그녀의 얼굴에서 마스크를 벗겨 냈다. 그렇게 하자마자 그녀는 그의 손을 잡았다. "고마워요."라고 그녀는 눈을 크게 뜨고 콧구멍을 벌름거리며 말했다. 그러나 그러고도 2분 동안 그녀는 숨을 제대로 쉬지 못했다. 숨을 헐떡거리고 거칠게 숨을 쉬었다. 그녀는 목을 가리키며 손을 흔들면서 말했다. "숨을 못 쉬겠어요."

결국 그녀는 거의 5분이 지나서야 회복되었는데, 이

는 1~2분 정도 지속되는, 그 실험으로 인한 일반적인 공황 상태보다 훨씬 긴 것이었다. "S.M.은 이제 막 생애 첫 공황 발작을 경험했다."라고 훗날 파인스타인은 썼다. "방 안의 모든 실험자들은 충격을 받았다. S.M.은 실제로 두려움을 느꼈다. 그녀는 그 경험을 자신이 느껴 본 '최악의' 공포라고 말했다. 아마 틀림없이 어린 시절 이후 처음으로 경험한 공포였을 것이다."

(파인스타인은 내게 자신을 비롯한 동료들이 "헤드라이트 불빛에 놀란 사슴처럼 그 주를 보냈어요."라고 말했다. 충격을 받기는 했지만, "그것은 멋진 순간이었어요."라고도 했다. "왜냐하면 틀렸다는 것이 증명되는 순간이 과학에서 가장 중요한 지점이기 때문이죠." 가설이 확실히 뒤집힐 때 더 많은 것을 알게 된다.)

그 효과가 재현 가능한지 알아보기 위해 아이오와대학교 연구진은 독일의 쌍둥이 자매를 연구해 온 한 연구자에게 접근했다. 그 쌍둥이 자매 또한 우르바흐-비테 증후군으로 인해 광범위한 양측 편도체 병변을 가지고 있었다. 두 여성은 대서양을 건너와 그들보다 먼저 S.M.이 그랬던 것처럼 이산화탄소 가스를 들이마셨다. 연구진은 편도체가 온전한 대조군 피험자들도 참여시켰다.

파인스타인의 연구진은 그야말로 3타수 3안타를 쳤다. 쌍둥이 자매는 가스를 흡입하는 순간 전면적으로 공황 발작을 경험했다. 한편 대조군의 공황 발작률은 훨씬 낮았다. 공포가 없을 것으로 보이던 환자들이 공포를 경험하고 있을 뿐 아니라 심지어 병변이 없는 사람들보다 더 높은 비율로, 더 센 강도로 공포를 느끼고 있었던 것이다.

이 연구 결과를 통해 두 가지 사실을 알게 되었다. 첫째, 기존의 많은 연구에서 가정한 것과는 달리, 기능하는 편도체의 존재는 육체적 또는 정서적 공포 경험의 전제조건이 아니었다. 둘째, 편도체는 우리의 공포 반응을 촉발하는 역할뿐만 아니라 완화나 억제 또는 제어하는 기능도 할 가능성이 있는 것으로 보인다. 이 가능성은 가스를 흡입한 우르바흐-비테 증후군 환자들이 보인 과도한 반응을 설명하는 데 도움이 될 것이다. 일단 공황 반응이 촉발되자, 편도체가 다시 스스로를 통제하기 위해 기능했을 제동 장치가 없었던 것이다. 그들은 알렉스 호놀드가 했듯이 스스로를 진정시킬 힘이 없었다.

파인스타인은 다음과 같이 썼다. "제일 먼저 우리는 편도체가 뇌의 본질적이고 유일한 '공포 중심'이 될 수 없다는 것을 즉각적으로 알게 되었다. […] 기능하는 편도체 없이도 S.M.은 강렬하고 장기적인 공포 상태를 경험할 수 있었다."

S.M.이 공포로 인식될 수도 있는 감정을 표현하는 또 다른 방식이 있다. 하지만 그것은 그녀 자신에 대한 두려

움이 아니라, 그녀의 아이들에 대한 두려움이다. 또는 진정한 두려움은 아니더라도, 적어도 자신의 안전에는 결코 적용되지 않는, 철저한 보호 본능이다. 엄마로서 그녀는 즉각적인 위협을 인식하고 대응할 수 있다고 보인다.

한번은 S.M.이 '키가 194미터인 이웃집 여자'로 묘사한 한 여성이 S.M.의 어린 아들을 때리자 S.M.은 그 여성을 밀치고, 여성의 가족들을 제압했으며, 경찰관이 도착해 사태가 일단락되기 전에 도전자들을 모두 상대했다. 또 한번은 S.M.의 아들이 마당에서 크랙 코카인(코카인에 탄산수소나트륨을 더해 작은 돌덩어리 모양으로 만든 마약–옮긴이)이 든 작은 봉지를 발견했는데, S.M.은 이를 경찰서에 가지고 가서 누가 마약상으로 의심되는지 이야기했다. 얼마 지나지 않아 그녀의 집 문간에 살해 협박이 담긴 쪽지가 붙기 시작했고, 어느 날 한 남자가 그녀의 아파트 복도에 나타나 그녀의 머리에 권총을 들이댄 채 "탕!" 하는 소리를 내고는 사라졌다. 이후 S.M.의 아들이 뒷마당에서 또 다른 봉지를 발견했을 때, 그녀는 자신의 집과 동네가 자녀들에게 안전한 곳이 되기를 바라는 마음에 다시 경찰서에 갔다.

이런 것들은 보통의 엄마라면 취할 법한 행동이다. 정말이지 전혀 특이할 것이 없다. 총구가 머리를 겨누고 있었을 때도 전혀 두려움을 느끼지 않았다는 부분만 제외하면 말이다. 하지만 그 사실은 그녀가 자신의 아이들이 위험한 상황에 직접적으로 처해 있지 않았을 때도 자신의 안전을 전혀 염려하지 않았다는 점과 함께, 새끼를 보호하려는 회색 곰의 본능을 촉발한 것이 그녀의 편도체가 아님을 암시한다. 우리의 두려움의 근원은 우리 내부의 여러 군데가 될 수 있는 것이다.

근래 S.M.은 성인이 된 세 자녀와 거의 연락하지 않고 지낸다. 하지만 그녀는 여전히 어머니로서의 두려움을 가지고 있다. 한번은 그렇게 연락을 끊고 지내는 이유가 궁금해진 한 연구자가 그녀의 아들에 대해 물었다.

"아드님이 현재 아프가니스탄에 군인으로 가 있는 거죠?" 연구자가 물었다. "아드님 걱정은 안 되시나요?"

"걱정되죠, 그럼요." 그녀가 말했다.

연구자는 어떤 점이 걱정되는지 물었다.

"다치거나 안 좋은 일이 생길까 봐 걱정돼요. 지금 이 순간에도 누군가 내 아들에게 총을 겨누고 있을 수도 있으니까요."

"그거참, 흥미롭네요." 연구자가 말했다. "당신은 기본적으로 누군가가 당신에게 총을 겨누어도 무섭지 않다고 하시잖아요. 그런데 누가 아드님에게 그런 짓을 한다면 그때는 두려우신가요?"

S.M.은 부정하며 대답했다. "두렵지는 않아요. 다만 그 아이에게 그런 일이 일어나지 않기를 바라는 것뿐이에

요. 선생님이 이해하셔야 할 점은, 나는 걱정은 하지만 두려움을 느끼지는 않는다는 거예요."

그렇다면 두려움과 걱정의 차이는 무엇일까?

"'두렵다'는 것은 겁에 질렸다는 뜻이에요." S.M.이 말했다. "무서워하는 거죠. 그런데 '걱정한다'는 것은 어떤 일이 일어나지 않기를 바란다는 뜻이에요. 나는 늘 이런저런 일들에 대해 걱정해 왔지만 두려웠던 적은 없어요. 내 아들과 총알 사이에 설 수 있다면 나는 그렇게 할 거예요. 두렵지 않으니까요."

나는 S.M.의 존재에 매료되었다. 때때로 내 삶이 행복과는 거리가 먼, 끝없이 이어지는 두려움과의 싸움과도 같다고 여겨 왔다. 그런데 두려움을 느낀다는 게 뭔지도 모르는 사람이 있다니? 나는 엄청난 흥미를 느꼈다. 관음증이 있는 사람처럼 보이지 않으려고 애쓰면서 랠프 아돌프스에게 S.M.이 정말 어떤 사람인지 물었다.

"틀림없이, 아무것도 모르는 상태로 그녀를 만나서 대화를 나누기만 한다면, 그렇게 특이한 점은 찾기 힘들 겁니다." 그가 말했다. "그녀에게 질문을 하거나 롤러코스터를 타게 하거나 아니면 유령의 집 같은 곳에 데려가지 않는 한, 그녀는 비교적 평범해 보일 겁니다. 무척 상냥하고 다정한 사람으로 보일 뿐이지, 평소 행동을 보면 크게 이상한 점이 없어요." 그는 대부분의 병변 환자들도 그런 경우가 많다고 말했다. 새로운 장기 기억을 형성할 능력이 아예 없다시피 해 약 30초 단위로 삶을 살았던 유명한 환자 H.M.(Patient H.M.)과 같은 기억 상실증 환자들조차 보통 일상적인 대화에서는 (사실은 일반인과 다른) 그들의 정신에 이상한 점이 전혀 없다는 인상을 준다.

아돌프스는 자신이 연구한 기억 상실증 환자들에 관해 이렇게 말했다. "보통은 지금이 몇 년도인지, 지금 누가 대통령인지 같은 좀 이상한 질문을 하진 않을 거잖아요. 그들을 그냥 길에서 마주친다면 '어떻게 지내요?' 하고 물을 겁니다. 그러면 그들은 '좋아요. 잘 지내고 있어요.'라고 말할 테고, '그래, 그동안 뭐하고 지냈어요?'라고 물으면, '아, 뭐, 이것저것.' 이러겠죠."

아돌프스는 자신의 환자들이 사회적 방법이나 그 외 다른 방법으로 그들의 결손을 메우는 놀라운 능력에 주목했다. 그는 내게 "그들은 온전한 개인을 만들어 낼 수 있습니다."라고 말했고, 그런 능력은 아돌프스의 연구실에서 더욱더 연구의 초점이 되어 가고 있다. "'이 사람들의 결손은 무엇인가?'라고 묻기보다는 '부족한 부분을 보충하기 위해 뇌의 나머지 부분이 무엇을 하고 있는가?'라고 묻는 겁니다." 아돌프스는 두뇌의 가소성, 즉 필요에 따라 재정비하고 재편성하는 능력에 끊임없이 감명을 받는다. "솔

직히 우리는 그 한계가 어디까지인지 모릅니다. 아마 놀랄 만한 수준이겠죠."

정말이지 놀랍다. 환자 S.M.은 이제 50대 중반에 접어들었고, 건강 문제들이 쌓이기 시작했다. 하지만 그녀가 인간의 주요 내부 경보 시스템에 접속하지 않고도 이렇게 오랫동안 살아남았다는 것은 믿기지 않는 일이다. 그녀의 병변은 알려진 인간 사례를 살펴보아도 유일무이하지만, 그녀의 경우와 비교되는 우리의 영장류 친척에 관한 암울한 소식이 있다. 1968년, S.M.이 아직 편도체가 온전한 어린아이였을 때, 아서 클링(Arthur Kling)이라는 정신과 의사가 푸에르토리코 연안의 작은 섬에서 야생 붉은털원숭이 무리를 포획했다. 그는 원숭이들의 편도체를 제거하고 나서 풀어 주었다. 2주가 지나지 않아, 그 원숭이들은 굶어 죽거나 익사하거나 아니면 온전한 상태의 다른 원숭이들의 공격을 받아 모두 죽었다.

내가 처음 S.M에 대해 알아보기 시작했을 때 교훈적인 이야기를 발견하게 되기를 기대했었다. 그녀의 삶이 힘겨웠던 것은 맞다. 그녀의 두려움 없음이 그녀를 위험으로 이끌었고, 다른 사람들로부터 고립시켰으며, 여러 면에서 그녀의 세계를 더 작게 만들었다.

사람들은, 대개는 남성들은 그녀를 이용하고 학대했다. 그녀는 일생의 대부분을 정부 장애 수당으로 근근이

먹고살았다. 식욕이 별로 없어서 자주 굶었고, 돈 관리도 잘 못했다. 결과에 대한 두려움이 없는데 뭐 하러 하겠는가? 그녀는 교우 관계를 지속하는 데도 어려움을 겪는데, 우리 대부분이 힘들게 실천하는 억제가 부족하기 때문이다. 그녀는 마음에 드는 사람을 만나면 감정을 강하게 드러내면서 한없이 너그럽게 베풀고 상대도 똑같이 해 줄 것을 요구한다. 그런 거침없는 태도가 사람들을 멀어지게 할 수도 있다. 거절에 대한 두려움이 오히려 유용한 사회적 난간이 될 수도 있는 것이다.

"힘든 삶이죠." 저스틴 파인스타인이 내게 말했다. "그녀에게는 일종의 사회적 버블이 부족합니다. 일반적으로 우리 모두는 상상 속의 버블에 둘러싸여 있어서 만약 누군가가 그 개인적인 공간을 침범하면 약간의 불편함을 느낍니다. 그렇죠? 반면 그녀의 경우에는 낯선 사람과 말 그대로 얼굴을 서로 맞대고 있어도 전혀 불편해하지 않습니다." 그는 편도체가 촉발 장치일 뿐 아니라 행동에 대한 일종의 제동 장치일 수 있다는 사실에 관심이 있었다. "S.M.을 통해 정말로 그런 제동 장치 없이 살아가고 있는 사람의 모습을 볼 수 있습니다."

브레이크 없는 삶이라니. 브레이크 페달을 밟고 있는 무거운 발에서 벗어나기 위해 분투하고 있는 나 같은 사람은 상상하기도 어려운 삶이다.

그런 모든 사실에도 불구하고, 나는 S.M.의 삶에서 감탄할 만한 점을 많이 발견했다. 다른 사람들에 대한 그녀의 신뢰는, 가끔은 잘못된 대상을 향하기도 했지만, 우리 모두가 조금은 더 많이 가져야 할 그런 태도다. 그녀의 적응력, 즉 뇌의 지도에 빈자리가 있음에도 불구하고 생존할 수 있는 능력은 놀라웠다. 나는 유령의 집에서 당당히 앞으로 나아가면서 소리 내어 웃거나 일행을 큰 소리로 부르면서 자신을 따라오게 하는 그녀의 모습을 생각했다. 그녀는 두려움이 없었기 때문에 세상에 열린 마음을 가질 수 있었다. 나는 그게 부러웠다. 적어도 조금은.

만약 지금까지 살펴 본 '두려움 없는' 사람들의 특성 중에서 원하는 것을 고를 수 있다면, 내가 선택할 것은 바로 그런 것들이 아닐까 싶다. S.M.의 놀라운 개방성과 대담성 그리고 한계가 없어 보이는 알렉스 호놀드의 침착성.

그러나 결국 나는 두려움이 필요하다는 것을 알았다. 내 두려움이 때로는 과열된 상태로 느껴질 수도 있지만, 그것이 존재하는 이유가 분명히 있다. 내가 생존할 수 있게 도와주는 것이다. 파인스타인은 두려움을 수천 년에 걸친 인류의 지속적인 생존에 (또한 두려움을 좀 더 넓게 정의한다면 우리 종뿐 아니라 다른 종의 생존에도) 꼭 필요한 '주요 성분'이라고 설명했다. 비록 그것이 때때로 나를 불편하게 했다 하더라도 없어지기를 바랄 수는 없는 것이다.

9장

~~~~~~~~~~~~~~~~~~~~~~~~~~~~~~~~~~~

두려움은
왜 중요한가

그날 밤 우리 넷은 오타와강 옆 공원에 있었다. 우리는 방과 후에 버스를 타고 시내에 갔고 온타리오주와 퀘벡주를 갈라놓는 긴 다리를 건너 퀘벡 쪽의 주유소 편의점에서 마이크스 하드 레모네이드(알코올이 들어간 레모네이드-옮긴이) 두어 병을 샀다. 우리는 열여덟 살이 채 되지 않았지만, 거기서는 알코올음료를 쉽게 살 수 있었다. 강 건너편에는 퀘벡주의사당의 구리 지붕이 여름 햇살을 받아 반짝거렸다.

배낭이 땡그랑거리는 소리를 들으며 우리는 다리의 분주한 교차로에서 나와 강을 끼고 있는 길고 가느다란 공원 지대 안쪽의 포장된 보행자 길을 따라갔다. 그러고는 앞에는 강이 있고 뒤쪽으로는 울타리가 둘러진 종이 가공 공장 구내가 희미하게 보이는 잔디밭에 자리를 잡았다. 나는 그해 여름 그곳 녹지 공간에서 머리 위로 캐나다 데이(캐나다 건국 기념일-옮긴이) 불꽃놀이가 펼쳐지는 동안 첫 키스를 했다. 우리가 편히 앉아 있었을 때 나는 내 어깨 너머 종이 공장을 바라보았는데, 공장의 철사 울타리에 기대어 우리를 지켜보고 있는 한 남자가 눈에 들어왔다.

몇 시간이 지나 해는 자취를 감추었고, 우리는 술병을 다 비웠다. 내 친구 S는 오줌을 누기 위해 덤불 속으로 사라졌고, 돌아온 그녀는 우리에게 가까이 몸을 기댄 채 술기운에 킥킥거리며 속삭였다. "얘들아, 우리를 지켜보고 있는 남자가 있어."

나는 얼어붙었다. 다시 공장 쪽을 쳐다보았다. 같은 남자였다.

들뜬 기분은 사라지고 혼란스러운 두려움만 남았다. 알코올이 내 속에서 얼어붙었다. 우리가 어떻게 할 것인지 의논한 내용은 하나도 기억나지 않는다. 그저 함께 재빨리 공유된 본능에 따라 이동했을 뿐이다. 우리는 짐을 쌌고, 방어 대형을 이룬 동물 떼처럼 빽빽하게 무리를 지어서 왔던 길을 따라 다시 이동했다. 넓고 어두운 강이 우리의 오른쪽에 있었고, 왼쪽으로는 아마도 18미터 정도 떨어진 곳에서 그 남자가 우리와 나란히 보조를 맞추며 자기 옆의 울타리를 따라 걷기 시작하는 모습이 보였다. 앞쪽에, 울타리 안쪽으로 문이 나타났는데, 쇠사슬이 감겨 있고 자물쇠가 걸려 있었다. 잠겨 있겠지? 잠겨 있어야 했다. 우리가 그 문을 지날 때, 남자는 문에 손을 뻗어 쇠창살을 움켜쥐었고 쇠사슬이 덜컹거리는 소리가 났다. 우리는 더 빨리 걸었고, 그는 보조를 맞추었다. 섬뜩하고 조용한 추격이었다.

"뛰어 가서 도움을 청해. 네가 제일 빨라." D가 내게 말했다.

"너희를 두고 가지는 않을 거야." 나는 씩씩하게 말하려고 노력했다. 내 앞으로 나무가 늘어선 어두운 오솔길은 무시무시했다. 나 혼자만 용감하게 버티고 있는 것은 아니었다.

"우리는 넷이고, 저 남자는 혼자야. 우리는 넷이고…." S는 주문을 외듯 계속 중얼댔다.

"설령 저 사람이 총을 가지고 있다 해도 문제없을 거야." A가 속삭였다. 남자가 우리 중 누구 하나에게라도 총을 겨눈다면 나머지 세 사람은 그가 시키는 대로 다 하리라는 것을 모두 알고 있었다.

우리는 속도를 늦추지 않고 배낭 속에 손을 집어넣어 모아 둔 빈 병을 꺼내 나눠 가졌다. 그리고 그 투명한 유리병의 목 부분을 움켜잡았다. 이제 각자 무기를 하나씩 가지게 된 셈이었다.

　울타리를 따라 심긴 나무들이 무성해졌고, 더 이상 우리를 그림자처럼 따라오던 그 남자의 모습을 알아볼 수 없었다. 앞에 또 다른 문이 보였다. 문과의 거리가 12미터, 9미터, 7미터로 점점 더 가까워졌고, 이번에는 쇠사슬이나 자물쇠가 없다는 사실을 알았다. 우리는 남자가 그곳에 다시 나타날 것인지 확인하기 위해 기다리지 않았다. 문에 다다르자마자 우리는 뛰었다. 다시 교차로로, 다시 다리로, 다시 밤을 밀어내는 가로등과 헤드라이트의 불빛 속으로 들어갈 때까지 뒤도 돌아보지 않고 달렸다. 쉬지 않고 달리고 또 달렸다.

　그날 밤, 우리를 움직이게 하고 행동하게 한 추진력에 관한 교훈을 얻을 수도 있었지만, 그때는 그것을 깨닫지 못했다. 그로부터 12년 후, 내가 30살이 채 안 되었고 아직은 화이트호스가 낯설었던 시기에 그 추진력을 다시 체험했다. 어느 추운 겨울밤 새벽 3시, 나는 자동차 대리점 주차장의 어둠 속에서 토요타 매트릭스 뒤에 쭈그리고 앉아 모퉁이에서 공회전하고 있는 택시 지붕 위로 가로등 불빛이 번쩍이는 것을 지켜보았다. 그 택시 운전사는 내가 다섯 블록을 지나는 동안 내 뒤를 따라오고 있었다.

　처음에, 그의 헤드라이트가 나를 향해 천천히 다가

왔을 때 그저 승객을 찾고 있는 중이라고 생각했다. 한겨울 유콘에서 그 시간에 친구 집에서 나와 혼자 집으로 걸어가고 있던 내가 아마도 승객이 될 수 있지 않을까 싶었을 것이다. 그러나 나는 손을 흔들어 그를 보냈고, 그는 내옆을 지나쳤다가 유턴을 하고는 느린 속도로 나를 따라왔다. 긴장이 된 나는 다른 길로 방향을 꺾었지만, 그는 여전히 따라왔다. 그때 나는 그를 위한 변명을 하기 시작했다. 그는 자신이 옳은 일을 하고 있다고 생각하고 있는 것은 아닐까? 의도치 않게 나를 공포에 떨게 하고는 있지만 나를 안전하게 집까지 바래다줄 생각인 것은 아닐까? 하지만 내 머릿속의 더 큰 목소리는, 말이 안 된다고, 뭔가 이상하고 뭔가 잘못됐다고 말하고 있었다. 그리고 나는 그 목소리에 귀를 기울였다. 수년 전에 그랬듯이 본능에 주의를 기울였다. 나는 자동차 대리점 쪽으로 가 몸을 숨기고는 눈 속에 웅크리고 앉았다. 아이러니한 상황에 속이 울렁거렸다. 15분을 걸어서 집에 오는 일 대신에 할 수 있었던 '안전한' 선택은 택시를 부르는 방법이었을 것이다.

자동차 대리점은 모퉁이에 있었다. 울타리가 둘러진 주차장은 블록의 양쪽에 입구가 있었다. 그 택시는 주차된 판매용 자동차들의 미로 속, 내가 들어갔던 육 번 구역에서 공회전을 하고 있었기 때문에 나는 주 출입구를 향해 툰드라와 4러너 사이를 미끄러지듯 걸으면서 눈에 띄지 않으려고 애썼다. 바보 같다는 기분이 들었지만, 다시 내 모습을 드러낼 만큼 바보는 아니었다.

주차장 가장자리에 이르렀을 때 나는 심호흡을 하고 거리로 뛰쳐나와 반 블록 떨어진 호텔의 불빛을 따라 전력을 다해 달렸다. 내 뒤로 택시가 모퉁이를 도는 소리가 들렸고, 헤드라이트가 달리는 내 어깨를 비추는 것을 느꼈다.

내가 호텔의 양 문 앞까지 갔을 때 그는 내 뒤쪽의 연석에 차를 세웠다. 나는 문에 부딪혀 튕겨 나왔다. 문은 굳게 잠겨 있었다.

택시의 범퍼와 나는 겨우 보도 폭만큼 떨어져 있었다. 나는 돌아서서 쓸모없는 호텔 문에 등을 대고 숨을 크게 들이마시고는 소리를 질렀다. "그만 따라와!" 운전대 위로 운전사의 흰자위가 커지는 것이 보였다.

바로 그때, 거나하게 취해서 휘청대며 걷고 있던 나이 지긋한 남자 둘이 길 아래쪽 어둠 속에서 나타났다. "이봐, 무슨 일이야?" 한 사람이 밤을 가르며 소리쳤다.

택시 운전사는 차를 후진시키더니 방향을 틀어 차를 몰고 떠났고, 미등이 사라져 갔다.

두 사람은 조심스럽게 내 쪽으로 다가왔다. "전 괜찮아요." 내가 말했다. 나는 호텔 문밖의 흡연자용 벤치에 앉아 숨을 돌렸다. 그들은 내가 부담이 덜 될 만큼 적정하게 떨어진 거리에서 걱정스러운 듯이 서성였다. 그들은 택시를 불러 주겠다고 했고, 집까지 바래다주겠다고도 했다. 나는 고맙다고 말하고는 제안을 사양했다. 내가 사는 아파트는 거기서 두 블록 떨어진 곳에 있었다.

준비가 다 된 나는 심호흡을 하고 어깨를 쫙 펴고서 호텔 입구의 빛의 웅덩이를 빠져나와 다시 어둠 속으로 걸어 들어갔다.

내 인생에서 그 두 밤만이 안전을 위해 죽을힘을 써 가며 달렸던 유일한 시간은 아니었다. 젊은 여성이 낯선 남자나 낯선 남자들 때문에 겁을 먹고 그들을 피해 달아나는 일은 그보다는 많다. 하지만 그런 일들 중에서도 그 두 사건이 유독 두드러진다. 상황의 애매모호함, 침묵 때문이 아닐까 싶다. 내가 남자들 때문에 달아났던 또 다른 몇 번의 경우에는, 그 남자들이 내게 뭘 하자고 제안하는 말을 했다. 소리치면서 요구를 하기도 했고, 음흉한 시선으로 모욕하는 말을 하기도 했다. 그러나 그 두 번의 경우, 나는 전적으로 무언의 단서들에 근거하여 결정을 내렸다. 그리고 그럼에도 불구하고 나는 도망치는 것이 옳은 일이라고 거의 완전히 확신하고 있었다.

『서늘한 신호(The Gift of Fear)』에서 보안 컨설턴트이자 유명 인사들의 안전을 책임지는 일을 해 온 개빈 드 베커(Gavin de Becker)는 직관의 힘—두려움의 힘—에 대해 쓰고 있다. 드 베커는 과학자는 아니지만 스토킹당하고 괴롭힘을 당하고 위협받고 학대받는 사람들을 돕는 일을 하며 수십 년을 보냈다. 그는 자신의 모든 경험에서 패턴을 추출해 냈고, 참혹한 일화들로 가득 찬 그 책이 바로 그 결과물이다.

『서늘한 신호』는 아파트 계단에서 예의 바른 청년을 만나 막연하고 설명할 수 없는 불안감에도 식료품을 들어다 주겠다는 그의 제안을 마지못해 받아들인 젊은 여성 켈리의 이야기로 시작한다. 집으로 들어가자 남자는 총을 꺼내서 켈리를 위협하고 강간했다. 그가 방을 나가 부엌으로 갔을 때 그녀는 움직이고 싶은 충동에 휩싸였다. 그가 등을 돌린 사이 켈리는 집 밖으로 나와 복도로 도망쳤다.

"그녀는 훗날 두려움이 너무나 커서 몸에서 느껴지는 감각이 두려움밖에 없었다고 묘사했다."라고 드 베커는 쓰고 있다.

> 마치 그녀 안에 숨어 있던 동물처럼 그것은 최대한의 크기로 완전히 펼쳐졌고 그녀 다리의 근육을 이용하여 일어섰다. "내가 한 게 아니었어요." 그녀가 설명했다. "그게 나를 태우고 복도를 지났던 거예요." 그녀가 경험한 것은 진짜 두려움이었고, 깜짝 놀랄 때나 영화관에서 느끼는 두려움 혹은 사람들 앞에서 말하는 것에 대한 두려

움 같은 것이 아니었다. 이 두려움은 '내가 시키는 대로 하라.'고 말하는 강력한 아군이다. 때로는 죽은 척 하거나 숨을 멈추라고 혹은 도망치거나 비명을 지르거나 싸우라고 말하기도 하지만, 켈리에게는 '조용히 하고 나를 의심하지 않으면 내가 여기를 벗어나게 해 줄게.'라고 말했다.

드 베커의 논지는, 세상에서 맞닥뜨릴 수 있는 위협에 대해 생각보다 우리가 더 많이 알고 있다는 것이다. 그는 우리가 위험에 처했을 때와 그렇지 않을 때를 정확하게 판단할 수 있는 힘을 가지고 있다고 주장한다. 우리는 그저 그 본능에 귀를 기울일 줄 알아야 하고, 예의를 차리기 위해서, 남들의 기대를 의식해서 또는 사회적 통념 때문에 그 본능을 억누르지 말아야 한다. 그는 이렇게 썼다. "모든 생물처럼 당신은 위험이 닥쳤을 때, 그것을 알아차릴 수 있다. 당신의 내면에는 위험 요소를 경고하고 위험한 상황을 헤쳐 나갈 수 있게 안내할 준비가 되어 있는 뛰어난 보호자가 있다."

이것은 강력한 아이디어, 힘을 주는 아이디어다. 그리고 그 책이 출간된 이후 20년간 과학은 드 베커가 일반적으로 직관이라고 부르는 것에 대한 이해의 공백을 메우는 데 도움을 주었다.

『서늘한 신호』의 두 번째 장은 직관의 메커니즘에 대해, 그것이 어떻게 작동하는지, 우리에게 어떻게 경고를 보내는지를 암시하는 또 다른 일화로 시작한다. 항공기 조종사 로버트 톰프슨은 잡지를 살 생각으로 편의점에 들어갔다가 갑자기 설명할 수 없는 두려움을 느꼈던 어느 날 밤의 이야기를 들려준다. 톰프슨은 돌아서서 잡지를 사지 않고 가게를 나왔다.

잠시 후 같은 가게에 들어간 다른 남자는 그렇게 운이 좋지 않았다. 그는 경찰관이었다. 그의 출현은 편의점 점원에게 총구를 들이대고 있던 한 남자를 놀라게 했다. 결국 경찰관은 총에 맞아 사망했다.

"무엇이 내게 그곳에서 나가라고 했는지 모르겠어요." 톰프슨이 드 베커에게 말했다. "그건 그냥 직감이었어요."

그는 잠시 말을 멈추고 자신의 말을 되짚어 보았다. "음, 지금 생각해 보니 카운터 뒤에 있던 남자가 나를 흘깃 쳐다보더니, 아주 잠깐 내 쪽으로 고개를 돌렸다가 말더군요. 나는 점원이 들어오는 손님을 살펴보고 평가를 내리는 것에 익숙해져 있었는데, 그는 오로지 다른 손님만 보고 있었어요. 아마 그게 내겐 이상해 보였을 거예요. 그가 뭔가를 염려하고 있다는 것을 알아본 모양이에요."

나중에 톰프슨은 그 손님이 더운 날씨에 두꺼운 재킷을 입고 있었고, 주차장에 공회전하고 있는 차가 있었다는 것을 기억했다. 드 베커의 주장에 따르면, 그런 모든 세부 사항들이 합쳐져서 "우리가 인식하는 것보다 더 빠르고, 우리가 기꺼이 의지하는 익숙한 단계별 사고와는 아주 다른 인지 과정"을 무의식적으로 거치게 된 것이다. 그는 이렇게 썼다. "논리가 터벅터벅 걷는 것이라면 직관은 솟구쳐 날아오르는 것이다."

　우리는 이제 직관이 현실적인 도움이 될 수 있다는 것을 안다. 공포의 냄새를 맡을 수 있는 우리의 능력이 그 예다. 톰프슨이 처했던 위기일발의 상황에 대해 처음 읽었을 때, 나는 피험자들을 비행기에서 뛰어내리게 하여 인간 경보 페로몬의 존재를 증명한 스토니브룩대학교 연구자 릴리앤 무지카파로디가 바로 생각났다. 나는 궁금할 수밖에 없었다. 톰프슨의 감각이 점원에게서 굴러 떨어지는 공포의 냄새, 그리고 어쩌면 강도에게서도 나는 공포의 냄새를 알아차린 것은 아닐까? 그로 인해 톰프슨의 편도체가 내부 경보 시스템을 작동시켜서 점원의 커진 눈과 겁에 질린 얼굴에 주의를 더 기울이게 한 것은 아닐까? 나는 아마 그랬을 것이라고 생각할 수밖에 없다.

　무지카파로디는 인간의 경보 페로몬 자체에는 관심이 없었다. 경보 페로몬도 훌륭하지만, 그녀의 머릿속에는 더 큰 그림이 담긴 질문이 들어 있었다. 그녀의 스카이다이빙 기반 연구는 두려움이 어떻게 우리에게 도움이 될 수 있는지, 어떻게 그것이 부담이 아니라 유용한 도구가 될 수 있는지에 대한 해답을 찾으려는 더 폭넓은 조사의 일환이었다.

무지카파로디는 상대적으로 더 자주 연구되는 집단인 과도한 공포와 불안을 겪는 사람들보다는 건강한 개인들의 공포 반응을 연구하는 데 관심을 갖게 되었다. 그녀는 미군으로부터 연구 자금을 지원받아(결국 군도 무서운 상황에 군 인력이 어떻게 대응할 것인가에 관심이 있기 때문이다.) 매혹적인 질문을 붙들고 씨름하기 시작했다. 어떤 사람이 최고의 네이비실(미 해군에 소속된 특수 부대-옮긴이) 대원이 될 수 있을까?

"그것은 개인 간의 차이가 어떻게 나타나는지 더 깊이 생각할 수 있게 해 준 일종의 광범위한 문제였습니다." 무지카파로디가 내게 말했다. "예를 들면 이런 것이죠. 네이비실 대원이 정상적인 건강한 사람과 다른 점은 무엇일까? 그리고 불안감이 더 많은 사람과 그들의 차이점은 무엇일까? 더 나아가 병적으로 불안해하는 사람들과의 차이점은 무엇일까?"

공포 페로몬에 대한 연구는 그 광범위한 질문에 대한 답을 찾는 과정의 일부였다. 무지카파로디가 더 최근에 진행한 두 번째 연구도 마찬가지였는데, 이번에도 역시 그녀는 초보 스카이다이버 그룹을 비행기에 태웠다. 하지만 이 그룹은 다른 점이 있었다. 무지카파로디는 자유의사로 스카이다이빙을 하겠다고 한 사람들 중에서 연구 대상을 선정했다. 이전의 첫 번째 연구 그룹은 무작위로 선택되었다. 즉 비행기에서 뛰어내리기를 원하는 사람들로만 구성한 것이 아니었다.(그 때문에 그들이 더 많은 공포-땀을 흘릴 가능성이 높았을 것으로 추측한다.) 두 번째 연구의 피험자들은 다른 유형이었는데, 과학자들이 '고감각 추구자(High Sensation Seekers, HSS)'라고 부르는 집단이었다.

무지카파로디와 동료들은 그들이 "용감한"과 "무모한"이라고 이름 붙인 두 유형의 사람들—위협을 완전히 이해하고 알면서도 의도적으로 위험을 감수하는 사람들과 자신이 무릅쓰고 있는 위험이나 마주하고 있는 위협을 완전히 파악하지 못한 사람들—을 생리학적으로 구별하는 것이 가능한지 알고 싶었다. 그들은 용감함과 무모함의 차이는 단순히 위험 감수의 결과에 근거한, 사후에 행해지는 사회적 판단이 아니며, 그 둘은 위험에 대한 질적으로 다른 접근법을 수반하고, 그 차이는 "신경생물학적으로, 생리학적으로, 인지적으로 구별된다."는 가설을 세웠다.

그들은 스카이다이빙 희망자 30명을 선발하는 것으로 시작했으며, 엄격히 통제된 이틀 동안 피험자들은 일련의 테스트를 거쳤다. 그들은 위험 회피 행동(또는 그것의 부족)에 대한 표준화된 질문지에 답했다. 엔도르핀과 아드레날린 수치를 측정했고, fMRI로 편도체의 활동을 평가했다. 비행기를 타고 낙하 고도까지 올라가는 동안, 피험자들은 곧 일어날 일을 예상하며 감각이 고조된 상태에서 부분적으로 가려진 사람의 얼굴 이미지가 '중립적'인지 '공격적'인지 빠르게 식별하는 과제를 완수했다.

실험 결과는 무지카파로디의 가설을 뒷받침했다. '무모한' 스카이다이버들은 위험이나 위협에 가장 신경을 덜 썼다. 어떤 면에서 그들의 두뇌 활동은 더 최적으로 균형 잡힌 '용감한' 피험자들보다는, 위협 평가에서 그들과 정반대의 결과를 얻은 불안감이 많은 사람들과 더 많은 공통점을 보였다. 이런 결과는 크나큰 의미가 있었다. "약 12년간의 연구 끝에 내린 결론은 일종의 범주 오류가 있었다는 것입니다. 그동안 범주에 대해 잘못 생각해 왔던 거죠." 그녀가 말했다.

이전에 무지카파로디는(또한 미군은) 특정한 방식으로 그 문제를 개념화해 왔다. 사람들을 스트레스 회복력의 스펙트럼에 놓고 더 회복력이 있는 성향에서 덜 회복력이 있는 성향순으로 배치했던 것이다. 아마도 그들은 최고의 네이비실 대원은 공포를 유발하고 스트레스를 주는 상황에서 최대의 회복력을 가진 사람, 즉 보통 사람이(알렉스 호놀즈나 환자 S.M. 같은 사람이 아니라) 최대한으로 얻을 수 있는 대담성에 근접한 사람이라고 생각했을 것이다. 하지만 무지카파로디는 이 문제를 깊이 파고들면서 제일 중요한 사실은 피험자가 지닌 회복력 수준이 아님을 깨달았다. 그 대신 그녀는 위협 탐지라는 완전히 다른 기능을 해답의 열쇠로 보게 되었다.

"서로 다른 유형의 사람들이라고 해도, 머리에 총이 겨누어진 상황에서는 뚜렷한 차이를 발견할 수 없습니다." 그녀가 말했다. "실제적인 위협이 있는 상황에서는 누구나 기본적으로 같은 방식으로 반응합니다. 사람들 간의 차이는 그들이 잠재적인 위협에 어떻게 반응하는지에 따라 구별할 수 있습니다. 즉 모호한 위협에 대한 반응 말입니다." 일반적으로 불안감이 많은 사람들은 실제로 위협이 존재하지 않을 때도 위협이 있다고 보는 경향이 있다. 반대로 불안 스펙트럼의 반대편 끝에 있는 무모한 사람들은 때때로 진짜 위협을 무시하거나 대수롭지 않게 여길 수 있다. "바로 그 지점에서 이 문제를 스트레스 회복력의 관점에서 보는 것의 한계가 드러납니다." 무지카파로디가 말했다. "왜냐하면 이상적인 네이비실은 두려움을 모르는 사람이 아니기 때문입니다. 이상적으로는, 위협을 식별하는 데는 아주 능숙하지만, 존재하지 않는 위협을 있다고 여기지 않는 사람을 원하는 거죠."

네이비실뿐만 아니라, 자기 자신의 두려움을 성공적으로 처리하기를 원하는 사람들 모두에게 필요한 이상적인 자질은 위험을 과소평가하거나 과대평가하지 않고 정확하게 식별할 수 있는 능력, 그런 다음 효과적으로 대응해서 닥친 위협을 완화할 수 있도록 초기의 공포 반응을 중단시킬 수 있는 능력이다. 예를 들어 본능적으로 얼어붙는 것과 같은 공포 반응은 한밤의 들판에서 올빼미를 피하려는 쥐에게는 유용할 수 있지만, 고속도로에서 유홀 트럭에 치일 위기에 처한 사람에게는 도움이 되지 않는다.

하나하나 열거해 보면 충분히 명확해 보이지 않는가? 그러나 우리 대부분은 이러저러하여 그렇게 하는 데 실패하고, 둔하게 반응하거나 과민하게 반응하며 다음번에는 다시 도전하겠다는 마음으로 일생을 보낼 것이다. 그것이 두려움의 기억이 그렇게 강력한 이유, 그 기억이 사라지지 않고 우리를 아프게 하고 괴롭힐 수 있는 이유 중 하나다. 그 기억들은 또다시 같은 위협이 나타났을 때 재빨리 참고할 수 있게 하기 위해 강력하고 오래 지속되도록 설계되어 있는 것이다. 두려움의 기억은 신속한 대응을 가능하게 할 수 있다. 두려움의 기억이 하는 일은 너무 중요해서 쉽게 생략할 수가 없다.

나는 운이 좋았던 것 같다. 태어나서 딱 한 번, 다른 사람에게 공격당할 위험에 처해 있다고 믿었기 때문에 경찰에 신고한 적이 있었다. 몇 년 전, 아마 택시 운전사에게서 도망친 그 밤 이후 1~2년 정도 지나고 있었던 일일 것이다.

처음에는 그저 불쾌한 사람을 상대한다고만 생각했다. 나는 자신이 집을 비운 사이 개를 돌봐 달라는 친구의 부탁으로 친구 집에서 지내면서 그녀의 시베리아허스키를 돌보고 있었다. 어느 토요일 새벽 5시에 전화가 울렸다. 무슨 급한 일이 있을지도 모른다는 생각에 나는 침대에서 힘겹게 일어나 잠이 덜 깬 상태에서 전화를 받았다.

"여보세요?"

"야아아아." 음을 길게 끄는 남자의 목소리가 들렸다.

"여보세요…" 머뭇거리며 내가 말했다.

잠시 아무 말이 없었다. 그리고 그다음 말이 들렸다.

"지금 내 성기를 만지고 있어."

나는 전화를 끊었다. 몇 초 후 다시 전화벨이 울렸고, 틀림없이 같은 사람이라는 것을 알았다. 나는 벽에서 전화기 플러그를 뽑았다. 집 안 어딘가에서 전화벨이 또 울렸다. 나는 어둠을 뚫고 또 다른 전화기가 있는 곳으로 가서 계속해서 울리고 있던 전화기의 플러그를 뽑았다. 그러고 나자 집 안이 조용해졌다. 나는 불안했지만 그렇다고 안전하지 않다고는 느끼지 않았다. 그래도 다시 잠이 들기까지 시간이 좀 걸렸다.

2주 후, 나는 내 아파트로 돌아왔다. 토요일 새벽 5시였다. 전화가 울렸다. 나는 2주 전의 그 통화는 잊고 있었고, 이번에도 겨우 일어나 잠이 덜 깬 상태로 거실 탁자 위에 놓인 수화기를 들었다.

"여보세요?" 내가 말했다.

"야아아아." 그때 그 낮은 목소리였다. 나는 그 사람인 것을 인지하자마자 그가 다른 말을 꺼내기도 전에 전화를 끊었다. 나는 주저하지 않고 아주 재빠르게, 내게 있는 줄도 몰랐던 본능으로, 수년 동안 보아 온 범죄 소설과 질 나쁜 텔레비전 프로그램을 통해 알게 되었다고 밖에는 생각할 수 없는 행동을 취하기 시작했다. 우선 벽에서 전화기의 플러그를 뽑았다. 침대에서 거실 탁자로 이동하는 동안 켰던 전등을 꺼서 내가 집 안에서 움직이는 모습을 바깥에서 볼 수 없게 했다. 문의 잠금장치를 점검하고, 핸드폰과 함께 부엌에서 가장 큰 칼을 집어 들었다. 최선을 다해 준비를 마친 나는 작은 창문 하나만 있는 침실로 돌아가 문을 닫았다.

나는 침대에 다리를 꼬고 앉았다. 움직이지 않고 가만히 있으려니 공포가 밀려왔다. 정말이지 그런 공포는 처음으로 느껴 보는 것이었다. 심장이 마구 뛰었다. 눈이 커지고 가슴이 조여 오고 호흡이 받아졌다. 나는 겁에 질렸다.

손에 칼을 든 채 핸드폰으로 경찰서에 전화했다. "누군가가 나를 스토킹하고 있는 것 같아요." 나는 담당자에게 말했다.

전화로 남자의 목소리를 들은 순간, 나는 재빠르게 계산을 했었다. 처음에 그는 내 친구 집으로 전화를 했고, 이번에는 내 아파트로 전화를 했다. 같은 남자, 같은 시간, 같은 요일, 두 개의 다른 집 전화. 그 두 전화를 연결시키는 것은 단 한 가지, 바로 나라는 물리적 존재였다. 그러자 순식간에 내린 결론은, 전화를 건 사람은 내가 누구인지 그리고 어디에 있는지를 모두 알고 있다는 것이었다. 그 사람은 물리적으로 나를 쫓아다니고 있었고, 그 과정에서 두 곳의 전화번호를 알아낼 만큼 나에 대해 충분한 정보를 파악했을 것이라고 생각했다.

나는 그날 밤, 아니 아침, 다시 잠에 들지 못했다. 그날 늦게 경찰서에서 가서 친절하고도 사려 깊게 이야기를 들어 주는 경찰관에게 피곤한 눈을 하고는 사건에 대해 설명했다. 그는 통화 기록을 조사해 보고 다시 연락하겠다고 했다. 그리고 나서 공교롭게도 나는 2주 동안 업무차 여행을 떠나게 되었다. 위험하게 느껴지는 내 아파트를 뒤로 할 수 있어서 기뻤다.

몇 년 후, 개빈 드 베커의 책을 읽으면서 나는 그 남자의 전화를 끊고 난 뒤의 그 몇 초를 떠올렸다. 살면서 이런저런 이유로 두려움을 느꼈을 때가 많았지만, 두려움을 느끼고 나서 그런 종류의 재빠른 행동과 신속한 결론, 즉각적인 대응에 이르렀던 때는 그리 많지 않았다. 그것은 오래전 나와 친구들이 만장일치로 공원을 떠났던 그날 밤을 떠올리게 했다. 위협이 실제적이고 아주 가까이에 있다는, 우리의 즉각적인 무언의 합의가 있었던 밤이었다.

그 사건의 경우에는 강가의 남자를 위협으로 본 것이 옳았는지, 우리가 정확한 판단을 했는지는 결코 알아내지 못했다. 그가 정말로 우리 모두가 우려했던 그런 사람, 그러니까, 도망치면서 서로에게 큰 소리로 말하지는 못했지만, 〈로 앤 오더 성범죄전담반(Law & Order : Special Victims Unit)〉의 에피소드에 나올 것 같은 강간범이자 살인범이 맞는지는 결코 알지 못할 것이다.

하지만 나는 내 '스토커'에 대해서는 더 많은 사실을 알아냈다. 결과적으로 내가 내린 결론은 틀린 것이었지만.

2주 후, 여행에서 돌아왔을 때, 캐나다 기마 경찰관은 내가 전화를 받은 날과 같은 날짜에 음란한 말로 희롱하는 전화를 받았다는 다른 많은 여성들의 신고가 접수되었다고 알려 주었다. 내가 친구 집에 있던 날 아침에는—친구의 성은 마침 M으로 시작된다—전화번호부의 M 아래에 기재된 여러 명의 다른 여성들도 전화를 받았다. 내가 내 아파트에 있던 날 아침에는 그 남자가 전화번호부의 H 부분을 골랐다. 다른 여성들도 신고를 할 정도로 불쾌함을 느꼈지만, 순전히 알파벳의 불운으로 인해 각기 다른 장소에서 각기 다른 두 번의 전화를 받은 사람은 나밖에 없었기 때문에, 나는 감시당하고 있고 목숨이 위험할 수 있다고 확신한 유일한 사람이기도 했다.

나는 바보가 된 기분이 들었다. 그리고 지역 신문에서 그 장난 전화에 대한 짧은 기사를 내보냈을 때 당혹감은 더욱 커졌다. 몇 시간이 지나지 않아 내가 아는 화이트호스 주민 몇몇은 성가신 전화 한두 통에 겁을 먹는 사람들을 조롱하는 댓글을 뉴스 기사 아래에 달았다. 내가 과민반응 한 걸까? 두려움을 느낀 게 잘못된 것이었을까?

그 당시 나는 내 두려움을 비웃는 사람들에게 화가 나기도 했지만, 그들의 경멸에 나 자신을 의심하게 되었다. 시간이 흐른 뒤, 드 베커의 책에서 나는 내 두려움의 타당성을 발견했다.

우리가 예측하는 모든 것이 다 현실로 나타나지는 않겠지만, 직관은 항상 어떤 것에 대한 반응이기 때문에 단시간에 그것의 이유를 찾거나 가능한 위험 요소를 부인하려고 노력하기보다는, 위험 요소가 존재한다면 그것을 식별하기 위해 노력하는 것이 더 현명하다. (그리고 우리의 본성에도 더 충실하다.)

만약 위험 요소가 없다 해도 아무것도 잃은 것은 없다. 직관의 새로운 판별 기준이 하나 더 생겼을 뿐이다. [...]

직관은 항상 학습을 하고 있다. 직관은 때로 긴급하지 않다고 판명되는 신호를 보내기도 하지만, 그것이 당신에게 전달하는 모든 것에는 의미가 있다.

나는 전화를 건 그 남자에 대해 생각해 보았다. 그날 밤 그가 내 아파트 밖에서 나를 살해할 준비를 하면서 전화를 하고 있었을까? 아니, 그렇지는 않았다. 그러면 그는 여성들을 겁주는 것을 즐기는 사람이었을까? 어쩌면 우리를 두렵게 하여 자기 힘을 과시하면서 성적 만족을 느끼는 사람이었을까? 아마도 그럴 것 같았다. 그렇다면 그 남자와 단둘이 밀폐된 방에 있어도 괜찮았을까? 아니, 확실히 그건 아니었다. 그는 피해야 할 사람이었다. 적어도 어느 정도는 두려워해야 할 사람이었다. 그 부분에 대해서는 내 판단이 옳았다.

문제는 자신의 두려움에 귀를 기울여야 할 때—이상적인 네이비실의 판단처럼 정확할 수도 있고 그렇지 않을 수도 있는 우리의 위협 평가를 신뢰해야 할 때—와 그것을 억누르거나 무시해야 할 때가 언제인지를 알아내는 데 있다. 그리고 내 삶에는 나 자신의 반응을 믿지 못할 이유가 가득했다.

내가 저스틴 파인스타인에게 전화를 걸어 환자 S.M.에 대해 물었을 때, 우리는 두려움의 더 폭넓은 역할과, 어느 특정 상황에서 느끼는 두려움의 적절성이나 부적절성에 대해서도 이야기했다. 현대 사회에서 우리 앞에는 "생존에 도움이 되는 감정으로서의 공포와 생존을 방해하는 감정으로서의 공포가 나란히 놓여 있습니다."라고 파인스타인은 말했다.

그는 "두려움은 개인적인 차원뿐 아니라 사회적 차원에서도 실제로 우리에게 영향을 미칩니다."라고 했다. 우리의 두려움은 인간이 존재해 오는 동안 생존 도구였고, 심지어 호모 사피엔스로 존재하기 이전에도 우리는 위협 반응을 보였다. 지금 우리가 공포라고 부르는 복잡하고 다원적인 위협 반응보다는 덜 발달된 형태지만 말이다. 그러나 오늘날의 세계에서 우리의 오래된 경보 시스템은 현시대의 위험을 감지하는 능력은 점점 더 떨어지고 있는 것 같다.(내 내부의 경보 시스템은 내가 높은 곳에 있을 때는 날카로운 소리를 내지만, 당장 소파에서 일어나 페이스북에서 다른 사람들의 연출된 행복을 보며 침울해하는 것을 그만두라는 경고는 전혀 하지 않는다.)

"야생에서 생존하는 데 도움이 되는 감정으로서의 공포의 유용성은 현대 사회에서 시험을 거치기 시작하고 있습니다." 파인스타인은 이어 말했다. "현재 역설적인 상황이 벌어지고 있습니다. 사회 전체로서 우리는 우리가 원하는 모든 상태—안전, 확실성, 편안함, 우리 조상들은 꿈꿀 수도 없던 것들—를 누리게 되었지만, 불안과 두려움은 치솟고 있습니다." 파인스타인은 자신이 애초에 공포를 연구하게 된 이유도 바로 그 역설 때문이라고 설명했다. "우리는 공포를 연구해야 하고, 그것의 목적을 연구해야 하며, 그것이 실제로 어떻게 우리를 잠재적으로 부적응적인 방향으로 이끌고 있는지도 연구해야 합니다."

『서늘한 신호』를 읽고 난 후, 나는 늦은 밤 집에서 엄숙한 시간을 보냈다. 살면서 누군가를 두려워한 시간을 떠올려 보고, 하나하나 분석해 보고, 그 시간들을 면밀히 살피려고 노력했다. 내가 대응했다면 어떻게 알고 그런 행동을 했을까? 내 생각은 옳았을까? 그런 순간적인 판단을 내릴 수 있는 도구를 그 세월 동안 어떻게 습득했을까?

내 아파트에서 새벽 5시에 전화벨이 울렸을 때, 나는 2주 전 겪은 전화 통화에서 얻은 자료에만 의존한 것이 아니었다. 내 뇌가 전화를 건 남자가 얼마나 위협적인 존재인지를 계산하는 사이, 살아오는 동안 신문 기사를 읽고, 텔레비전 뉴스를 보고, 여성인 친구나 지인들과 불쾌한 사람이나 스토커, 범죄자들에 대해 이야기를 나누면서 수집한 모든 정보들이 내 정신 장치로 다시 투입되었다. 나는 그 장치의 반대쪽 끝으로 산출된 결론에 따라 행동했다.

내가 그 소름 끼치는 남자에게 경각심을 느낀 것은 옳았다. 위협의 규모는 잘못 판단했지만, 내 경험 속 모든 것들이 그렇게 하라고 말해 주었다. 그러나 어떤 상황에 대한 사람들의 공포 반응이 완전히 틀린 것이고, 그로 인해 위험이 초래되는 경우를 쉽게 상상할 수 있다. 드 베커는 "위험 요소가 없다 해도 아무것도 잃은 것은 없다."라고 썼다. 하지만 만약 인지된 위협에 대응한 행동이 실제로 손실을 초래했다면? 두려움 때문에 과도한 행동을 했다면? 예를 들어 잘못 적용된 두려움 때문에 장난감 총을 가지고 노는 흑인 소년을 보고 경찰관을 부르고, 출동한 경찰관이 비이성적인 두려움 때문에 차분히 상황을 판단할 시간도 갖지 않고 총을 쏴서 그 소년을 죽게 했다면?

내 기억 속 무서운 경험의 서랍을 뒤지면서 나는 드 베커의 이론을 수용하고 싶었다. 그가 쓴 대로 믿고 싶었다. "당신의 직관이 정확한 정보를 알고 있다면 제때 위험 신호가 울릴 것이다. 이 사실을 믿게 되면 더 안전할 뿐만 아니라 거의 두려움 없이 사는 삶도 가능해질 것이다."

나는 드 베커의 조언대로 할 수 없었고, 나 자신의 공포 반응을 완전히 신뢰하는 게 꺼려지는 마음을 무시할 수가 없었다. 두려움이 생존에 유용한 도구가 될 수 있는 것은 맞다. 그러나 나는 잘못 짚은 공포—내가 이야기를 나눈 신경과학자들이 선호하는 용어를 사용하자면 '부적응적' 두려움—의 좋지 못한 결과에 대해 걱정했다. 비합리적이고 격렬한 공포가 일어나 두려움을 느끼는 사람뿐만 아니라 그 주변 사람들까지도 위험에 처하게 할 수 있다는 것을 유주얼에서 내가 직접 겪어 보지 않았던가?

그렇다면 언제 자신의 두려움을 믿어야 하는지 어떻게 알 수 있을까?

결국에는 본능적으로 어떤 행동을 하게 되었을 때 느끼는 명료성에 의지하는 방법밖에는 없다. 내 비이성적인 두려움—두오모 대성당의 테라코타 기와 아래로 미끄러져 죽을 것 같다거나, 바람이 불어 하이킹 코스 밖으로 날려 떨어질 것 같다거나, 젖은 고속도로에서 커브 길이 나오면 차가 곤두박질칠지도 모른다는 믿음—은 언제나 나를 무력하게 만들었다. 그 두려움이 밀려오면 머릿속이 흐려졌고, 동작이 느리고 어색해졌다. 그러나 두려움이 나를 재빠르고 본능적으로 움직이게 한 몇 안 되는 사건에서는 전혀 다른 느낌이었다. 전혀 흐릿하지 않았고, 오히려 날카로웠다. 운전대를 꺾어서 치명적일 수도 있었던 충돌을 간신히 피하고 난 후에 내 지프차 옆판에 생긴, 뜯긴 금속의 가장자리만큼이나 날카로웠다.

"내게는 닌자 기술이 있다." 나는 스베냐에게 말했었다. 진료실 소파에 앉아 팟이 리듬감 있게 진동을 울리고 눈꺼풀 뒤에서 눈알이 좌우로 움직이는 동안 "나는 나 자신을 구했다."라고도 했다. 그 말을 하면서 나는 정말로 그랬다고 믿었다. 그리고 이제 나는 그 날카로움을 신뢰할 수 있을 것 같다는 생각이 들었다. 그 날카로움이, 머릿속을 흐릿하게 하고 무력하게 만드는 공포와 얼마나 다른 느낌이었는지를 기억하려고 노력할 수 있을 것 같았다. 적어도 그것은 의지할 수 있는 것이었다.

대학 시절의 어느 여름날, 친구 한 명이 집 근처로 자전거를 타러 갔다. 그런데 자전거를 탄 한 남자가 그녀를 세우고 길을 물었다. 그녀가 길을 알려 주자 그 남자는 자기와 자전거를 타고 같이 가자고 제안했다. 그녀는 거절했다. 왜인지는 정확히 말할 수 없었지만 대화하면서 이상한 느낌을 받았다. 남자와 시선이 마주쳤을 때 기분이 이상했다. 그 남자는 섬뜩한 분위기를 풍겼다.

함께 가자는 그의 제안을 거절한 후 친구는 자전거를 돌려서 왔던 방향으로 되돌아갔다. 그녀는 남자가 아주 가까이 왔을 때까지도 그가 오는 소리를 듣지 못했는데, 어느 순간 그가 그녀 뒤에 바짝 붙어서 열심히 자전거 페달을 밟고 있었다. 그는 손을 뻗으면 닿을 만큼 가까이 있었다. 본능적으로 그녀는 남자에게 욕을 하고는 빨리 달려 달아났다. 그는 멀어졌고 더는 쫓아오지 않았다.

친구는 남자의 모습이 보이지 않게 되자 곧바로 자신을 의심하기 시작했다. 그녀는 자신이 그를 오해한 것은 아닌지, 그가 그저 장난을 치려고 서투르게 시도했던 것뿐인데 공격하려는 시도로 읽은 것은 아닌지 생각했다. 그런 것이 아니라면… 뭔가 있었던 걸까?

그녀는 자전거를 타고 달리면서 텅 빈 숲을 향해 소리쳤다. "미안해, 당신 때문에 놀랐던 것뿐이야!"

그녀는 실종자에 대한 소식을 듣기 전까지 그 남자에 대해 별로 생각하지 않았다. 같은 날 아침 그 자전거 길에서 어떤 젊은 여성이 사라졌다. 수색대가 투입되었다. 며칠 후 수색대는 그 길 근처의 숲에서 실종된 여성의 시신을 발견했다. 결국 자전거를 타고 있던 그 남자는 살인죄로 유죄 선고를 받았다.

몇 년 후, 그날에 대해 우리가 다시 이야기를 나누었을 때 친구는 그 아슬아슬했던 위기의 순간으로 인해 지속적인 트라우마나 공포심을 경험해 본 적은 실제로 없었다고 말했다. 물론 슬픔과 분노는 느꼈지만 세상에 대한 두려움을 느끼지는 않았다고. 그녀는 자신에게 힘이 있었기 때문인 것 같다고, 위협을 감지하고 효과적인 조치를 취했기 때문인 것 같다고 했다. 그녀는 홍수로 물에 빠진 파블로프의 개들처럼 속수무책으로 두려움에 갇혀 있지는 않았던 것이다.

갑작스럽고 즉각적인 두려움을 느낀 순간이 그녀의 목숨을 구했다.

두려움과의 데탕트

암스테르담에 다녀오고 한 달 뒤에 사촌 네이선, 그리고 그의 가족들과 함께 유타주 모압으로 캠핑을 갔다. 모압은 광활한 사암 사막에 있는 작은 마을로 유타주 남부에 위치한 모험의 중심지다. 주변 협곡과 메사(꼭대기는 평평하고 등성이는 벼랑으로 된 언덕—옮긴이)에서 하이킹, 암벽 등반, 급류 래프팅, 산악자전거, 오프 로딩 등을 즐기려는 사람들로 늘 북적인다. 치료 후 내 상태를 시험해 볼 장소로 이보다 더 나은 곳이 있을까 싶었다.

나는 그간 그 시험 과정에 대해 많은 생각을 해 왔다. 요점은 이랬다. 높은 곳에 대한 어떤 두려움은 자연스럽고 건강한 것이며, 나는 그런 감각들을 완전히 제거하기를 원하거나 기대하지 않았다. 내가 메럴 킨트의 치료를 통해 얻고자 했던 것은 정도가 지나친, 비합리적인 반응에서 해방되기였다. 즉 그 시험이 근본적으로 안전해야 하며, 내 불합리한 두려움만을 겨냥해야 한다고 생각했다. 한 친구는 차로 반나절 걸리는 그랜드 캐니언으로 가서 절벽 가장자리에 서서 아래를 내려다보는 방법을 제안하기도 했다. 그러나 거기서 발을 헛디디면 정말로 죽을 수도 있다는 것을 나는 알고 있었고(이 사실을 강조하기라도 하듯이 바로 그 전주에 관광객이 협곡으로 떨어졌다.) 그래서 꼭대기에서 바닥까지 내려다보이는 경치를 보며 어떤 위안을 찾을 수 있으리라고 기대하지 않았다.

결국 여러 모압 투어 전문 여행업자들의 웹사이트를 둘러본 끝에 집라인(높은 곳에서 낮은 곳으로 연결한 철사 줄을, 하네스를 착용한 후 도르래를 타고 빠른 속도로 미끄러져 내려가는 야외 스포츠—옮긴이) 업체로 결정했다. 집라인을 하면 공중에 높이 매달려야 하고, 자발적으로 안전한 곳에서 허공으로 발을 내딛을 수 있고, 그런 다음 빠른 속도로 공중에서 아래쪽으로 이동하게 될 것—내가 가장 좋아하지 않는 일 중 하나—이라고 생각했다. 그것은 해를 입을지도 모른다는 진정한 두려움 때문이 아니라, 굴욕적인 장면이 벌어질 가능성을 미연에 방지하기 위해서 치료를 받기 전이라면 피했을, 정확히 그런 유의 활동이었다. 완벽했다.

미리 온라인으로 예약해 둔 시간이 다가오자 나는 가족들이 있는 캠프장에서 나와—캠프장에서는 네이선의 아이가 조용한 환상 도로에서 밸런스 바이크(페달과 구동 장치 없이 발을 땅에 디디며 타는 어린이 자전거—옮긴이)를 두려움 없이 맹렬하게 타고 있었고, 그걸 보고 내가 저렇게 대담했던 적이 있었나 싶었다—마을 저편 고속도로 바로 옆에 있는 사무실로 향했다. 나는 그날의 일정에 참여하지 못할 만한 신체적, 정신적 건강 문제가 없음을 확인하는 면책 동의서에 서명하면서 양심의 가책을 느꼈다. 그러고는 생각했다. 제발 잘 됐으면 좋겠다.

안전 교육이 끝난 후, 우리 일행은 안전띠를 착용한 다음 두 대의 대형 ATV(오프로드에서도 주행할 수 있는 사륜차—옮긴이)에 올라타고는 회사 건물 뒤쪽 돌무더기와도 같은 사암 절벽을 향해 거칠게 달렸다. 도저히 불가능해 보이는 길을 따라 올라가는 동안 나는 가로대를 꽉 붙잡았고, 내 뒤에 있는 아이들은 공포와 기쁨이 뒤섞인 익숙한 비명—유령의 집이나 롤러코스터, 혹은 더운 여름날 차가운 스프링클러 앞에서 나는 소리—을 질러 댔다.

절벽 꼭대기에 도착해 우리는 차에서 내렸고 암벽을 걸어 올라가 첫 번째 집라인 장소에 도달했다. 거기서부터는 마음을 바꿀 수 없었고, 나머지 일행들과 함께 여섯 개 코스를 끝내는 것 말고는 탈출구가 없었다. 긴장되었고,

내 몸이 어떻게 반응할지 확신이 서지 않았다. 나는 마음 졸이는 시간을 오래 끌고 싶지 않아서 자진해서 두 번째로 나섰다. 가이드가 내 하네스를 확인하고 나를 줄에 연결시켰고, 이미 첫 번째 줄의 맨 끝으로 이동한 다른 가이드가 나를 받을 준비가 되었다는 말을 무전기를 통해 알릴 때까지 기다렸다.

모든 준비가 끝난 후, 나는 하네스에 걸터앉아 심호흡을 한 다음 바위에서 발을 떼고 중력에 몸을 맡겼다. 속도가 점점 빨라지면서 공중으로 미끄러지자 위장이 뒤틀렸지만, 그렇게 처음으로 줄을 타고 내려오는 동안 긴장이 가라앉았다. 나는 괴로움 없이 경치를 둘러볼 수 있다는 것을 깨달았다. 내 아래로 멀리 흘러가는 듯한 땅을 내려다볼 수 있었다. 가슴이 탁 트이고, 호흡도 자유로웠다. 내 몸은 인식된 위협에 반응하지 않았다. 나는 공황 상태에 빠지지도 울지도 얼어붙지도 당황하지도 않았고, 거짓으로 동의서에 서명했음을 스스로 드러내고 있지도 않았다.

다른 쪽 끝에 다다라서 가이드 네이트가 클립을 풀 때 "이거, 다음에는 훨씬 더 무서워지나요?"라고 물었다. 나는 어떤 줄들은 더 길고 더 빠르고 더 높다는 것을 알고 있었다. 최악의 것이 남아 있을까 봐 걱정되었다. 나는 그냥 가벼운 대화를 하는 것처럼 아무렇지도 않게 보이려고 애를 썼다.

"나는 이걸 하면서 무서웠던 적이 없어요." 그는 전혀 도움되지 않는 대답을 했다. 그러고 나서 말했다. "하지만 첫 번째 줄을 성공했다면, 남은 것들도 괜찮을 거예요." 난 괜찮을 것이다!

네이트의 말이 맞았다. 줄을 하나씩 거칠 때마다 점점 더 깊은 협곡 위로 날아올랐고, 이동 구간도 점점 더 길어지고 속도도 빨라졌지만 나는 침착했다. 처음에 긴장하면서 탔을 때보다 더 침착했다. 나는 이동하면서 아래쪽의 바위투성이 골짜기를 내려다보았고, 위를 올려다보기도 하고 주위를 둘러보기도 했다. 어떤 코스에서는 네이트가 내게 뒤로 뛰어내려 보라고 했고, 나는 그렇게 했다. 나는 등을 돌린 채 암벽에서 발을 떼고 공중으로 떨어졌고 그대로 급강하했다.

나중에 더욱 자신감이 붙은 나는, 신청했다가 겁을 먹어서 코스를 다 끝내지 못한 사람이 있었는지 다른 가이드에게 물었다. 그는 막상 줄을 타기 시작하면 안 하겠다는 고객은 없었지만, 맨 처음 출발점에 도착해서는 못 하겠다고 한 고객은 실제로 있었다고 알려주었다. 올 시즌 초, 한 여성 고객은 모든 코스의 줄을 타는 내내 울었지만 끝까지 해냈다고도 말했다.

그게 나일 수 있었다는 것을 깨달았다. 아니면 나는 그보다 더 심했을 수도 있다. 내가 이 투어의 가장 최근 '흐느끼는 여자'가 되지 않았다는 사실에 안도하며 세상을 향해, 특히 킨트 박사의 팀을 향해 무언의 감사 인사를 보냈다.

마지막 손님까지 집라인을 마친 후, 우리는 다시 ATV를 타고 내려왔다. 나는 여전히 조금은 그 길을 내려오는 것에 대해 걱정했다. 위로 올라가는 길이 위험할 정도로 가팔랐기 때문에, 덜커덩거리고 흔들리면서 마을로 돌아오는 길에는 과연 내 몸이 그 내리막 경치에 어떻게 반응할지 걱정하기도 했었다. 나는 앞유리로 바깥을 내다보지 않으려고 뒷좌석에 앉는 것을 선택했다. 그렇게 해서 아래로 처박히는 듯한 느낌이 약해지기를 바랐다.

그러나 우리를 태운 차가 흔들리면서 불안정하게 내려오는 동안 나는 걱정할 필요가 없다는 것을 깨달았다. 나는 괜찮았다. 때때로 커브를 돌아 새로운 경치가 아래에 나타날 때면, 속이 살짝 울렁거리는 느낌이 들었지만, 그 정도는 정상적이고 자연스러운 반응이었던 것 같다. 투어에 함께한 여자아이들 둘이 이번에는 앞자리에 앉아서 즐거워하며 연신 비명을 질렀다. 나는 그들의 기쁨이 내게도 전염되기를 바랐고, 울렁이는 느낌을 두려워하지 않고 받아들이려고 노력했다. 확실히 효과가 있었다.

우리가 절벽 아래에 도착했을 때, 나는 웃고 있었다.

많은 사람들과 달리, 나는 한 번도 공포를 진정으로

즐겨 본 적이 없었다. 내게는 공포가 스릴, 혹은 느껴 보고 싶고 절정에 이르고 싶은 자극이었던 적이 좀처럼 없었다. 내가 경험하는 공포는 나를 제한하고 내 세계를 더 작게 만드는 힘이었다.

나는 어렸을 적 유령의 집이라든가 나를 겁주려는 의도적인 노력이 들어 있을 만한 그 무엇도 좋아하지 않았다. 그저 재미로 하는 것이고, 비명을 이내 웃음으로 바뀌게 하는 그런 것도 싫었다. 뇌전증 진단을 받기 전에도 그런 것을 싫어했지만, 악몽과 발작을 연관시키게 되면서 그 혐오는 더욱 강해졌다. 공포 영화는 아예 보지 않았고, 무서운 책도 조심해서 읽었다.(텔레비전 시트콤 〈프렌즈(Friends)〉의 한 에피소드에서 조이가 『샤이닝(The Shining)』이라는 책을 냉동실에 보관하는 장면을 본 적이 있는데, 그는 그렇게 하면 완벽하게 안전하지는 않더라도 '더 안전하다.'고 주장했다. 나는 중학교 때 내가 여간해서는 읽지 않는 공포 장르에 도전해 보려고 스티븐 킹(Stephen King)의 『그것(It)』을 읽었는데, 조이에게서 힌트를 얻어 똑같이 했다.)

그러나 세월이 흐른 지금, 나는 ATV를 타고 모압 위로 솟은 붉은 사암 절벽을 내려가면서 기쁨과 공포가 뒤섞인 비명을 지르는 여자아이들에 대해 생각했다. 또 다른 집라인 투어 참가자인 캘리포니아에서 온 한 여성에 대해서도 생각했다. 그녀는 모든 코스를 거칠 때마다 환성과 비명을 질렀고, 협곡을 건너면서 기쁨에 넘쳐 소리쳤다. 과학자들이 말하는 '고감각 추구자들', 켈시와 그 두 명의 코디 그리고 스카이다이빙 캠프에 있는 다른 모든 사람들처럼 기분 전환용 위험과 강렬한 스릴을 추구하는 사람들에 대해 생각했다.

그리고 환자 S.M.에 대해 생각했다. 결국 그녀는 두려운 경험에 무관심했던 것이 아니었다. 단순히 그녀가 겁을 먹지 않았고, 그 감정이 있어야 할 자리가 텅 비어 있었던 것이 아니었다. 그녀는 그 감정을 즐겼고, 심지어 추구하기까지 했다. 그녀는 뱀과 거미, 유령이 나오는 낡은 요양원 건물의 어두운 구석에서 뛰쳐나오는 괴물들에 흥분했다.(파인스타인과 다른 연구자들은 그녀가 일반적인 고감각 추구자가 되거나 스카이다이빙과 같은 활동을 하지 못하는 유일한 이유는 그녀가 가처분소득이 부족하기 때문이라고 추측했다.) 다른 사람들을 흥분시키고 놀라게 하는 것들이 그녀에게는 순수한 재미였다. 어쨌든 즐거움을 느끼는 두뇌 회선에는 아무런 문제가 없었던 것이다. 그녀는 기능하는 편도체가 제공하는 '브레이크'는 없었지만, 가속 페달은 잘 작동했다.

나는 내가 그 사람들과 다르다고 항상 생각했었다. 나는 스스로를 두려움이 많은 사람으로 여겼다. 내 인생에 자국을 남겼던 두려움은 진짜였고 고통스러운 것도 맞았다. 그러나 좀 더 생각해 보면, 나도 가끔은 스릴을 즐길 방법을 찾았다는 사실을 깨달았다. 나는 카누를 타고 급류에 뛰어들어 살짝 스치는 공포를 어렴풋이 느끼면서 노를 젓는 것을 좋아했다. 산악자전거를 타고 좁은 흙길을 내려가면서 페달을 밟아 균형을 잡고, 고개를 숙이고 나뭇가지 아래를 지날 때 즐거움을 느끼기도 했다. 심지어 가끔은 암벽과 빙벽 등반을 진정으로 즐긴 순간도 있었다. 나는 브레이크를 너무 자주 밟지 않으려고 노력해 왔지만, 가속 페달도 밟을 수 있었다.

나는 내 두려움의 정형성, 본질적인 순환성에 대해 생각했다. 미셸 드 몽테뉴(Michel de Montaigne)는 "고통을 두려워하는 사람은 이미 두려움에 고통받고 있다."라고 썼다. 그의 말이 옳았다. 나는 두려움을 느낄까 봐 두려워하며 많은 시간을 보냈다. 높은 곳에 대한 두려움으로 마비와 공황을 겪을 때마다—인생이라는 거대한 체계에서 볼 때는 드물게 있는 일이었지만—앞으로 그런 일을 또다시 겪게 될 것이라는 불길한 징조가 더욱 뚜렷해졌다. 운전에 대한 두려움 역시 주기적으로 되풀이되어 찾아왔다. 과거에 있었던 사고의 기억들이 머릿속에 떠올라 나를 장악하고, 과거가 반복될까 봐 두려움에 떨게 했다. 그리고 엄마의 죽음에 대한 두려움이 그토록 강력하게 영향을 미쳤던 것은, 그녀 자신의 어머니를 잃은 엄마의 경험에 대해 내가 의식하고 있었기 때문이었다. 이것은 보편적 주제다. 나는 과거가 되풀이될까 봐 두려웠던 것이다.

때때로 나는 두려움과 그것에 대한 혐오감을 생각하면서, 그리고 서로 다른 내 두려움의 모든 파편들이 어떻게 맞물리는지 이해하려고 애쓰면서, 어린아이였던 내 모습—학교에서 집으로 돌아와 엄마에게 통제력을 잃을까 두려워 운동장에서 있는 힘을 다해 빨리 달려 본 적이 없다고 말하던 그 아이의 모습—을 떠올렸고, 그러자 궁금해졌다. 이질적으로 보이는 내 두려움들 중 정말로 통제력과 관련된 것, 불안정한 삶의 표면에서 마찰력을 유지하는 일과 관련된 것은 얼마나 될까?

통제력을 잃는 것은 운전과 관련된 내 문제의 핵심이었다. 나는 도로에서 타이어가 접지력을 잃었을 때의 느낌이 들기 시작하면 두렵고 무서웠다. 높은 곳에서 내가 느낀 공황 역시 대부분은 그 중심에 미끄러질지도 모른다는 생각이 있었다. 얼어붙은 개울이나 가파른 오솔길에서 내 발이 튀어 오를지도 모른다는 생각, 바람이 나를 거꾸로 날려 버릴지도 모른다는 생각, 균형을 잃고 피렌체의 높은 돔의 난간 너머로 굴러 떨어질지도 모른다는 생각. 그리고 엄마가 살거나 죽거나 하는 일은 언제나 내 통제력 밖에서 일어날 일이었다.

나는 힘에 대해, 내 친구가 자전거 길에서 드러나지

않은 위험을 피해 달아났던 설명할 수 없는 사건에 대해, 내가 어떤 행동을 취하게 한 사건에 대해 생각했다. 회전하고 있는 SUV에 대한 나 자신의 착각, 모든 것이 잘될 것이고 내가 여전히 통제할 수 있다는 그 믿음이 얼마 후 일어난 사고 순간의 트라우마로부터 내 마음을 어떻게 보호해 주었는지 생각했다. 힘은, 힘이 있다는 착각만으로도 두려움에 대한 하나의 치료제가 될 수 있을 것 같았다.

그러나 착각에 불과한 통제력이라고 해도 늘 존재하는 것은 아니다. 어쩌면 통제력 이상으로 얻으려고 노력해야 하는 것은 수용일지도 모른다. 좋은 이유로든 나쁜 이유로든, 두려움은 언제든 나타날 수 있다는 사실을 받아들이는 것이다. 가끔은 두려워해도 괜찮다. 가끔은 재미있을 때도 있다. 이런 것들이 앞으로 내가 명심해야 할 교훈일 것이다.

이제, 내가 내 두려움과 마주하고 맞서고 그것과 나의 관계를 재조정하기 위한 이 프로젝트를 시작한 지도 3년이 지났으니, 검토할 시점이 되었다. 나는 어떤 성과를 얻었을까?

정신적 충격을 준 일련의 자동차 사고의 여파인 운전 공포는 완전히 해결되었다. 나는 그 끔찍한 기억의 무게에서 해방되어 탁 트인 길을 다시 즐길 수 있게 되었다. 상실에 대한 두려움, 수년 동안 나를 괴롭혔고 급기야 다른 사람의 죽음에 대한 소모적인 공포로 번질 위기에 있던 엄마의 죽음에 대한 두려움은, 나 자신의 회복력을 새롭게 이해하게 되면서 적어도 어느 정도는 진정되었다. 앞으로도 많은 슬픔이 있겠지만, 지금은 어느 정도 마음의 준비가 된 상태다. 그 부분에 대한 두려움은 대부분 사라졌다.

그다음으로 높은 곳에 대한 두려움이 있는데, 이 두려움에는 물음표가 더 오래 붙어 있을 것 같다. 소방차 바구니에 탄 일이나 집라인을 했던 일을 생각하면 메릴 키트의 도움으로 최소한 공중에 매달려 있는 것과 관련된 두려움은 성공적으로 치유되었다고 생각한다. 사방이 트인 가파른 경사면이나 대형 범선의 돛대에도 완벽하게 잘 적용될지는 아직 알 수 없다. 짐작건대 그런 상황에서는 내 오래된 두려움이 완전히 사라지지는 않았을 것 같다.

그러나 나는 가장 두려웠던 순간을 찾아 기억을 뒤집어엎는 과정에서 뭔가를 깨달았다. 연대순으로 훑어보고 머릿속에 있는 장면을 재생하면서 나는 유주얼에서 겪었던 일을 제외하면, 최악의 공황은 모두 아주 오래전 일이라는 것을 알아차렸다. 또한 극히 드물게 일어났다. 그것들을 모두 열거하고 있을 때는 이 사실을 간과하기 쉬웠다. 그리고 그 한 가지 예외를 제외하고는 모두 내가 두려움을 치유하려는 노력을 시작하기 전에 일어났다. 나는 다시 일어날 가능성도 없는 일이 재발할까 봐 두려워하고 있었던 것은 아닐까 하는 생각이 들었다.

왜냐하면 유주얼에서 있었던 사건은 나름의 이유가 있었기 때문이다. 북극 크루즈의 룸메이트가 상기시켜 주었듯이, 나는 그 당시 제정신이 아니었다. 슬픔과 고립으로 고갈된 상태였다. 그때의 나는 평소보다 더 연약하고 더 미숙했던 것이다. 그리고 같은 해 그 긴 슬픔의 겨울 동안 연이어 닥쳐온 자동차 사고가 남긴 트라우마는 내 슬픔과 분노, 상실감으로 인해 더욱 악화되었다.

갑자기 모든 것이 연결되어 있는 것처럼 보였다. 그러자 두려움이 줄어든 삶이 훨씬 더 가능할 것 같았다. 만약 유주얼만 따로 떼 놓고 거기에 슬픔의 별표를 붙여 놓는다면, 나는 비교적 최근에는 진정한 고소공포증을 경험하지 않았다. 그리고 그 시간 동안 나는 오래전 나를 무너지게 한 곳들보다 훨씬 더 극단적인 고지에 도전하기도 했다. 나는 내 두려움이 이제는 생각보다 힘이 약해진 것은 아닐까, 과거에 나를 장악했던 그 힘이 앞으로는 그만큼의 위력을 떨치지는 못하지 않을까 생각했다.

그렇다. 아마도 나는 사방이 트인 높은 곳에서는 여전히 불편함을 느낄 것이다. 하지만 옴짝달싹 못 하게 하는, 생명을 위협하는 공황에 비하면 불편함 정도는 얼마든지 감당할 수 있다. 또한 앞으로 새로운 두려움과 마주할 가능성도 받아들일 수 있다. 이제 내게는 더 나은 도구가 있고, 나는 더 많은 것을 이해하게 되었다. 두려움 자체에 대한 두려움이 줄었다.

최근까지도 아빠가 어릴 적 겪었던 고소공포증에 대해 전혀 몰랐던 것처럼, 나는 엄마가 무엇을 무서워했는지 잘 모른다. 내가 기억하는, 엄마가 표현했던 유일한 두려움은 나에 관한 것이거나 부모로서 나를 양육하는 그녀 자신의 능력에 관한 것이었다.

엄마는 대체적으로 불안감이 많은 부모는 아니었다. 주위를 계속 맴돌지도 않았고, 세상의 모든 험한 위기에 내가 노출되는 것을 막으려고 노력하지도 않았다. 하지만 이따금씩 엄마는 내 안전과 관련해 기이하게 구체적이고 강력한 두려움에 사로잡히고는 했다. 엄마는 내가 고등학교 졸업 전 멕시코로 술을 진탕 마시는 봄방학 여행을 갔을 때 나이트클럽 화재가 나서 내가 밟혀 죽을까 봐 두려워했다. 나는 그곳에 도착하자마자 비상구를 찾고 탈출로를 계획하겠다는 진지한 약속을 해야만 했다. 몇 년 후, 내가 영국에서 대학원을 다니던 시절 휴일에 도버로 여행을 갔을 때, 엄마는 내가 화이트클리프에서 떨어지는 악몽을 꾸었고 아침에도 두려움을 떨치지 못했다. 나는 엄마가 공포에 질려 쓴, 즉시 답장을 달라는 내용의 이메일을 받았다.

그럼에도, 엄마가 유난히 두려움이 많은 사람처럼 보이지는 않았지만, 나는 엄마를 무섭게 할까 봐 자주 걱정했다. 나는 엄마의 슬픔을 연약함으로 보았다. 그때는 엄마의 회복력과 강인함의 깊이를 이해하지 못했다. 내가 할 수 없는 일, 내가 갈 수 없는 길, 내가 살 수 없는 삶이 있다고 나는 스스로에게 말했었는데, 왜냐하면 그것들은 엄마를 너무 불안하게 할 것이기 때문이었다. 나는 엄마를 두려움에 떨게 하고 싶지 않았다. 그러나 한편으로는 엄마에 대한 염려를, 나 자신의 두려움을 피하고, 더 안전하고 더 조용하고 더 회피하는 삶을 살기 위한 방법으로 어느 정도까지 이용하고 있는지 알고 싶은 마음도 들었다.

나는 이제 내 세상을 더 작게 만들 필요가 없다는 것을 안다. 두려움이 내 삶의 범위를 줄이게 놔둘 필요는 없다. 또한 계속해서 노력하고 밀어붙이고 나 자신을 증명하지 않아도 된다는 것을 알고 있다. 암벽 등반이 예전만큼 두렵지 않더라도 그것이 즐겁지 않으면 암벽 등반가가 될 필요는 없다. 스릴을 추구하고 밀려오는 공포를 기꺼이 껴안을 수도 있고, 아니면 집에 머물면서 좋은 책을 읽는 쪽을 택할 수도 있다. 아마도 나는 언젠가 다시 피렌체에 갈 것이다. 어쩌면 다시 항해하는 법을 배우려고 할지도 모른다.

하지만 그렇게 하지 않는다 해도, 두려움이 못 하게 막아서는 아니라는 것을 알 것이다. 만약 내가 두오모 대성당 꼭대기에 다시 오르지 못한다면, 그것은 세상에 할 것과 볼 것이 너무 많기 때문일 것이다. 내 시간은 무한하지 않다. 이제는 대체로 두려움 없이 받아들일 수 있는 사실이다.

참고문헌

*한국어 판본이 있는 경우 해당 서지 사항을 병기했다. 단, 저자명의 경우 이 책의 본문에 실린 외래어 표기법을 기준으로 기재했다.

Adler, Shelley R. "Sudden Unexplained Nocturnal Death Syndrome Among Hmong Immigrants: Examining the Role of the 'Nightmare.'" *The Journal of American Folklore*. 1991.

Amaral, David, and Ralph Adolphs, eds. *Living Without an Amygdala*. The Guilford Press, 2016.

Bourke, Joanna. *Fear: A Cultural History*. Virago, 2006.

Bourne, Edmund J. *The Anxiety and Phobia Workbook*. New Harbinger Publications, 2015.

Bridgeman, Bruce. "The power of placebos." *The American Journal of Psychology*. Vol. 112, no. 3, 1999.

Coelho, Carlos M. and Guy Wallis. "Deconstructing Acrophobia: Physiological and Psychological Precursors to Developing a Fear of Heights." *Depression and Anxiety*. 2010.

Cover Jones Mary. "A Laboratory Study of Fear: The Case of Peter." *Pedagogical Seminary*. 31, 1924.

Damasio, Antonio. *Descartes' Error*. Grosset/Putnam, 1994. 안토니오 다마지오, 『데카르트의 오류』, 김린 옮김, 눈출판그룹, 2017.

Damasio, Antonio. *Looking for Spinoza*. Houghton Mifflin Harcourt, 2003. 안토니오 다마지오, 『스피노자의 뇌』, 임지원 옮김, 사이언스북스, 2007.

De Becker, Gavin. *The Gift of Fear*. Dell, 1997. 개빈 드 베커, 『서늘한 신호』, 하현길 옮김, 청림출판, 2018.

Didion, Joan. *The Year of Magical Thinking*. Vintage Books, 2005. 조앤 디디온, 『상실』, 이은선 옮김, 시공사, 2006.

Dittrich, Luke. *Patient H.M.* New York: Random House, 2016. 루크 디트리치, 『환자 H.M.』, 김한영 옮김, 동녘사이언스, 2018.

Dowling, John E. *Understanding the Brain.* Norton, 2018.

Edelman, Hope. *Motherless Daughters.* Addison-Wesley Publishing Company, 1994. 호프 에덜먼, 『엄마 없는 딸들』, 김현정 옮김, 한스미디어, 2009.

Elsey, James. W.B. and Merel Kindt. "Breaking boundaries: optimizing reconsolidation-based interventions for strong and old memories." *Learning & Memory.* 2017.

Feinstein, Justin S. et al. "Fear and panic in humans with bilateral amygdala damage." *Nature Neuroscience.* Vol. 16, no. 3, 2013.

Feinstein, Justin S., Ralph Adolphs, Antonio Damasio, Daniel Tranel. "The human amygdala and the induction and experience of fear." *Current Biology.* 2011.

Gonzales, Laurence, *Deep Survival.* Norton, 2004.

Honnold, Alex, and David Roberts. *Alone On The Wall.* Norton, 2016. 알렉스 호놀드, 데이비드 로버츠, 『프리솔로』, 조승빈 옮김, 하루재클럽, 2019.

Jaycox, Lisa H., Edna B. Foa, Andrew R. Morral. "Influence of Emotional Engagement and Habituation on Exposure Therapy for PTSD." *Journal of Consulting and Clinical Psychology.* Vol. 66, no. 1, 1998.

Kindt, Merel, Marieke Soeter, Bram Vervliet. "Beyond extinction: Erasing human fear responses and preventing the return of fear." *Nature Neuroscience.* Vol. 12, no. 3, 2009.

Kugler, Gunter, Doreen Huppert, Erich Schneider, Thomas Brandt. "Fear of heights fixes gaze to the horizon." *Journal of Vestibular Research.* 2014.

LeDoux, Joseph. *Anxious.* Penguin, 2016. 조지프 르두, 『불안』, 임지원 옮김, 인벤션, 2017.

LeDoux, Joseph. *The Emotional Brain.* Simon and Schuster, 1996. 조지프 르두, 『느끼는 뇌』, 최준식 옮김, 학지사, 2006.

LeDoux, Joseph. *Synaptic Self.* Penguin, 2003. 조지프 르두, 『시냅스와 자아』, 강봉균 옮김, 동녘사이언스, 2005.

MacKinnon, J.B. "The Strange Brain of the World's Greatest Solo Climber." *Nautilus.* 2016.

McClelland, Mac. *Irritable Hearts: A PTSD Love Story.* Flatiron, 2015.

Metter, Julian and Larry K. Michelson. "Theoretical, clinical, research, and ethical constraints of the eye movement desensitization reprocessing technique." *The Journal of Traumatic Stress.* Vol. 6, no. 3, 1993.

Mujica-Parodi, Lilianne R., Helmut H. Strey, Blaise Frederick, Robert Savoy, David Cox, Yevgeny Botanov, Denis Tolkunov, Denis Rubin, Jochen Weber. "Chemosensory cues to conspecific emotional stress activate amygdala in humans." *PLoS ONE.* 2009.

Mujica-Parodi, L.R., Joshua M. Carlson, Jiook Cha, Denis Rubin. "The fine line between 'brave' and 'reckless': Amygdala reactivity and regulation predict recognition of risk." *Neuroimage.* 2014.

Nader, Karim, Glenn E. Schafe and Joseph LeDoux. "Fear memories require protein synthesis in the amygdala for reconsolidation after retrieval." *Nature.* Vol. 406, 2000.

O'Farrell, Maggie. *I Am, I Am, I Am.* Knopf Canada, 2017.

Robb, Alice. *Why We Dream.* Houghton Mifflin Harcourt, 2018.

Rubin, Denis, Yevgeny Botanov, Greg Hajcak, and Lilianne R. Mujica-Parodi. "Second-hand stress: Inhalation of stress sweat enhances neural response to neutral faces." *Social Cognitive and Affective Neuroscience.* 2012.

Sacks, Oliver. *The Man Who Mistook His Wife For a Hat.* Touchstone, 1998. 올리버 색스, 『아내를 모자로 착각한 남자』, 조석현 옮김, 알마, 2016.

Sacks, Oliver. *The River of Consciousness.* Knopf, 2017. 올리버 색스, 『의식의 강』, 양병찬 옮김, 알마, 2018.

Saul, Helen. *Phobias.* Arcade, 2012.

Shapiro, Francine. "Efficacy of the eye movement desensitization procedure in the treatment of traumatic memories." *The Journal of Traumatic Stress.* Vol. 2, no. 2, 1989.

Shapiro, Francine. *EMDR: The Breakthrough Therapy for Overcoming Anxiety, Stress, and Trauma.* Basic Books, 1997.

Soeter, Marieke, and Merel Kindt. "An abrupt transformation of phobic behavior after a post-retrieval amnesic agent." *Biological Psychiatry.* 2015.

Van der Kolk, Bessel. *The Body Keeps The Score.* New York: Penguin Books, 2014. 베셀 반 데어 콜크, 『몸은 기억한다』, 제효영 옮김, 을유문화사, 2020.

Walker, Matthew. *Why We Sleep.* Scribner, 2017. 매슈 워커, 『우리는 왜 잠을 자야 할까』, 이한음 옮김, 열린책들, 2019.

Watson, John B. and Rosalie Rayner. "Conditioned Emotional Reactions." *Journal of Experimental Psychology.* 1920.

이 책은 내 기억에만 의존한 것이 아니라 많은 부분
이 출간된 서적이나 학술적 논문을 토대로 집필되었고, 그
대부분은 참고문헌 목록에 나와 있다.(나는 광범위한 자료
를 읽었을 뿐 아니라 릴리앤 무지카파로디, 에드나 포아, 메럴 킨
트, 저스틴 파인스타인, 랠프 아돌프스와 인터뷰도 진행했다.) 보
통은 본문에 출처를 밝혀 놓았지만, 더 깊은 내용에 관심
이 있는 독자들은 다음에서 참고문헌에 관한 추가적인 설
명을 읽을 수 있을 것이다.

2장 두려움을 느낄 때 뇌에서는 어떤 일이 일어날까
　　나는 조애나 버크의 『공포: 문화적 역사』에서 G.스탠
리 홀이 말한 인용구를 발견했다. 아레스의 아들 포보스
와 데이모스에 대한 언급은 조지프 르두의 『불안』에 나온
내용이다. 르두와 버크의 책 둘 다 두려움의 다양한 요소
들과 공포와 불안의 차이에 대한 내 생각을 형성하는 데

도움이 되었다. 일차적인 감정에 대한 내용은 안토니오 다마지오의 『스피노자의 뇌』에 나온다.

　'두려워하지 말라.'를 성경 계명으로 언급한 내용은 해럴드 쿠슈너의 저서 『두려움 정복하기(*Conquering Fear*)』에서 가져왔다. 수세기에 걸친 공포증과 공포증 치료의 간략한 역사는 헬렌 솔의 『공포증』을 참고했는데, 이 책에는 오랜 시간에 걸친 주요 학설과 연구 분야의 변천이 일목요연하게 정리되어 있다. 이반 파블로프의 연구는 솔, 버크, 르두의 저서와 베셀 반 데어 콜크의 『몸은 기억한다』 등 내가 참고한 여러 문헌에서 논의되었다.(홍수로 물에 빠진 개들에 대한 구체적인 내용은 반 데어 콜크의 저서뿐 아니라 올리버 색스의 『의식의 강(*The River of Consciousness*)』에도 나온다.) 마찬가지로, 리틀 앨버트에 관한 존 왓슨의 중요한 연구도 여러 참고문헌에서 광범위하게 논의되었다. 나는 그 실험에 대한 부분을 주로 버크가 요약한 내용과 왓슨 자신의 설명을 바탕으로 썼다. 리틀 한스에 대한 지그문트 프로이트의 연구와 관련한 부분은 주로 솔과 버크의 저서를 참고했다. 프로이트의 초기 신경학 연구에 관한 세부적인 내용은 르두의 『시냅스와 자아(*Synaptic Self*)』에서 찾은 것이다.

　뇌의 작동에 대한 간략한 설명은 주로 존 E. 다울링(John E. Dowling)의 『두뇌 이해하기(*Understanding the*

Brain)』에 나오는 훨씬 더 포괄적이고 정밀한 묘사에 바탕을 두고 있다. 성인의 축삭 돌기를 모두 합한 길이에 대한 추정은 다마지오의『데카르트의 오류』에 나오는 내용이다. 르두의『느끼는 뇌(*The Emotional Brain*)』도 내가 몇몇 핵심 뇌 구조의 작동을 간략하게 설명하려는 노력에 도움이 되었다. 공포-반응 과정에 대한 설명은 주로 다마지오의『스피노자의 뇌』를 참고로 썼고, 일반적인 학설에 대한 내용은 르두의『불안』을 참고했다. 인용된 윌리엄 제임스의 글은 다마지오의『데카르트의 오류』에서 처음 접했고, 파킨슨병 환자에 대한 내용은『스피노자의 뇌』에 나와 있다. '불안'이라는 단어의 그리스어 어원은 르두가『불안』에서 언급한 것이다.

꿈의 본질에 대한 논의는 거의 대부분 앨리스 롭의『우리는 왜 꿈을 꾸는가』와 SUNDS 현상에 관한 셸리 애들러의 1991년 학술지 논문을 바탕으로 했다.

4장 자유 낙하

4장의 중간 부분은 릴리앤 무지카파로디와의 인터뷰와, 그녀의 연구 결과가 담긴 두 개의 논문을 바탕으로 썼다. 각각 학술지『플로스원』에 실린「Chemosensory cues to conspecific emotional stress activate amygdala in humans」와『사회 인지 및 정서 신경과학(*Social Cognitive and Affective Neuroscience)*』에 실린 「Second-hand stress: Inhalation of stress sweat enhances neural response to neutral faces」다.

5장 벽을 오르다

고소공포증의 유병률에 대한 통계는 『우울증과 불안(*Depression and Anxiety*)』에 실린 「Deconstructing Acrophobia: Physiological and Psychological Precursors to Developing a Fear of Heights」와 『전정 연구 저널』에 실린 「Fear of heights freezes gaze to the horizon」에서 가져왔다. 공포증의 잠재적인 진화적·유전적·성격적 기원에 대한 설명은 주로 솔의 『공포증』을 참고했고, 심각한 낙상을 경험한 아동들에 대한 뉴질랜드 기반 연구에 대한 설명도 마찬가지다.

높은 곳에 대한 나 자신의 공포와 관련하여 언급한 특정 연구는 『전정 연구 저널』에 실린 「Fear of heights freezes gaze to the horizon」이지만, 여기에 나온 내 생각은 2009년 『유럽 정신의학 및 임상신경과학 학회지(*European Archives of Psychiatry and Clinical Neuroscience*)』에 실린 「Deconstructing Acrophobia」와 「Fear of heights: cognitive performance and postural control」의 영향도 받았다.

메리 커버 존스의 연구에 관한 내용은 리틀 피터 연구에 대한 그녀의 설명을 직접 가져온 것이다. 조지프 월프의 연구에 대한 설명은 버크의 『공포: 문화적 역사』를 참고로 했다. 버크의 저서를 통해 이 시기 치료법의 발전에 대한 전반적인 내용도 파악할 수 있었다. 월터 프리먼이 했던 말을 포함해 로보토미의 전성기와 관련한 많은 세부 사항들은 루크 디트리치(Luke Dittrich)의 『환자 H.M.(*Patient H.M.*)』에서 가져온 내용인데, 이 책은 기억의 과학이나 추악한 정신질환 치료의 역사에 관심이 있는 독자들에게 강력히 권하고 싶은 책이다. 전기 경련 요법에 대한 스탠리 로의 묘사는 버크의 책에 나온 내용이다. 반 데어 콜크의 『몸은 기억한다』는 버크가 중단한 곳에서—약물의 등장에 대한 내용과 함께—치료법에 관한 이야기를 다시 이어 간다.

에드나 포아는 간단한 전화 인터뷰에서 자신의 연구에 대한 설명을 해 주었다. 이 장에 나온 소거와 같은 개념도 그녀의 설명을 참고했다.

6장 자동차 사고가 내게 남긴 것

매기 오패럴의 『나는, 나는, 나는』은 죽을 뻔한 경험의 의미에 대한 내 생각을 형성하는 데 도움이 되었다. 그것을 제외하더라도 이 책은 정말이지 아름다운 책이다.

20세기에 시행된 PTSD 치료법에 대한 간략한 개요는 포아와의 대화와 반 데어 콜크의『몸은 기억한다』를 주로 참고했다. EMDR의 기원에 대한 설명은 프랜신 샤피로의『EMDR: 불안, 스트레스, 트라우마 극복을 위한 획기적인 치료법』에서 가져온 것이다. 1989년에 발표된 샤피로의 원래 연구는『외상 스트레스 저널』과『행동 치료 및 실험 정신의학 저널』양쪽에 게재된「Efficacy of the Eye Movement Desensitization Procedure in the Treatment of Traumatic Memories」다. 1993년에 이어 나온 비판적 논평은 줄리언 메터(Julian Metter)와 래리 K. 마이컬슨(Larry K. Michelson)이「Theoretical, Clinical, Research, and Ethical Constraints of the Eye Movement Desensitization Reprocessing Technique」이라는 제목으로 발표한 글이다. 점점 늘고 있는, EMDR의 효능에 대한 증거를 찾아낸 연구의 예는 2013년에『행동 치료 및 실험 정신의학 저널』에 발표된「A meta-analysis of the contribution of eye movements in processing emotional memories」에서 확인할 수 있다.

내가 받은 EMDR 버전의 '자원 공급' 측면에 특히 관심이 있는 독자들은 로렐 파넬(Laurel Parnell)의『입력하기(*Tapping In*)』를 읽어 보면 좋을 것이다.

오클라호마시티 폭탄테러 생존자의 말은 샤피로의

책에 나온 것이다. 파블로프의 개들과 '피할 수 없는 충격'에 대한 반 데어 콜크의 언급은 『몸은 기억한다』에 나와 있다.

7장 공포 치료법

이 장의 처음에 나오는, 쥐공포증이 있는 여성의 이야기는 메럴 킨트와 제임스 W.B 엘시(James W.B Elsey)가 2017년에 『학습과 기억』에 발표한 논문 「Breaking boundaries: optimizing reconsolidation-based interventions for strong and old memories」 속 「A reconsolidation-based treatment of a decade-old fear memory」라는 제목의 상자글에 나오는 이야기다.

카림 네이더의 기억 재강화에 대한 연구는 2000년 『네이처』에 「Fear memories require protein synthesis in the amygdala for reconsolidation after retrieval」이라는 제목으로 발표되었다. 킨트가 네이더의 연구 결과를 자신의 연구에 어떻게 적용시켰는지에 대한 이야기는 내가 킨트와 진행한 첫 전화 인터뷰와, 그녀와 동료들이 발표한 두 개의 주요 논문(2009년의 「Beyond extinction: Erasing human fear responses and preventing the return of fear」와 2015년의 「An abrupt transformation of phobic behavior after a post-retrieval amnesic agent」)을 바탕으로 했다. 이 장의 나머지 부분은

그 초기 인터뷰와 두 번째 대면 인터뷰, 킨트와 마르티어 크루서와 나눈 비공식적인 대화 그리고 그 치료를 받겠다고 신청하고 암스테르담에서 직접 치료를 받은 나 자신의 경험을 바탕으로 썼다.

8장 두려움이 없는 사람들

알렉스 호놀드의 하프돔 등반에 관한 내용은 그의 회고록 『프리솔로』를 바탕으로 썼다. 스카이다이빙에 대한 그의 생각이나 그와 두려움과의 전반적인 관계에 대한 내용도 마찬가지다. 그가 fMRI 촬영을 하게 된 경위에 대한 상세한 내용은 『노틸러스』에 실린 J.B. 매키넌의 글 「세계 최고 솔로 등반가의 이상한 뇌」에 나온 것이다.

환자 S.M.의 삶과 상태에 대한 자세한 내용은 주로 『편도체 없이 살기』의 첫 번째 장 「환자 S.M.의 세상 생존 이야기」를 참고했다. 신경과학자인 랠프 아돌프스는 전화 인터뷰에서 우르바흐-비테 증후군에 대해 좀 더 폭넓게 설명하면서 '소름 끼칠 정도로 특정한' 병변에 대해 언급했다. S.M.에 대한 연구가 인용된 횟수에 관한 통계는 「환자 S.M.의 세상 생존 이야기」에 나와 있는 표를 참고한 것이다. 결핍과 관련해 올리버 색스가 한 말은 『아내를 모자로 착각한 남자(*The Man Who Mistook His Wife For a Hat*)』에 나온 것이다.

2003년에 시작된 환자 S.M.에 대한 다년간 연구는 2011년 저스틴 파인스타인, 랠프 아돌프스, 안토니오 다마지오, 대니얼 트래널이 「The human amygdala and the induction and experience of fear」라는 제목으로 『현대 생물학(*Current Biology*)』에 발표했다. 나는 이 연구와 「환자 S.M.의 세상 생존 이야기」에 나오는 더 포괄적인 설명을 바탕으로 연구 과정을 재구성했다. 파인스타인의 이산화탄소 연구에 대한 내용도 마찬가지로, 「환자 S.M.의 세상 생존 이야기」와 2013년 『네이처』에 실린 논문 「Fear and panic in humans with bilateral amygdala damage」, 그리고 파인스타인과의 전화 인터뷰를 바탕으로 썼다.

자식을 보호하려는 S.M.의 모성 본능에 대한 내용과, 인용된 연구자와의 대화는 「환자 S.M.의 세상 생존 이야기」에 나온다. 연구자와의 대화는 그 장의 나머지 부분과 분리된 상자글에 들어 있다.

9장 두려움은 왜 중요한가

개빈 드 베커의 『서늘한 신호』에는 한계점이 있지만, 나는 그 책을 읽으면서 내 인생에 있었던 몇몇 끔찍한 경험들을 바라보는 새로운 관점을 얻을 수 있었다.

무지카파로디와의 인터뷰는 그녀가 발표한 연구를 드 베커가 묘사한 것과 같은 실제 경험과 관련지어 생각하는 데 도움이 되었다.(대화할 때『서늘한 신호』를 특별히 언급하지는 않았지만) 그녀의 스카이다이빙 연구에 대한 이 장의 내용은 우리의 전화 통화뿐 아니라 2014년『뉴로이미지(*NeuroImage*)』에 실린 그녀의 논문인「The fine line between 'brave' and 'reckless': Amygdala reactivity and regulation predict recognition of risk」에 기초하고 있다. 또한 감사하게도 파인스타인은 우리 삶에서 두려움이 하는 역할에 대한 더 폭넓은 이야기도 들려주었다. 이 장에서 연구와 실제 경험을 연결시키는 일이 나는 특히 더 어렵게 느껴졌다. 언제 어떻게 우리의 두려움을 신뢰해야 하는지에 대해 내가 도출해 낸 결론은 전적으로 내 견해다.

친구가 자전거 길에서 한 남자를 마주친 이야기는 친구의 허락을 받고 공유한 것이다.

에필로그: 두려움과의 데탕트

미셸 드 몽테뉴가 한 말은 르두의『불안』에 나온 것이다.

감사의 말

5장에 수록된 내용은 원래 잡지 『에스콰이어(*Esquire*)』에 「노출 치료와 의도적으로 자기 자신을 겁주는 고도의 기술(Exposure Therapy and the Fine Art of Scaring the Shit Out of Yourself On Purpose)」이라는 제목으로 발표되었다. 편집을 담당한 메건 그린웰에게 감사의 말을 전한다. 그의 열정에 힘입어 나는 그것이 한 권의 책이 될 수 있다는 자신감을 가질 수 있었다. 그 이야기를 2018년 『미국 최고의 자연 과학 기사』에 실릴 수 있게 선정해 준 팀 폴거와 샘 킨에게도 감사하다. 이 역시 자신감을 북돋워 주었다.

시간을 내어 자신들의 매혹적인 연구에 대해 자세히 설명해 준 릴리앤 무지카파로디, 에드나 포아, 저스틴 파인스타인, 랠프 아돌프스에게도 감사의 마음을 전한다. 암스테르담 킨트 클리닉의 메럴 킨트와 마르티어 크루서에게도 감사하다. 그들은 중요한 연구를 진행했을 뿐 아니라 시간을 내주고 친절을 베풀어 주었다. 내가 그 클리닉에 간 일은 진정으로 인생을 바꾸는 경험이었다. EMDR 을 경험한 것 역시 그랬다. 마크 켈리와 스베냐에게 고맙 다. 안타깝게도, 프랜신 샤피로는 내가 이 책을 쓰고 있는 동안에 세상을 떠났다. 그녀가 개발한 치료법에 대해 이야 기를 나눌 기회를 얻지 못해 아쉽다.

나는 이 책을 쓰고 편집하면서 뛰어난 동료와 친구들 로 이루어진 소군의 도움을 받았다. 케이트 해리스와 케이 트 네빌은 두 차례 중요한 순간에 자신들의 에너지 독립형 오두막을 내게 빌려주었다. 나는 그 작은 낙원에서 이 책 의 초반 3분의 1을 대부분 썼고, 1년 후에는 최종본의 수 정을 거의 마쳤다. 더그 맥은 제안서 초안을 작성하는 데 귀한 도움을 주었다. 애덤 로이, 시몬 고린도, 페리스 자브 르, 프랭크 버리스, 크리스타 랭글로이스, 케이트 시버, 일 론 그린, 사라 길먼, 캘리 카스웰, 이들은 모두 힘을 보태서 각 장들의 초고를 읽어 주었다. 로런 마컴과 브룩 자비스 는 원고의 상당 부분을 읽었고, 초고의 일부를 읽었던 캐 서린 레이들로는 막판에는 용맹스럽게 전체 원고를 다 읽 었다. 캐서린과 브룩은 이 모든 과정 동안 책과 관련한 내 두려움을 고스란히 받아 주었다. 나는 그들의 지지와 우 정을 정말로 감사하게 생각한다.

제인 C. 후는 책 내용 중 과학과 관련된 부분에 대해 사실 확인을 해 주었고, 그녀의 예리한 시선은 내게 절실히 필요했던 마음의 평화를 가져다주었다. 혹여 눈에 띄는 오류가 있다면 그건 전적으로 내 책임이다.

내 저작권 대리인인 제니퍼 웰츠는 첫날부터 이 책의 아이디어에 동의했고, 이 책을 세상에 내놓는 과정 내내 맹렬한 옹호자가 되어 주었다. 그녀를 포함해 많은 도움을 준 JVNLA의 모든 직원들에게 감사의 말을 전한다.

내 편집자들 '닉스(the Nicks)', 캐나다 펭귄 출판사의 니콜라스 게리슨과 익스페리먼트 출판사의 니콜라스 시젝은 따뜻한 말을 해 주고 내 글을 꼼꼼하게 읽어 주었고 사려 깊은 피드백을 제공해 주었다. 이 책은 그들의 관심 덕분에 훨씬 더 강력해졌다.

이모 셸라와 로즈메리는 부모님을 잃은 경험에 대한 고통스러운 질문들에 주저함 없이 대답해 주어서 우리 가족사에서 내가 몰랐던 부분을 메워 주었다. 나의 아버지 더그 홀랜드 역시 그 이야기에서 그의 역할에 관한 모든 질문에 용감하게 답해 주었다.

호스피스 유콘의 모든 분들께 고마움을 전한다. 바브 랜캠프-코치스에게 감사하다.

화이트호스에 있는 내 친구들 대부분이 내가 고소공포증을 처음 인정하기 시작한 이후로 이 이야기의 일부가 되었다. 얼어붙은 개울에서 나를 도와준 조엘 맥파브와 니콜라스 필토, 스카이다이빙을 하겠다고 한 나를 격려해 준 애슐리 조아노 그리고 암벽 등반에 나를 데리고 가 준 린제이 애거와 킬리 스위트에게 감사를 전한다. 마우라 포레스트는 내가 노출 치료를 받는 과정에서 주요 등반 파트너가 되어 주었을 뿐만 아니라, 내가 운전대 잡는 것을 무서워하던 시기에 나 대신 차를 몰아 알래스카에 함께 가 주었다.

라이언 애거와 캐리 맥크렐랜드는 지금까지 10여 년의 시간 동안 내가 두려움에 맞서도록 이끌어 주고 거친 자연에서의 내 노력을 지지해 왔다. 그들이 책의 중요한 순간에 등장하는 것은 결코 우연이 아니다. 그들에게 고맙다. 그리고 내가—문자 그대로든 은유적으로든—공포에 질려 몸을 웅크린 채 바닥에 쓰러져 있을 때 따뜻한 말로 나를 다시 일으켜 세워 준 다른 모든 분들에게도 감사의 마음을 전한다.

두려움에 대하여

나를 살리고, 내 세계를 넓히는 지적 여정

제1판 1쇄   2021년 4월 19일

지은이   에바 홀랜드
옮긴이   강순이
발행인   홍성택
기획편집   김유진
디자인   박선주
교정·교열   이유나
마케팅   김영란
인쇄제작   정민문화사

㈜홍시커뮤니케이션
서울시 강남구 선릉로103길 14, 202호
T. 82-2-6916-4403 F. 82-2-6916-4478
editor@hongdesign.com   hongc.kr

ISBN   979-11-86198-69-8   03180